공무원/ 한국사검정/ 수능 시험 대비

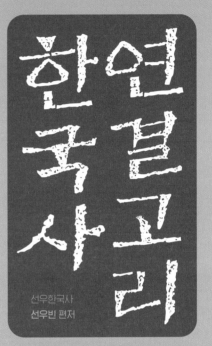

한국사 연결고리

선우한국사
선우빈 편저

| 전면개정 7판 |

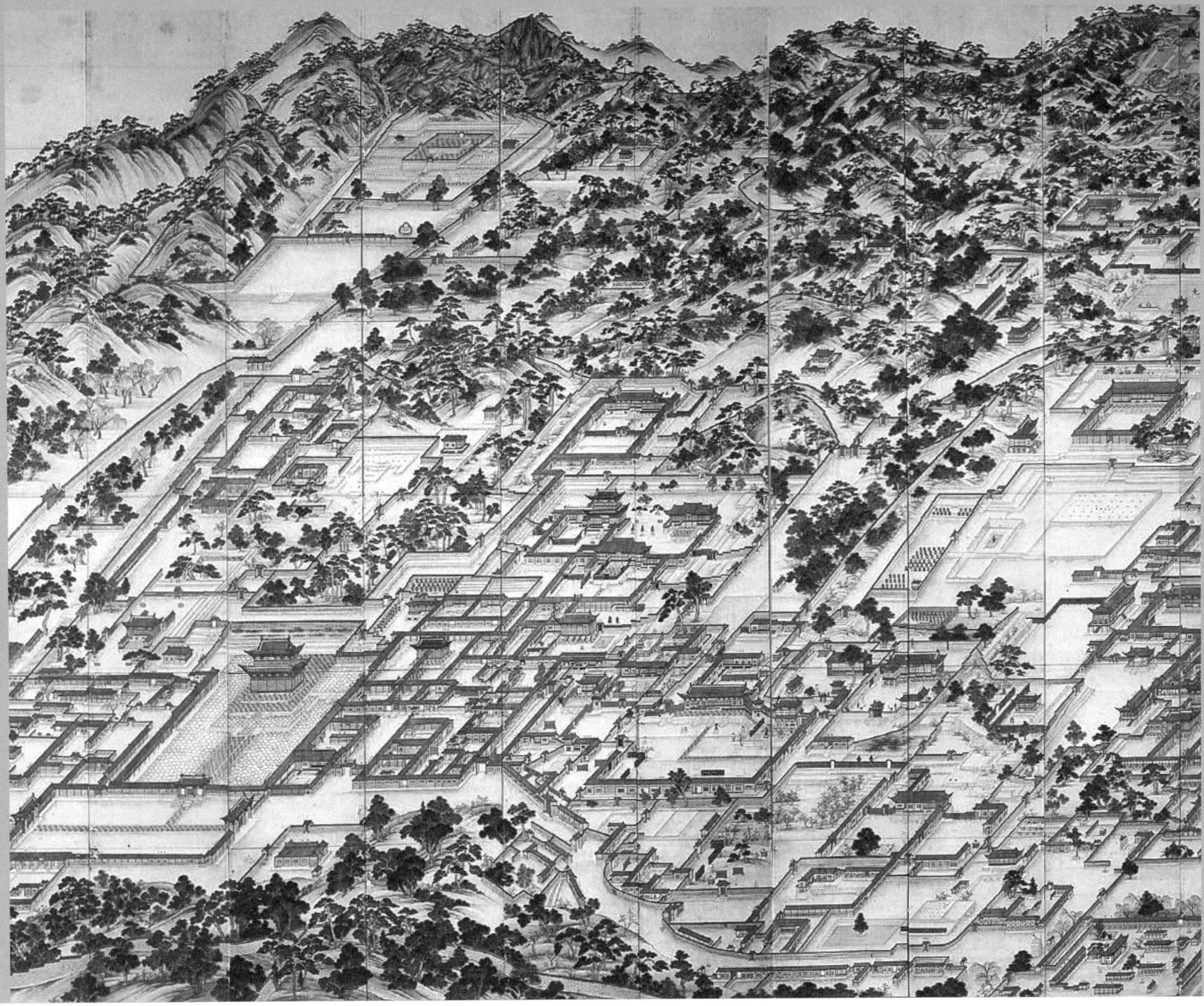

동궐도 _ 창덕궁과 창경궁을 부감 구도로 그린 그림으로, 19세기 초 순조 시절에 도화서 화원들이 그린 것으로 추정된다(고려대 박물관 소장).

선사부터 현대까지

5000년 한국사를 60페이지에 녹이다!

단편적 역사지식
흐름으로 잡아라!

/ 시대별 흐름잡기
/ 테마별 흐름잡기
/ 지도로 흐름잡기
/ 인물로 흐름잡기

박문각

기본의 차이가 만드는 한국사 만점전략 **선우빈 선우한국사**

공무원 한국사의 특징

공무원 한국사는 고등학교 교과서 범위 안에서 출제되는 시험입니다. 다만 시대별 출제 영역에서 큰 차이를 보입니다. 현재 수능 한국사는 전근대사가 30%, 근현대사가 70% 정도의 비중으로 출제되지만, 공무원 한국사는 전근대사가 65～70%, 근현대사가 30～35% 비중으로 출제된다는 점입니다.
수능이나 한국사검정과 달리, 공무원 시험은 합격을 시켜주기 위한 시험이 아니라 떨어뜨리기 위한 시험입니다. 그래서 한국사의 경우 고등학교 교과과정의 범위를 벗어나는 한두 개의 지엽적인 문제가 나옵니다.
그러나 이런 만점 방지용의 한두 문제 때문에, 10년에 한번 나올 만한 지엽적인 사실에 매달릴 수는 없습니다. 그럴수록 더욱 숲과 나무의 적절한 조절이 필요합니다.

한국사를 처음 공부하시는 수험생의 경우

1 고등학교 한국사 교재를 빠르게 1회독하고 시작하시면 좋습니다.

공무원 수험서가 보통 800페이지에서 1,200페이지 정도 분량인 점에서 한국사에 미리 겁부터 날 수 있으니, 익숙한 고등학교 교재로 선사부터 현대까지 전체 흐름을 잡아 주시면 좋습니다. 물론 곧장 이 단계를 거치지 않고 다음 단계로 가셔도 됩니다. 그럴 경우 공무원 기본서의 목차를 여러 번 읽어 큰 그림을 그려 보세요.

2 꼭 공무원 기본서로 공부하세요.

공무원 시험은 위에서 말씀드렸지만 합격용 시험이 아니라, 떨어뜨리기 위한 시험이기 때문에 만점 방지용의 지엽적인 문제가 한두 개 있습니다. 그렇기 때문에 공무원 시험에 적합한 검증된 교재로 처음부터 공부하는 것이 오히려 빨리 합격하는 길이 될 수 있습니다.
처음부터 너무 요약된 교재나 필기노트에서 시작하지 마세요. 이런 교재는 말 그대로 부교재입니다.

3 기본서를 볼 때는 3단계로 공부하세요.

① 한국사의 큰 그림을 그려 보세요.

즉, 숲을 보는 과정입니다. 이 숲은 우선 정치사에서 시작하셔야 합니다. 정치사 각 시대의 목차를 보시고 각 목차 안에서 주요 개념을 확인하는 과정입니다. 정치사의 큰 숲을 보셨다면, 이런 과정을 경제·사회·문화사에서도 마찬가지로 하시면 됩니다. 『선우한국사 기본서』의 경우 교재의 고딕으로 된 부분이 꼭 알아야 할 기본 개념 부분입니다.
다른 기본서로 공부하신 경우는 『한국사 연결고리』의 시대별 흐름 잡기 부분의 큰 제목을 보면서 공부하시면 됩니다.

② 한국사의 중간 그림을 그려 보세요.

이 단계는 다시 숲을 보면서 주요 개념과 시험에 잘 나오는 내용을 파악하는 단계로, 『선우한국사 기본서』의 경우 〈꼭 알아두기〉 도표 부분을 보시고 『한국사 연결고리』에서는 시대별 흐름 잡기와 함께 테마별 흐름 잡기를 보시면 됩니다.

③ 이론과 함께 기출문제를 같이 풀어 보세요.

본인이 공부를 제대로 했는지 확인하는 방법은 기출문제를 푸는 것입니다. 기출문제를 풀 때는 처음부터 한 단원의 문제를 많이 푸는 것보다 본인의 학습 단계에 맞추어 푸셔야 합니다.
『선우한국사 기출족보 2000제』의 경우 처음 단계는 기본문제만 풀고 이후 기본서 2, 3회독 단계에서 기본문제와 유제를 같이 푸시면 좋습니다.

한국사를 어느 정도 공부하신 수험생의 경우

1 한국사의 기본 지식을 좀 더 확대하셔야 합니다.

공무원 심화 단계 수업('올인원 선우한국사' 강의나 '분류사로 간추린 선우한국사' 강의)을 들으면서 자료를 분석·해석하는 능력을 기르셔야 합니다.

2 한국사 기본서와 함께 기출문제를 많이 푸세요.

결국 한국사는 과거의 이야기이고, 공무원 시험은 과거의 이야기 중에서 자주 출제되는 주요 영역이 80% 정도로 정해져 있습니다. 다만 그런 영역들을 출제자가 조금씩 변형하여 출제하는 것이지요. 『선우한국사 기출족보 2000제』의 경우 기본문제가 늘 출제되는 유형이라면, 유제 파트는 기본문제가 변형된 문제들입니다. 역사적 사실들이 사료나 화보, 도표를 통해 다양하게 변형되어 출제될 수 있기 때문에 결국 기출문제를 통해 그 훈련을 하는 것이 바람직합니다.

시험 4개월 전 문제풀이

1 단원별 문제풀이

기출문제를 변형한 단원별 예상문제를 통해 그동안 갈고 닦은 한국사의 이론을 다시 정리하면서 본인의 약점 부분을 찾아냅니다.

2 동형 실전 문제풀이

시험과 거의 동일한 문제지를 통해 실전에 대한 감각을 키우고 시간 안에 문제 푸는 훈련과 실수를 줄이는 훈련을 해야 합니다. 이 동형 문제풀이는 정말 중요한 단계입니다.

한국사의 효율적인 학습 방법

1 한국사의 숲을 빠르게 그려 봅니다.

- **1단계:** 한국사를 빠르게 선사부터 현대까지 정치사 중심으로 파악합니다.
- **2단계:** 다시 빠르게 정치사를 보면서 경제사와 사회사를 공부합니다.
- **3단계:** 이번에는 정치사와 함께 문화사를 공부합니다. 이 단계의 학습을 통해 고득점을 얻을 수 있을 것입니다.

2 객관식 시험의 성패는 이해와 정확한 암기입니다.

공무원 시험에서는 한국사 20문제를 10～15분 안에 풀어야 합니다. 그렇기에 한국사는 이해를 전제로 한 암기 과목입니다. 이해를 하면 자연스럽게 암기가 되고 이후의 반복 암기를 통해 완전히 자신의 지식으로 흡수되는 것입니다.

3 기출문제를 통해 공무원 문제 유형을 파악해야 합니다.

기출문제를 풀 때는 공무원 문제를 중심으로 문제 유형을 파악하되, 수능 문제, 한국사검정 주요 문제도 같이 푸시기 바랍니다. 한국사검정 문제를 통해 자료를 분석·해석하는 유연성을 기를 수 있습니다.

시대별 흐름 잡기

(선사~현대 사회)

전(全) 시대 흐름도

한국사는 이 땅에 살았던 사람들의 변화를 보는 학문 ⇨ 시대 구분
- 이 땅 → 만주, 한반도
- 사람들 → 주도 세력
  - 지배층: 주요 왕 / 집권 세력의 성격
  - 피지배층: 경제적 변화: 농업, 수공업, 상업 / 사회적 변화: 민란

출발! 꼭 알아야 할 지역·주요 강

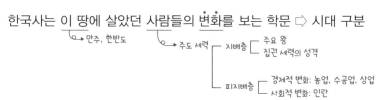

구분 (국정 교과서 기준)	선사 시대 및 국가의 형성	고대 사회			중세 사회			근세 사회		근대 사회 태동기	근대 사회 발전기 (개화기)	민족 독립운동기 (일제 강점기)	현대 사회
시기	70만 년 전~B.C. 5세기경	A.D. 1C~6C	7C~9C	10C	11C~12C	12C 중~13C 중	13C 중~14C 말	15C	16C	17C~19C 초	1863~1910	1910~1945	1945~현재

발전 단계

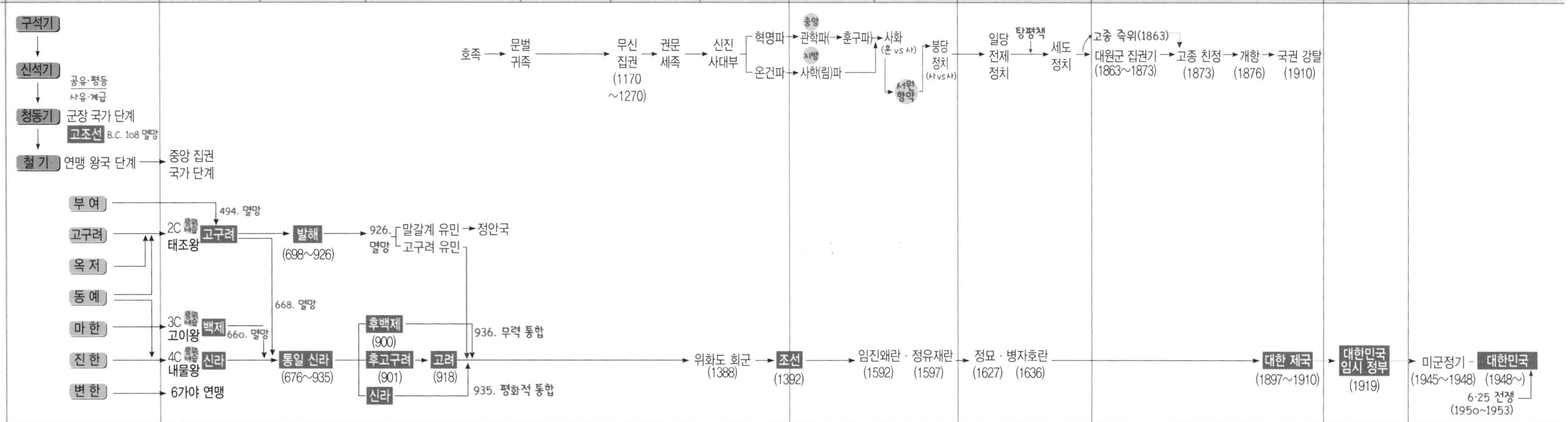

구분	선사 시대 및 국가의 형성	고대 사회 (A.D. 1C~6C)	고대 사회 (7C~9C)	고대 사회 (10C)	중세 사회	근세 사회	근대 사회 태동기	근대 사회 발전기 (개화기)	민족 독립운동기 (일제 강점기)	현대 사회
시대별 출제 포인트	• 각 시대 주요 유물·유적 파악 • 고조선의 건국 및 발전 과정 • 위만 조선 • 단군 건국 이야기, 8조 금법 • 초기 국가의 사회 성격	• 고대 국가의 성격 • 2C~7C 시기별 주요 왕의 업적 파악 • 삼국 통일 과정	• 신라 중대 전제 왕권 강화책(신문왕) • 발해의 주요 왕 (고왕, 무왕, 문왕, 선왕)	• 신라 하대의 동요 • 호족의 성격 • 6두품의 성향	• 중세 사회의 성격 • 주요 왕의 업적 – 전기: 태조, 광종, 성종 – 중기: 숙종, 예종, 인종 – 후기: 충렬왕, 충선왕, 충목왕, 공민왕 • 집권 세력의 변천 과정 • 대외 관계(거란 ⇨ 여진 ⇨ 몽골 ⇨ 홍건적·왜구)	• 근세 사회의 성격 • 15C 주요 왕의 업적(태조, 태종, 세종, 세조, 성종) • 통치 제도의 정비 • 훈구파 vs 사림파 • 사화 ⇨ 서원·향약 ⇨ 붕당 정치	• 왜란과 호란 • 붕당 정치의 전개 과정 및 변질 • 탕평책(숙종, 영조, 정조)	• 흥선 대원군의 정책 – 왕권 강화책 및 민생 안정책 – 통상 거부 정책 • 고종의 개화 정책 • 외세와 맺은 불평등 조약 • 개화사상과 위정척사 사상, 동학 농민 운동 • 국권 수호 운동 • 의병 운동 vs 애국 계몽 운동	• 일제의 단계별 통치 형태 • 민족의 저항 (국내외)	• 국제 회담(카이로·얄타·포츠담 회담) • 1948년 정부 수립 과정 ⇨ 모스크바 3국 외상 회의, 미·소 공동 위원회 • 민주주의의 발전 과정 및 시련 • 경제 개발 정책 • 통일 정책 • 개헌 과정

'사실'로서의 역사와 '기록'으로서의 역사

'사실(事實)'로서의 역사	'기록[史實]'으로서의 역사
• 어원: 독일어 'Geschichte'(일어난 일) • 과거에 일어났던 사실 그 자체 • 객관적 의미의 역사	• 어원: 그리스어 'historia'(찾아서 안다) • 사실로서의 역사를 토대로 역사가가 주관적으로 재구성한 역사 • 주관적 의미의 역사
19C 랑케: "역사가는 자신을 죽이고 오직 역사적 사실만을 이야기하여야 한다." ⇨ 역사의 객관성 강조	• 20C 크로체: "모든 역사는 현재의 역사" ⇨ 역사가의 현재 주관 강조 • E. H. Carr: "역사란 과거와 현재의 끊임없는 대화" ⇨ 과거와 현재의 상호 작용

한국사의 보편성과 특수성

보편성	특수성
대부분의 민족사에서 공통적으로 나타나는 특징 예 자유, 평등, 박애 등	민족마다 서로 다른 발전 과정을 보여 주는 사실 예 • 단일 민족 국가 • 국가에 대한 충성·부모에 대한 효도 중시 • 두레·계·향도 같은 공동체 조직 발달 • 상감 청자 개발, 한글 창제 등
한국사의 바른 이해	• 세계사와의 연관 속에서 한국사의 보편성과 특수성 이해 • 민족 주체성에 기반한 개방적 민족주의 필요 • 전통문화 위에 외래문화의 주체적 수용

일제 강점기 역사학: 식민 사관 VS 우리의 대응

일제의 식민 사관

이론	내용	근거
타율성론	우리 민족의 역사는 주체적으로 발전하지 못하고 주변 국가에 종속되어 전개되었다는 주장	사대 외교, 만선사관 지정학적 숙명론, 임나일본부설
정체성론	우리 민족의 역사는 오랫동안 정체되고 발전하지 못하였다는 주장	봉건제 결여
당파성론	우리의 민족성은 분열성이 강하여 항상 내분하여 싸웠다는 주장	붕당 정치

일제의 식민 사관에 대한 우리의 대응

구분	특징	대표적 인물
민족주의 사학	식민 사관에 대항하여 민족의식에 기초한 한국사의 주체성을 강조하는 역사 연구 방법(⇨ 한국사의 특수성 강조)	박은식, 신채호, 정인보, 문일평 등
사회 경제 사학	식민 사관의 정체성 이론에 대응 ⇨ 민족 내부에 계급의 대립이 있어 왔고 일정한 공식에 의해 역사적으로 발전을 해왔다는 주장(⇨ 한국사의 보편성 강조)	백남운, 이청원 등
실증주의 사학	선입견을 배제하고 실증적인 태도로 객관적 사실을 인식하여 올바른 이해에 접근할 수 있다는 주장	이병도, 손진태 등 진단 학회 회원

전(前)근대사(삼국~조선 후기) 흐름도

구분	고대 사회			중세 사회					근세 사회			근대 사회 태동기			근대 사회 발전기 (보수 vs 개화, 통상 거부 vs 통상 주장)		
	삼국	남북국		나말 여초	전기	중기	후기		여말 선초	전기(전제 왕권 견제·양반 관료 정치)		후기(전제 왕권 견제·양반 관료 정치)			대원군 집정기 (1863~1873)	고종 친정 (1873~)	대한 제국기 (1897~1910)
	고구려·백제·신라	통일 신라															
	신라 상대	중대 [전제 왕권 강화]	하대 [왕권 약화]		[전제 왕권 견제·문벌 귀족 정치]		무신 집권기 [왕권 약화]	원 간섭기 [왕권 약화]		15세기	16세기	17세기	18세기 [탕평책 시기 (숙종·영조·정조)]	19세기 초 [왕권 약화]	• 왕권 강화책 • 민생 안정책 • 통상 거부 정책	보수개화파 집권 (동도서기) – 전제 군주제 유지	보수개화파 집권 (동도서기) – 전제 군주제 유지 (구본신참)

지배층의 변화

고대: 중앙 진골 귀족 → 녹읍 부활, 상대등 세력↑, 왕위 쟁탈전
- 관료전 지급, 녹읍 폐지
- 시중 세력↑, 상대등 세력↓
- 6두품: 전제 왕권과 연결

지방: 호족 대두 + 6두품

중세: 중앙: 중앙 관리 → 문벌 귀족 → 무신 집권 → 권문세족
지방: 호족 ········→ 신진 사대부

근세: 위화도 회군(1388)
- 이성계 + 혁명파 신진 사대부(정도전, 조준) → 중앙: 관학파 ····→ 훈구파
- 온건파 신진 사대부(정몽주, 이색) → 지방: 사학파(사림파) → 성종 때 진출 (과거-3사 진출)
- 15C 말·16C 초: 사화 (훈 vs 사) → 서원·향약 → 선조 때 재진출

근대 사회 태동기: 16C 후반 붕당 정치 (사 vs 사) → 18C 붕당 정치 변질: 일당 전제 정치 → 19C 초 세도 정치

근대 사회 발전기:
- 중인: 개화사상 (1870년대 초) – 온건 개화파(동도서기론) / 급진 개화파: 갑신정변 → 독립 협회 (문명개화론) → 애국 계몽 운동 (을사늑약(1905) 계기)
- 양반·유생: 위정척사 사상 → 통상 반대론 (1860년대) → 개항 반대론 (1870년대) → 영남 만인소 (1881) → 의병 운동
- 농민: 동학사상 → 동학 농민 운동 (1894)

피지배층의 동요 (민란)

고대: [진성 여왕 때] 원종·애노의 난 등

중세: [무신 집권 당시]
- 공주 명학소 망이·망소이의 난
- 만적의 난
- 김사미·효심(신라 부흥), 최광수(고구려 부흥), 이연년(백제 부흥)의 난

근세: [16세기]
- 홍길동(연산군 때, 서얼)
- 임꺽정(명종 때, 백정)
- 이몽학의 난(선조)

근대 사회 태동기: [18세기] 장길산 (숙종 때, 광대)
[19세기]
- 홍경래의 난 (순조, 1811)
- 임술민란(철종, 1862)
- 이필제의 난(고종, 1871)

cf • 동학 발생(1860) • 천주교 확산

경제

고대: 녹읍·식읍 → • 관료전 지급 • 녹읍 폐지 (신문왕) • 정전 지급 (성덕왕) → 녹읍 부활 (경덕왕) → 농장 확대

중세: → 역분전 (태조) → • 시정 전시과(경종) • 개정 전시과(목종) • 경정 전시과(문종) → 전시과 붕괴, 농장 확대 → 녹과전 지급(1271, 경기 8현)

근세: 과전법 (공양왕) → 직전법 (세조) → 관수 관급제 (성종) → 직전법 폐지(명종), 농장 확대, 지주 전호제 확산

cf 실학자의 토지 개혁론 대두
유형원·홍대용의 균전제, 이익·박지원의 한전제, 정약용의 여전제·정전제 ⇨ but 정책 반영 X

- 중세: 중농 정책(농업 발달, 상공업 위축)
- 근세: 중농 정책(농업 발달, 상공업 위축)
- 근대 사회 태동기:
  - 광작 유행 ⇨ 농민의 계층 분화(부농·임노동자)
  - 자유 상공업 발달(도고)
  - 화폐: 숙종 때 1차적 유통
- 근대 사회 발전기: 상공업 중심의 근대적 자본주의 추구

사회 (신분 구조)

고대

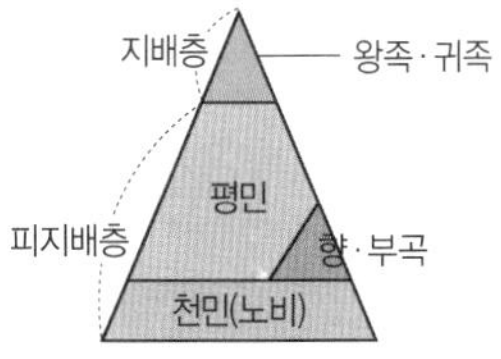

- 친족 공동체 중심의 철저한 계급 사회
- 율령 제정, 엄격한 신분 제도, 지배층 특권 유지

중세

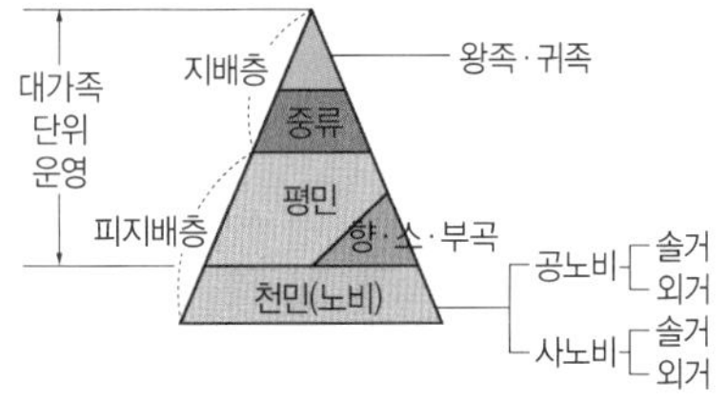

- 대가족 중심 사회의 부분적 (개방) 사회
- 시대와 정치적 상황에 따라 계층 간 이동 가능

근세

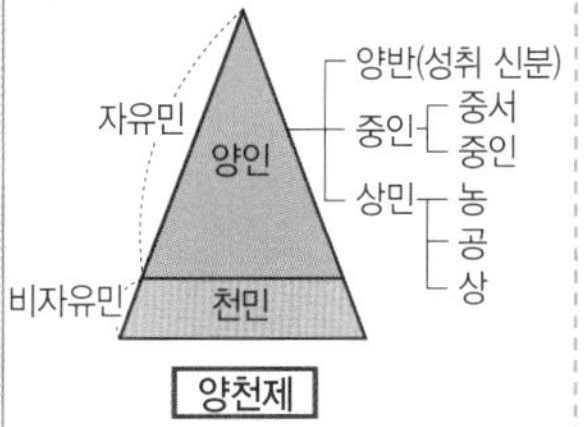

- 양천제: 『경국대전』에 입각한 조선의 법적 신분 구조
- 신분 간 이동 – 가능

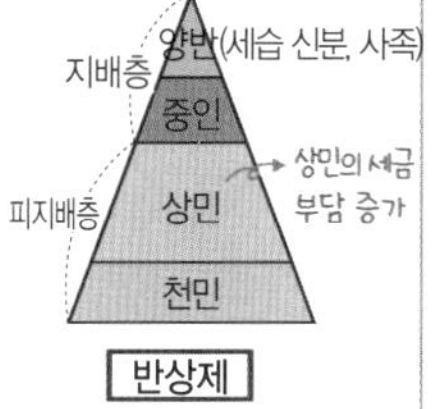

- 16C: 현실적 – 반상제
- 신분 간 이동 – 자유롭지 못함.

근대 사회 태동기

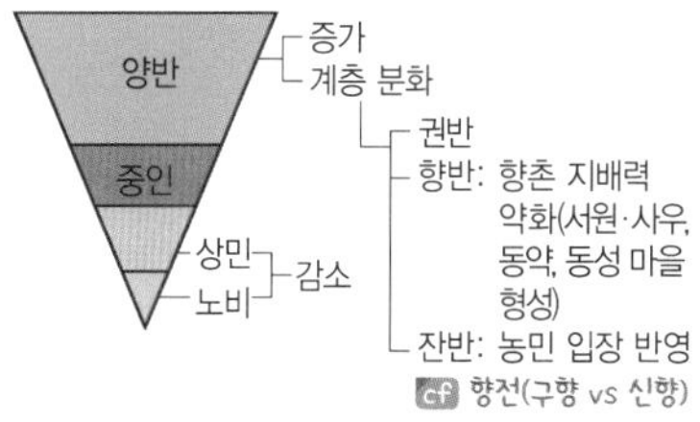

- 신분 간 상하 이동 활발
- 같은 계급 내부의 계층 분화

근대 사회 발전기

[신분 제도 변화 과정]
- 노비종모법 실시: 영조
- 노비추쇄법 폐지: 정조
- 관노비(납공 노비) 66,000여 명 해방(1801): 순조
- 갑신정변(1884): 사민평등 요구
- 노비세습제 폐지(1886): 고종
- 동학 농민 운동(1894): 노비 문서 소각 요구
- (1차) 갑오개혁(1894): 신분 제도 폐지 실현

문화

고대
- 귀족 문화
- 불교 문화
- 유학: 훈고학 ········→
- 기타: 고분·탑·불상 등 문화유산

중세
- 귀족 문화(중앙·지방 문화 발달)
- 유교·불교의 융합
- 유학: 훈고학 ········→ 성리학 (충렬왕 때 안향 도입) ········→
- 출판 문화 발달: 역사서·대장경·금속 활자
- 기타: 건축, 탑, 불상, 공예 등

근세 (15세기)
- 사대부 중심 유교 문화
- 숭유억불
- 성리학(경세적 측면) ········→
- 정신문화+물질문화 발달

근세 (16세기)
- 성리학(철학적 측면) ········→
  – 이기이원론 발달
- 16세기 양명학 도입
- 정신문화 발달

근대 사회 태동기
- 서민 문학의 대두(한글 소설, 사설시조)
- 지배층: 정통 성리학 고수(절대화), 노론 내부–호락논쟁 발생
- 재야 지식인: 정통 성리학 비판
  - 주자와 다른 경전 해석 시도(윤휴, 박세당, 정약용 등)
  - 양명학(18C 정제두의 강화학파) ——→ 박은식의 「유교구신론」 (1909, 대동교, 대동사상 주창)
  - 실학(사회 개혁론) ——→ 신유박해(1801)로 실학 위축
- 17C 서학(천주교) 도입
  - ⇨ 18C 신앙으로 수용(일부 남인)
  - ⇨ 『천주실의』 한글 번역 ⇨ 부녀자에게 확산
  - ⇨ 신해박해(정조, 1791), 신유박해(순조, 1801) ——→ 병인박해(고종, 1866)
- 동학 발생(최제우, 1860): 농민 적극 수용 ——→ 동학 농민 운동(1894)

근대 사회 발전기
- 유생: 전통문화 수호
- 진보적 지식인: 서구 문화 수용

선사 시대

cf 중석기
• 잔석기(창, 활, 작살 ⇨ 이음 도구)
• 통영 상노대도 조개더미, 거창 임불리 유적

구분	구석기	신석기	청동기	철기
연대	70만 년 전	B.C. 8,000년경	B.C. 2,000년~1,500년경	B.C. 5세기
특징	사람 살기 시작	민족 근간 형성(농경, 정착 생활) ■특징: 간석기, 토기, 농경(후기), 원시 신앙·수공업 생활 시작	국가 형성 ■특징: 사유 재산·계급 발생, 선민사상, 벼농사 시작(일부 저습지)	다수 초기 국가(연맹 왕국) ■특징: 벼농사 발달(삼한-저수지 축조), 중국과의 교류 활발 → 증거 명도전, 오수전, 반량전, 붓
유물·유적	1. 유물 ① 뗀석기 • 조리용: 긁개, 밀개 • 사냥용 ┌ 전기: 주먹 도끼, 주먹찌르개 등 　　　　└ 후기: 슴베찌르개 등 • 기타: 새기개, 자르개 ② 골각기 2. 유적: 전국적 분포 ① 종성 동관진: 1930년대 최초 발견 ② 단양 금굴: 70만 년 전[최고(最古) 유적지] ③ 공주 석장리 • 전(全) 단계: 전기~후기 • 중기 이후(후기): 기둥 자리, 불 땐 자리, 개 모양의 석상 (→막집, →불 사용, →원시 예술) ④ 연천 전곡리 • 전(全) 단계: 전기~후기 • 전기: 유럽 아슐리안계 주먹 도끼 출토(동아시아 최초) ⑤ 청원 두루봉 동굴(후기): 흥수아이(꽃가루 출토) ⑥ 단양 수양개(후기): 석기 제작지, 눈금새김돌 출토 →매장 풍습 짐작 ⑦ 양구 상무룡리: 백두산 산지 추정의 흑요석 출토 →장거리 이동 짐작	1. 유물 ① 간석기 • 사냥용, 어로용 • 농경용: 돌괭이, 돌삽, 돌보습 • 직조용: 가락바퀴[방추차] ② 토기 • 이른 민무늬 토기: 양양 오산리, 부산 동삼동 • 덧무늬 토기, 눌러찍기무늬 토기 • 빗살무늬 토기: 신석기 대표 토기, 서울 암사동, 평양 남경, 김해 수가리 등 강가·바닷가 출토 ⇨ 일본 조몬 토기에 영향줌. ③ 가락바퀴, 뼈바늘 ⇨ 원시 직조 생활 →일본 규슈 산지 ④ 흑요석 출토(양양 오산리, 부산 동삼동) ⑤ 기타: 조개껍데기 가면, 치레걸이, 여인상(청진 농포동, 울산 신암리), 토우 등 →백두산 산지 2. 유적 ① 움집: 반지하형, 원형 or 모가 둥근 방형, 중앙-화덕 ⇨ 해안, 강가 출토 ② 조개더미(웅기 굴포리 서포항, 부산 동삼동) cf 웅기 굴포리 조개더미 • 인골 발견: 동침 ⇨ 태양 숭배 • 토기·화살촉 등 ⇨ 내세관 짐작 cf 부산 동삼동 조개더미 : 독무덤 출토	1. 유물 (→이삭 자르는 용도) ▥ 고조선 영역 출토 ① 간석기: 반달돌칼, 홈자귀, 간돌검 등 ② 토기: 덧띠새김무늬 토기, 민무늬 토기(대표 토기), 미송리식 토기, 붉은 간 토기 등 ③ 청동기: 비파형 동검, 거친무늬 거울 cf 청동제 농기구(x) 2. 유적 ① 움집: 장방형·지상형, 한쪽 벽-화덕, 집단 취락 형성 ⇨ 구릉, 산간(배산임수) ② 고인돌: 탁자식(한강 이북), 바둑판식(한강 이남), 변형 개석식 ③ 돌무지무덤, 돌널무덤 ······▶ ④ 선돌 ⑤ 대표 유적지 • 여주 흔암리(탄화미 등) • 부여 송국리[목책, 100여 집터(장방형·원형), 민무늬 토기 등] • 울주 검단리(완벽한 환호 취락 모습) • 의주 미송리(미송리식 토기 등) • 평양 남경(탄화미 등) • 춘천 중도(고조선 유적지) cf 일본 야요이 문화에 영향(청동기~철기)	1. 유물 ① 간석기 ② 토기: 민무늬 토기, 덧띠 토기, 붉은 간 토기, 검은 간 토기 등 ③ 청동기: 의기화, 잔무늬 거울, 세형동검(거푸집 출토-한국식 동검) ④ 철기: 철제 농기구, 철제 연모, 철제 무기 ⑤ 붓 출토(경남 창원 다호리 유적) ⇨ B.C. 2세기 한반도 남부 한자 도입 증거 2. 유적 ① 지상형 반움집, 귀틀집, 동예의 여(呂)자형·철(凸)자형 집터 ② 돌무지무덤, 돌널무덤 →부뚜막 발견 ③ 독무덤, 널무덤(청동기+철기 유물 출토) ④ 조개더미(김해, 웅천, 창원 성산 등) →야철지, 중국 돈(오수전) 출토 →중국 돈(왕망전) 출토
경제·사회	• 전기: 동굴·바위 그늘 ⇨ 후기: 막집(불 땐 자리, 기둥 자리) • 무리 사회 • 이동 생활	3. 경제 전기: 어로, 사냥 ⇨ 후기: 농경의 시작(일부)-조·피·수수 등 잡곡류(황해도 봉산 지탑리, 평양 남경) cf 동아시아 최초 밭 유적지 출토(고성 문암리) 4. 사회 ① 씨족 중심의 부족 사회 ⇨ 족외혼, 폐쇄적 경제 ② 평등·모계 사회 ③ 원시 신앙(애니미즘, 토테미즘, 샤머니즘 등)	3. 경제 ① 벼농사 시작(일부 저습지) ······▶ ② 가축 사육 증가 ······▶ 4. 사회: 계급 발생 ⇨ 군장 사회 ⇨ 군장 국가 ──▶ 5. 문화 ① 선민사상 ······▶ ② 바위그림 ······▶ • 울주 반구대(어로, 수렵 장면 등 사실적 그림) • 고령 장기리[구 양전동(○, △, × 등 기하학적 무늬)]	벼농사 발달: 삼한-저수지 축조 밭갈이-가축 이용(but 우경 X) 연맹 왕국 단계 발달

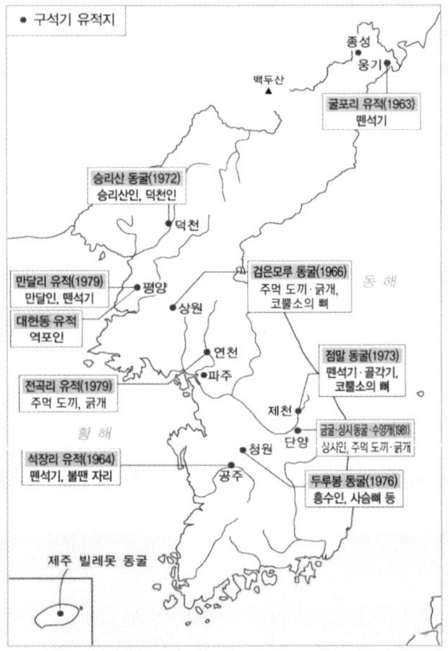

◤ 구석기 시대의 유적지

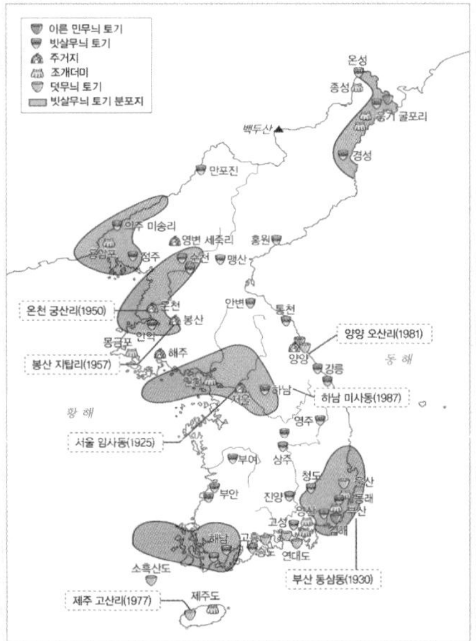

◤ 신석기 시대의 유적지

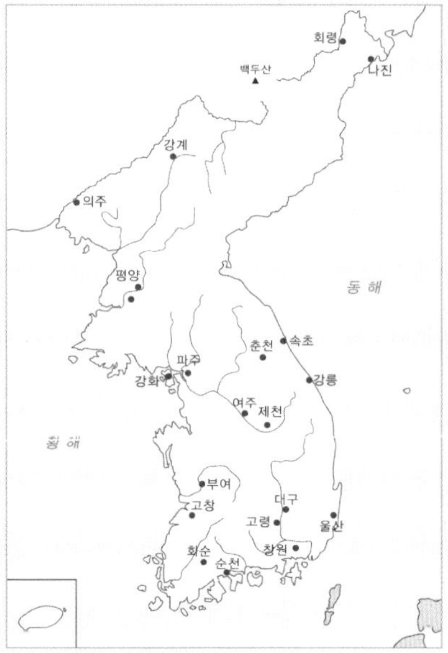

◤ 청동기 시대의 유적지

◤ 주먹 도끼

◤ 슴베찌르개

◤ 빗살무늬 토기

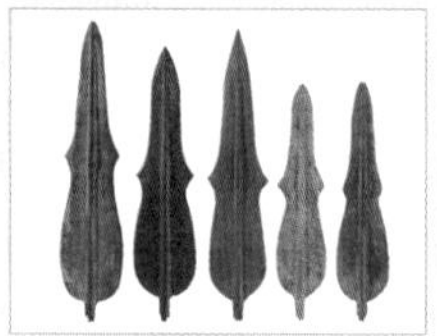
◤ 비파형 동검

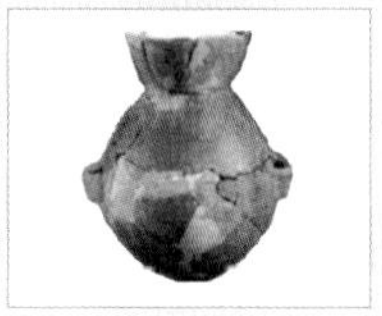
◤ 미송리식 토기

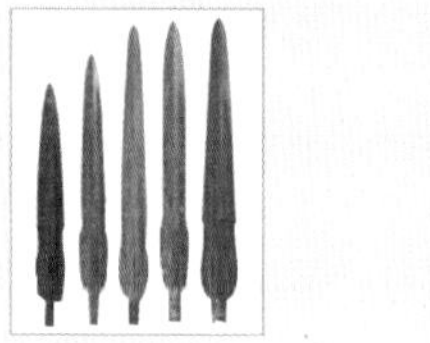
◤ 세형동검

비파형 동검과 세형동검

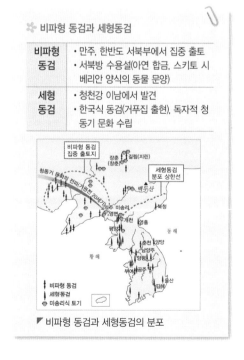

비파형 동검	• 만주, 한반도 서북부에서 집중 출토 • 서북방 수용설(아연 합금, 스키토 시베리안 양식의 동물 문양)
세형 동검	• 청천강 이남에서 발견 • 한국식 동검(거푸집 출현), 독자적 청동기 문화 수립

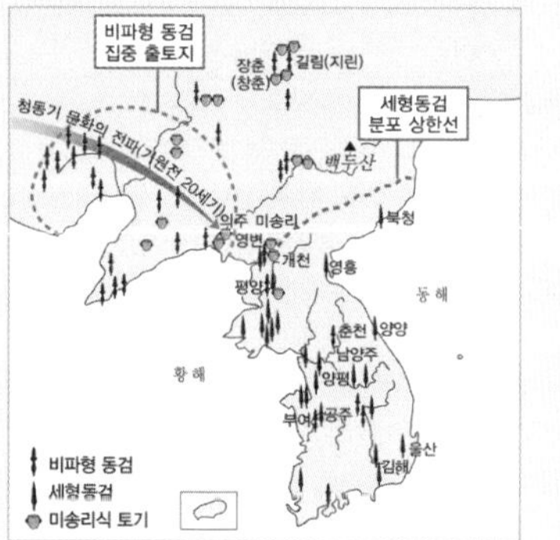

◤ 비파형 동검과 세형동검의 분포

고조선

고조선 발전 과정 총정리

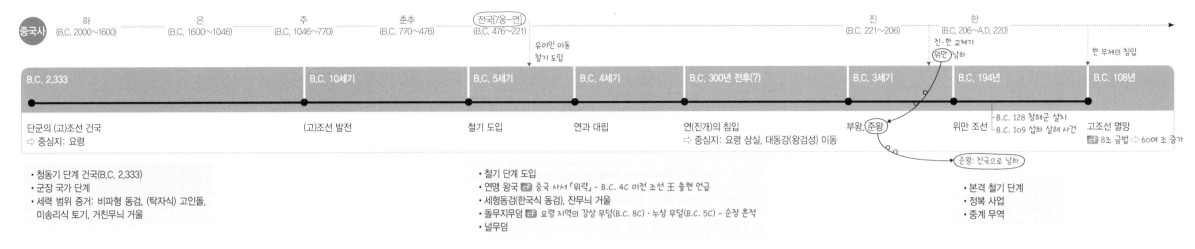

중국사: 하(B.C. 2000~1600) ··· 은(B.C. 1600~1046) ··· 주(B.C. 1046~770) ··· 춘추(B.C. 770~476) ··· 전국[7웅-연](B.C. 476~221) ··· 진(B.C. 221~206) ··· 한(B.C. 206~A.D. 220)

- 전국[7웅-연] → 유이민 이동, 철기 도입
- 진·한 교체기 위만 남하
- 한 무제의 침입

B.C. 2,333	단군의 (고)조선 건국 ⇨ 중심지: 요령
B.C. 10세기	(고)조선 발전
B.C. 5세기	철기 도입
B.C. 4세기	연과 대립
B.C. 300년 전후(?)	연(진개)의 침입 ⇨ 중심지: 요령 상실, 대동강(왕검성) 이동
B.C. 3세기	부왕, 준왕 (준왕: 진국으로 남하)
B.C. 194년	위만 조선 - B.C. 128 창해군 설치 - B.C. 109 섭하 살해 사건
B.C. 108년	고조선 멸망 cf 8조 금법 ⇨ 60여 조 증가

- 청동기 단계 건국(B.C. 2,333)
- 군장 국가 단계
- 세력 범위 증거: 비파형 동검, (탁자식) 고인돌, 미송리식 토기, 거친무늬 거울

- 철기 단계 도입
- 연맹 왕국 cf 중국 사서 『위략』 - B.C. 4C 이전 조선 王 출현 언급
- 세형동검(한국식 동검), 잔무늬 거울
- 돌무지무덤 cf 요령 지역의 강상 무덤(B.C. 8C)·누상 무덤(B.C. 5C) - 순장 흔적
- 널무덤

- 본격 철기 단계
- 정복 사업
- 중계 무역

고조선의 발전 및 변천

B.C. 5C 전국 시대 혼란기	유이민의 이주 ⇨ 초기 철기 수용 증거 널무덤의 부장품: 청동기+철기	
B.C. 4C	전국 7웅 중 연과 대립, 스스로 왕(王)이라 칭함. ⇨ 연을 공격할 계획도 세움.	cf 상·대부·장군·박사 등의 관직 마련
B.C. 300년 전후(?)	연의 장수 진개의 침입 ⇨ 요동 상실, 대동강(왕검성)으로 이동	
B.C. 3C	부왕·준왕 부자 세습	
B.C. 3C 진·한 교체기	유이민의 대거 이주 ⇨ 위만 남하 cf 준왕은 위만을 박사로 임명 ⇨ but 위만이 준왕의 왕위 찬탈 ⇨ 준왕은 남쪽 진국의 한왕이 됨.	
B.C. 194	위만 조선 성립 cf 단군 조선의 정통 계승 증거 • 나라 이름 '조선' • 위만의 복장[조선인 옷(중국 사서 『위략』 - '오랑캐옷'으로 서술), 상투] • 토착민들의 높은 지위 유지 • 철기 문화의 본격적 수용 • 중앙 정치 조직의 정비: 경, 대신, 비왕(裨王) 등 • 정복 사업 전개: 진번·임둔 등 복속 • 예·진(辰)과 한 사이의 중계 무역 ⇨ 한과 갈등 cf 한과 갈등 사건 • 창해군 설치(B.C. 128): 예군의 남려가 한에 투항하자 한이 창해군 설치, 위만 조선 견제 • 요동도위 섭하 살해 사건(B.C. 109)	
B.C. 108	우거왕 때 고조선 멸망, 한사군 설치 ⇨ 이후 고조선의 저항으로 법조항 60여 조로 증가, 풍속 각박	

고조선의 사회 성격

① 단군 건국 이야기
- '환인(桓因)의 서자 환웅(桓雄)이 계셔……': 천손 후예의 자부심 ⇨ 선민사상
- '풍백(風伯), 우사(雨師), 운사(雲師)를 거느리고, …… 곡식, 생명, 형벌 등 인간에게 필요한 360여 가지를 주관 ……': 농경 사회, 애니미즘, 계급 분화, 형벌 사회
- '인간을 널리 이롭게 할 목적으로[홍익인간(弘益人間)] ……': 지배 계급의 출현, 인본 사상
- '웅녀와 혼인하여 ……': 토테미즘, 족외혼, 모계 사회 유풍, 부족 간의 연합 및 배제
- 단군왕검: 단군(제사장)+왕검(정치적 지배자) ⇨ 제정일치, 국가의 성립(군장 국가), 샤머니즘(단군)

② 8조법[『한서』 지리지(반고)]
- 사람을 죽인 자는 사형에 처한다. ⇨ 개인의 생명 존중
- 사람을 상해한 자는 곡물로써 배상한다.
  ⇨ 농경 사회, 사유 재산의 발생, 노동력 중시
- 남의 물건을 훔친 자는 노비로 삼되, 자속하려는 자는 50만 전을 내야 한다. ⇨ (형벌) 노비가 존재한 계급 사회, 화폐(중국 돈) 사용(⇨ 일부 지배층)
- 기타: 여자는 정절을 귀히 여기고 음란하지 않았다.
  ⇨ 남성 중심의 가부장적 사회

단군 건국 이야기 수록 문헌

문헌	저자	연대
삼국유사	일연	고려 충렬왕
제왕운기	이승휴	고려 충렬왕
세종실록지리지	실록청(춘추관)	조선 단종
응제시주	권람	조선 세조
동국여지승람	노사신	조선 성종

cf 『동국통감』(서거정, 성종): 단군 신화 간략 기록
cf 고조선 관련 중국 측 문헌: 『관자』, 『위략』, 『산해경』
- 『관자』 → '조선' 명칭
- 『위략』 → 4세기 이전 '왕(王)' 명칭 사용 기록

3조선(단군-기자-위만)에 대한 입장

구분	우리 측 입장	중국 측 입장(왜곡)
단군 조선	청동기 때 존재한 역사적 사실 - 유구한 역사 (B.C. 2,333) - 천손 후예의 정체성	B.C. 2,333년은 신석기 단계 ⇨ '허구'라고 주장
기자 조선	교화지군(敎化之君) - 8조 금법 보급 - 주의 정전제 보급	주의 기자 동래설 주장 ⇨ 중국사
위만 조선	현대: 고조선의 정통을 계승한 우리 역사로 인정	위만: 중국인 ⇨ 중국사 기자 조선-위만 조선-한4군 ⇨ ∴ 중국 지방사
후대인의 역사 인식 P.36, 37	• 조선의 국호(단군 조선-기자 조선) • 조선 15C 훈구파 vs 사림파 (단군>기자) (단군<기자) • 17C 말 홍여하의 『동국통감제강』: 기자 조선-마한-신라를 정통으로 인식(단군 조선 제외) • 18C 홍만종의 『동국역대총목』: 단군 조선-기자 조선-마한-신라를 정통으로 인식(단기 정통론) • 18C 안정복의 『동사강목』: 단군 조선-기자 조선-삼한(마한)-신라를 정통으로 인식(삼한 정통론) • 1909년 나철의 대종교 창시(단군 숭배) • 신채호의 『조선상고사』: 단군-부여-고구려로 연결	

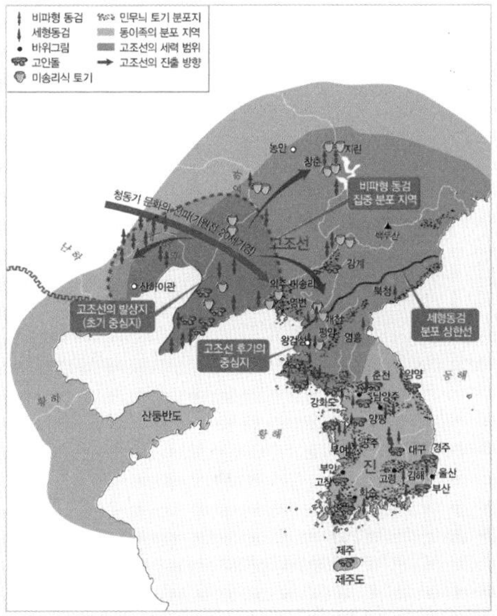

▼ 고조선의 세력 범위

여러 나라의 성장(철기 단계) – 『삼국지』 위서 동이전 기록

구분	부여	고구려	옥저	동예	삼한
위치	송화강 유역	동가강 유역(졸본) ⇨ 통구(국내성, 집안), 현도군 축출 cf 2대왕 유리왕	함경도 및 강원도 북부의 동해안	원산만, 강원 북부	한강 이남
국가 형태	• 연맹 왕국(5부족 연맹체) • 왕	• 연맹 왕국(5부족 연맹체) • 소노부(연노부)·순노부·계루부·절노부(연나부)·관노부 (→ 여섯 가축 이름으로 지정) • 초기: 제가 회의에서 소노부 출신 왕 선출 (→ B.C. 3C 이전 자체 종묘·사직 설치) ⇨ 6대 태조왕 때 계루부 세습	군장 국가(연맹체를 형성하지 못함.)		연맹 왕국(진왕, 마한왕)
군장	• 군장: 마가(말), 우가(소), 저가(돼지), 구가(개) • 소관리: 대사자, 사자 등 • 사출도(지방 행정 구역) • 제가 회의: 국가 중대사 결정, 왕 선출 및 폐위	• 군장: 상가, 고추가 (→ 전(前) 왕족이나 왕비족에게 주는 칭호. 백제의 길사, 신라의 갈문왕과 유사), 대로, 패자 등 • 관리: 사자, 조의, 선인 등 • 제가 회의: 국가 중대사 결정	군장: 삼로, 읍군 등		• 왕(목지국의 왕 ⇨ 진왕 추대) • 군장: 신지·견지>읍차·부례 (→ 토지와 물 관리권)
경제	• 반농반목 • 말, 모피, 주옥	• 약탈 경제(부경 → 창고) • 맥궁(활)	• 해산물(어물·소금)·농경(5곡) 발달	• 방직 기술 발달 • 단궁(활), 과하마(조랑말), 반어피(바다표범의 가죽)	• 벼농사 발달(저수지 축조) • 철의 수출(변한)
제천 행사	영고(12월, 은정월) cf 전쟁 시 소로 제사	동맹(10월)		무천(10월)	수릿날(5월), 계절제(10월)
장례	순장(지배층 장례식 때 산 사람을 함께 묻는 풍습)	후장 (→ 장례를 후하게 지냄.)	가족 공동묘(세골장, 골장제) ⇨ 죽은자의 양식으로 쌀항아리 보관	가족이 병으로 죽은 경우 집을 버리거나 헐어버림.	• 독무덤, 돌널무덤, 돌무지무덤 등 • 후장 • 마한: 소와 말 순장 • 변한·진한: 큰 새의 깃털을 장례에 사용
결혼 풍속	형사취수제(일부다처제) (→ 형이 죽으면 형수를 아내로 맞는 풍습 ⇨ 흉노, 부여, 고구려(산상왕)의 경우)	• 데릴사위제 (서옥제, 예서제 ⇨ 봉사혼, 신석기 모계 사회 유풍) • 형사취수제 예 산상왕	민며느리제(예부제 ⇨ 계약 결혼, 매매혼)	족외혼 (→ 신석기 유풍)	
법률·기타	• 4조목 • 1책 12법 • 은력 • 점복(우제점법)	• 1책 12법 • 점복(우제점법)		• 책화(경제적 폐쇄성) (→ 신석기 유풍) • 철(凸)자형·여(呂)자형 집터–난방 시설, 부엌(부뚜막 시설)	• 두레(마을 공동 작업) • 제정 분리(천군–소도에서 농경과 의례 담당) • 귀틀집, 초가집 • 문신 및 편두(변한, 진한)
발전	• 3세기 선비족의 침략으로 수도 함락, 쇠퇴 • 4세기 전연의 침략 • 고구려에 멸망(문자왕, 494)	1C 말·2C 초 태조왕 때 중앙 집권 국가로 발전	고구려 태조왕에 의해 복속	고구려와 신라에 흡수·통합	• 마한 ⇨ 백제로 발전 • 진한 ⇨ 신라로 발전 • 변한 ⇨ 6가야 연맹으로 발전

M/E/M/O

▼ 여러 나라의 성장

부여와 고구려의 공통점

1. 5부족 연맹체
2. 대관리의 칭호에 가(加), 소관리의 칭호에는 사자(使者)
3. 제가 회의
4. 1책 12법
5. 제천 행사
6. 부여족의 일파
7. 상호·하호·노비의 사회 구조
8. 형사취수제
9. 우제점법 cf 『삼국지』 - 부여만 언급

부여의 법률(4조목)

1. 살인하는 자는 사형에 처하고 그 가족은 노비로 한다. ⇨ 생명(노동력) 중시, 보복법, 연좌제, 형벌노비제
2. 남의 물건을 훔쳤을 때에는 물건 값의 12배를 배상해야 한다. ⇨ 1책 12법
3. 간음한 자는 사형에 처한다. ⇨ 간음죄, 사형 제도
4. 질투가 심한 부인은 사형에 처하되 그 시체를 서울 남쪽 산 위에 버려서 썩게 한다. 단, 그 여자의 집에서 시체를 가져가려면 소와 말을 바쳐야 한다. ⇨ 가부장제, 일부다처제

고조선 8조 금법과 부여 법률의 공통점

1. 남성 중심의 사회
2. 형벌 사회
3. 형벌 노비가 존재한 계급 사회
4. 보복주의

연맹 왕국과 중앙 집권 국가의 비교

구분	연맹 왕국(王 ≒ 부족장)	중앙 집권 국가(王 > 부족장)
왕	선출	세습(형제 ⇨ 부자)
족장	자기 관리, 부족 지배(독립적)	왕권에 복속 ⇨ 중앙 귀족화
특징	왕은 연맹의 대표 ⇨ 부족을 직접 지배 못함. 예 부여의 사출도	왕 ⇨ 국가 지배(지방관 파견)
	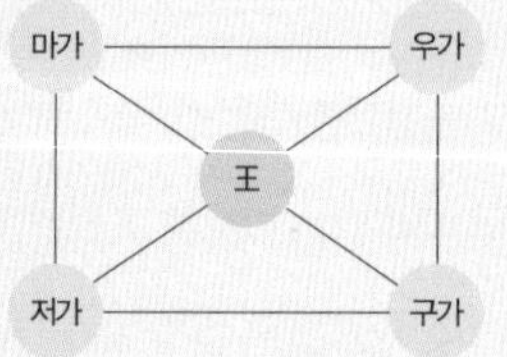 ▼ 부여의 사출도	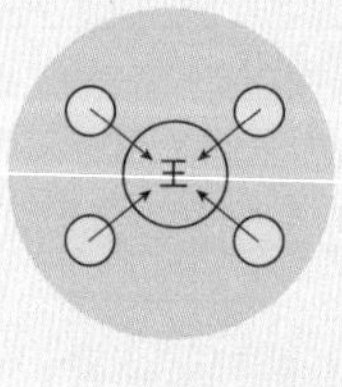 ▼ 중앙 집권 국가 ■ 중앙 집권 국가의 성격 1. 왕권 강화 2. 중앙 집권적 제도 마련: 율령, 관등, 신분 제도 등 3. 영역 국가 예 한강 확보 주력 4. 불교 수용

고대 사회①

cf 신라의 시대 구분

구분	기준	박혁거세(1)~지증왕(22)	법흥왕(23)~진덕 여왕(28)	무열왕(29)~혜공왕(36)	선덕왕(37)~경순왕(56)
『삼국사기』	왕의 혈통	상대		중대	하대
『삼국유사』	불교식 왕명기	상고	중고	하고	

※ 번호는 사건 순서임.

구분	2세기	3세기	4세기	5세기	6세기(cf p.10 참고)	7세기(cf p.10 참고)	8세기	9세기	10세기
고구려	• **태조왕**(1세기 후반~2세기) – 옥저 복속, 낙랑 공격 – 계루부 고씨 왕위 (형제) 세습 • **고국천왕** – 진대법 – 부자 세습 – 행정 5부 개편	• **동천왕** – 오 교류, 위 견제 – 서안평 공격 ⇨ 위나라 관구검의 침입	• **미천왕** ① 서안평 차지 ② 낙랑·대방 축출 (⇨ 고조선 고토 회복) • **고국원왕** ① 전연(모용황) 침입 ② 근초고왕의 평양성 침입으로 전사 • **소수림왕** – 전진과 수교 ① 불교 공인, 태학 설립 ② 율령 반포	• **광개토 대왕**(4세기 말~5세기 초) – 숙신(여진) 정벌·후연(모용희)의 침입 등 ⇨ 요동 및 만주(부여) 대부분 차지 – 백제의 관미성(한강 이북) 공격 – 신라에 들어온 왜군 격퇴 cf 광개토 대왕릉비, 호우명 그릇 – 연호 최초 사용(영락) • **장수왕** ① 남하 정책(국내성 ⇨ 평양) ⇔ 나·제 동맹(433~553) ② 남한강 차지[충주(중원) 고구려비] – 다면 외교(송, 북위, 유연) – 유연과 함께 지두우(흥안령 일대) 분할 점령 – 경당(지방 사학, 한학+무술 교육) • **문자왕** – 부여 복속(최대 영토)	• **귀족 연립 정치기**(왕권 약화)  ◤ 양직공도(梁職貢圖)의 백제 사신도(6C)	• **영양왕**(6세기 말~7세기 초) – 여·수 전쟁(1차~4차, 598~614) cf 을지문덕의 살수 대첩(612) • **영류왕** – 당 대비 천리장성 축성 cf 보장왕 때 완성 – 연개소문(대막리지)의 영류왕 추방, 보장왕 추대 • **보장왕** – 당 고조의 회유책(도교 공식 도입) – 당 태종의 강경책 ⇨ 천리장성 완성, 안시성 싸움(645, 양만춘)으로 당 축출 – 나·당 동맹에 의해 고구려 멸망(668) ⇨ 당: 안동 도호부(평양) 설치	**발해** • **1대** 고왕(698~719, 대조영, 연호: 천통) – 길림성 돈화시 동모산에서 건국(698) ⇨ 국호 진(震) – 돌궐, 신라, 당과 통교 cf 초기 당과 갈등 ⇨ 당의 화해 요청, 고왕을 발해 군왕에 책봉(713) • **2대** 무왕(719~737, 대무예, 연호: 인안) – 당+흑수 말갈+신라 vs 발해+일본+돌궐 cf - 신라 성덕왕의 발해 공격 시도 ⇨ 실패 - 장문휴: 당의 산둥성 공격 • **3대** 문왕(737~793, 대흠무, 연호: 대흥) – 수도 천도[중경(732?, 무왕) ⇨ 상경(756) ⇨ 동경(785~786)] – 고려국 표방 증거 일본에 보낸 외교 문서 – 당과 교류: 3성 6부 제도, 주자감 도입	– 황제 국가 면모 과시: 황제국 자처[외왕내제(外王內帝)], 불교의 전륜성왕 이념 수용 cf 당: 발해 국왕으로 승격(762), 신라 효성왕~원성왕 시기 • **10대** 선왕(818~830, 대인수, 연호: 건흥) – 말갈족 복속, 요동 진출 ⇨ 최대 영토 확보 – 지방 제도 정비(5경 15부 62주) cf - 대조영의 아우 대야발의 4대손 - 당: '해동성국'이라 부름. • **15대 대인선** – 거란의 야율아보기에 의해 발해 멸망(926) – 대광현 등 고구려 유민들 ⇨ 고려로 망명	
백제	1. 위례성(⇨ 한성) 시대	• **고이왕** – 왕위 (형제) 세습, 율령 반포 – 6좌평 제도 실시	• 근초고왕 – 부자 세습 – 마한 완전 차지 – 요서 (일시) 점령–산둥–일본 연결 ⇨ 고대 상업권 형성 – 칠지도(왜왕에게 하사) – 『서기』 편찬 • **침류왕** – 불교 도입(동진)	• **아신왕**(4세기 말~5세기 초) • **비유왕**: 나·제 동맹(433) 체결 • **개로왕**(부여 경): 한성 함락, 북위에 원조 요청 2. 웅진(공주) 시대 • **문주왕** – 웅진(공주) 천도(475) • **동성왕** ① 신라와 결혼 동맹(493) ② 탐라 복속(498)	• 무령왕(부여 융, 영동대장군 사마왕) – 22담로(지방) 설치 – 무령왕릉(양과 교류) 3. 사비 시대 • 성왕 ① 사비(부여) 천도(538, ⇨ 남부여) ② 한강 일시 회복, 나·제 동맹 결렬(553) ⇨ 관산성(충북 옥천) 전투(554)로 사망 – 22부(중앙 제도) 설치, 5부·5방(지방 제도) 정비 – 일본에 최초 불교 전파(노리사치계)	• **무왕** – 익산 천도 시도 ⇨ 실패 – 부여 왕흥사 건립, 익산 미륵사 건립 cf 익산 미륵사지 석탑(현존 최고의 석탑) • **의자왕**(해동의 증자) – 대야성 공격 – 당항성 공격(+고구려) – 나·당 동맹에 의해 백제 멸망(660, 계백의 황산벌 전투) ⇨ 당: 웅진 도독부(공주) 설치			
신라			• **내물왕(마립간)** – 김씨에 의한 왕위 (형제) 세습 – 광개토 대왕의 도움으로 왜구 격퇴 cf 호우명 그릇	• **눌지왕(마립간)** – 부자 세습 – 나·제 동맹(433) 체결 – 불교 도입(⇦ 고구려의 묵호자) • **자비왕(마립간)** – 수도의 방리(坊里)명 제정 • **소지왕(마립간)** – 백제와 결혼 동맹(493) – 시장(시사, 경주)·우역 설치 – 행정적 6부 개편	• 지증왕 – 한화(漢化) 정책: 왕(王), 신라, 군현 제도 – 우산국(울릉도·독도) 복속(512) cf 이사부 – 우경 보급, 동시전 설치 • 법흥왕(불교식 왕명기, 연호: 건원) – 율령 반포(울진 봉평 신라비) – 병부 설치, 상대등 제도 마련, 불교 공인 – 대가야와 결혼 동맹 체결(522) – 금관가야 정벌(532) • 진흥왕(불교식 왕명기, 연호: 개국, 대창, 홍제) – 『국사』 편찬(545) ① 나·제 동맹 의거 [신라–상류 차지(단양 적성비) [백제–하류 차지(성왕) ② 백제를 배신, 하류 탈환 ⇨ 나·제 동맹 결렬(553) ⇨ 신주 설치(북한산비, 555) ③ 대가야 정벌[562, 창녕비(561)] ④ 함경도 진출(황초령비, 마운령비) – 황룡사 건립, 화랑도 공인, 불교 교단 조직(국통·주통, 고구려 혜량–국통)	• **진평왕**(불교식 왕명기, 연호: 건복) – 원광의 걸사표(611), 관제 정비 • **선덕 여왕**(불교식 왕명기, 연호: 인평) – 황룡사 9층 목탑, 첨성대, 분황사(모전) 석탑, 영묘사 건립(개구리 사건), 모란꽃 예측 – 비담의 난(647) • **진덕 여왕**(마지막 성골, 불교식 왕명기, 연호: 태화 ⇨ 중국식 연호) – 집사부 설치, 나·당 동맹 체결, 오언태평송, 중국식 관복 및 중국 연호 사용 • **태종 무열왕**(654~661, 중국식 시호 사용) – 최초의 진골 출신 왕 – 갈문왕(葛文王) 제도 폐지 – 백제 멸망(660) • **문무왕**(661~681) – 고구려 멸망(668) – 나·당 전쟁[670~676, 매소성(675)·기벌포 싸움(676)] ⇨ 삼국 통일 – 부석사 창건(의상) • 신문왕(681~692) – 전제 왕권의 확립(김흠돌의 모역 사건 계기, '만파식적', 감은사지 3층 석탑) – 중앙 집권적 관료 정치: 9서당 10정, 9주 5소경, 관료전 지급 ⇨ 녹읍 폐지, 국학 설립	• 성덕왕(702~737) – 국학 정비(⇨ 문묘 최초 설치), 정전 지급 – 당의 요구로 발해 공격 시도(실패) ⇨ 당: 패강(대동강) 이남 지역 신라 영역으로 인정 • **효성왕**(737~742) • 경덕왕(742~765) – 녹읍 부활 – 불국사·석굴암 창건 – 성덕 대왕 신종 주조(혜공왕 때 완성) cf 충담의 안민가, '만불산' 조형물 당에 헌상 • **혜공왕**(765~780) – 96각간의 난(대공의 난) ⇨ 전제 왕권 붕괴 • **선덕왕**(780~785) – 하대 시작(내물계 진골) • **원성왕**(785~798) – 독서삼품과 설치	• **헌덕왕**(809~826) – 김헌창의 난[무열계, 웅주(공주), 국호–장안], 김범문의 난[한산(현재 서울)] • **흥덕왕**(826~836) – 사치 금지 조서 발표 – 장보고, 청해진(완도) 설치 • **문성왕**(839~857) – 장보고의 난 • **진성 여왕**(887~897) – 민란 전국적 발생[원종·애노의 난(상주), 적고적의 난, 견훤 등] cf 6두품 최치원(헌강왕~진성 여왕)	• **효공왕**(897~912) – 후백제 건국(900), 후고구려 건국(901) ⇨ 후삼국 시대 • **경애왕**(924~927) – 후백제 견훤의 침략으로 사망(927) • **경순왕**(927~935) – 고려 왕건에게 귀부, 신라 멸망(935)

cf 고구려 유이민의 백제 건국 사실
1. 서울 석촌동 고분: 초기 고구려 돌무지무덤
2. 온조의 건국 기사
3. 시조신: 동명왕
4. 백제 왕족의 성씨: 부여씨
5. 개로왕이 북위에 보낸 국서: "… 고구려와 더불어 근원이 부여에서 나왔으므로 …"
6. 성왕 때 백제 명칭: 남부여

cf 신라의 왕호 변천 과정

1. 거서간	1대 박혁거세	군장의 우두머리
2. 차차웅	2대 남해	제사장
3. 이사금	3대 유리	연장자·계승자
4. 마립간	17대 내물	대수장(大首長)
5. 왕(王)	22대 지증왕	지증왕의 한화(漢化) 정책: 국호 '신라(新羅)', 왕호 '왕(王)' 사용
6. 불교식 왕명	23대 법흥왕	불교식 왕명 (법흥왕~진덕 여왕)
7. 중국식 시호	29대 무열왕 (진골)	

cf 10C 초 후삼국 분열기

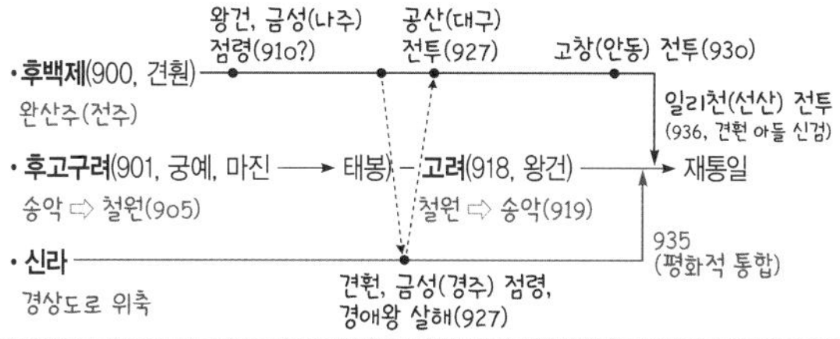

중국

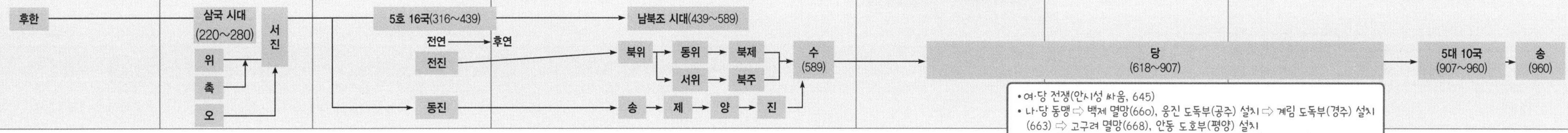

• 여·당 전쟁(안시성 싸움, 645)
• 나·당 동맹 ⇨ 백제 멸망(660), 웅진 도독부(공주) 설치 ⇨ 계림 도독부(경주) 설치 (663) ⇨ 고구려 멸망(668), 안동 도호부(평양) 설치
• 나·당 전쟁[670~676, 소부리주(부여) 설치 ⇨ 매소성(675)·기벌포 싸움(676)]

고대 사회②

I 삼국 정치사 총정리(전쟁사 중심 세로 정리)

------ 대립 관계
------ 우호 관계

시기	고구려[주몽 = 동명(성)왕[1대]]	백제(온조왕[1대])	신라(박혁거세[1대])	가야 연맹
2C	• 태조왕[6대]	위례성 시대		
3C		• 고이왕[8대] – 한강 장악		금관가야 중심
4C	• 미천왕[15대] • 고국원왕[16대] – 전연(모용황)의 공격	• 근초고왕[13대] – 마한 정복 – 고구려 평양성 공격(고국원왕 사망) – 요서 (일시) 진출 • 아신왕[17대]	• 내물왕[17대](마립간) – 낙동강 진출 – 광개토 대왕 도움으로 왜 격퇴	광개토 대왕이 금관가야에 들어간 왜구 격퇴
5C	• 광개토 대왕[19대](4C 말·5C 초) – 만주 정벌·백제의 한강 이북 공격(관미성 전투, 396), 동부여 및 숙신 정벌, 후연(모용희) 격퇴, 신라에 들어온 왜구 격퇴 • 장수왕[20대] – 평양 천도(427) – 백제의 한성 정벌, 신라 공격 ⇨ 남한강 진출 • 문자(명)왕[21대] – 부여 완전 정복	나·제 동맹 체결(433) • 비유왕[20대] • 개로왕[21대] – 아차산성에서 사망(북위에 원조 요청, 실패) 웅진 시대 • 문주왕[22대] – 웅진 천도 결혼 동맹(493) • 동성왕[24대] – 탐라 복속(498)	• 눌지왕[19대](마립간) • 자비왕[20대](마립간) • 소지왕[21대](마립간)	대가야로 중심 이동
6C	• 양원왕[24대] – 한강 상실 • 영양왕[26대] – 온달의 아차산성 사망(590) – 고구려, 요서 선제공격(598) ⇨ 수 문제 침입 ⇨ 1차 여·수 전쟁(598)	• 무령왕[25대] 사비 시대 • 성왕[26대] – 부여 천도(538) – 한강 일시 회복(551) but 신라가 다시 탈환 – 나·제 동맹 결렬(553) – 대가야와 결합 ⇨ 관산성(옥천) 싸움(구천, 554)에서 사망	• 지증왕[22대](王) – 우산국 복속(이사부) • 법흥왕[23대](불교식 왕명) – 금관가야 병합(532) • 진흥왕[24대](불교식 왕명) – 한강 상류 차지(551, 단양 적성비) – 한강 하류 차지[553, 북한산비(555), 당항성 구축] – 대가야 정벌[562, 창녕비(561)] – 함경도 진출(568, 황초령비, 마운령비)	• 대가야 – 신라 법흥왕과 결혼 동맹(522) • 금관가야 – 신라 법흥왕에게 멸망(532) • 대가야 – 백제 성왕과 결합 ⇨ 관산성 전투(554) • 대가야 – 신라 진흥왕에게 멸망(562)
7C	– 수 양제 침입 ⇨ 2차 여·수 전쟁[을지문덕의 살수 대첩(612, '여수장우중문')] – 3차·4차 여·수 전쟁(613, 614) • 영류왕[27대] – 천리장성 구축 시작 • 보장왕[28대](대막리지–연개소문) – 당 고조의 회유책(도교 공식 도입) – 당 태종의 강경책 ⇨ 천리장성 완성 ⇨ 여·당 전쟁(안시성 싸움, 645) – 고구려 멸망(668), 당의 안동 도호부(평양) 설치 cf 고구려 부흥 운동 검모잠, 안승[보덕국(익산, 674)], 고연무 등	• 무왕[30대] – 익산 천도 시도, 실패 • 의자왕[31대] – 신라의 대야성(642) 공격 (vs 선덕 여왕) – 고구려와 함께 당항성 공격 시도 (vs 진덕 여왕) – 계백의 황산벌 전투(660) ⇨ 백제 멸망, 당의 웅진 도독부(공주) 설치 cf 백제 부흥 운동 • 흑치상지·지수신(임존성) • 복신·도침(주류성) • 왜+백제 부흥군 ⇨ 백강 전투	• 진평왕[26대](불교식 왕명) – 수에게 군사 요청[원광법사의 걸사표(611)] • 선덕 여왕[27대](불교식 왕명) – 수·당과 외교 • 진덕 여왕[28대](불교식 왕명) – 나·당 동맹(648) • 무열왕[29대](중국식 시호) – 당(소정방)의 백강 침공+김유신의 탄현(대전) 침공 ⇨ 황산벌 전투 승리, 백제 멸망(660), 당의 웅진 도독부 설치 • 문무왕[30대] – 계림 도독부 설치(경주, 663) – 고구려 멸망(668), 당의 안동 도호부 설치 – 나·당 전쟁 ⇨ 사비성 공격 ⇨ 소부리주(부여) 설치(671) ⇨ 매소성 싸움(675) ⇨ 기벌포 싸움(676) ⇨ 삼국 통일	관련 주요인물: 계백, 김유신, 관창

cf 나·제 동맹(433~553)

구분	백제	신라
나·제 동맹 체결(433)	비유왕	눌지왕 (마립간)
결혼 동맹 체결(493)	동성왕	소지왕 (마립간)
나·제 동맹 결렬(553)	성왕	진흥왕

cf 헷갈리는 성(城)

관미성	광개토 대왕의 한강 하류 정복	당항성	진흥왕 때 신라가 당과 직접 교역, 백제 의자왕이 고구려와 함께 공격
아차산성	장수왕의 백제 공격으로 개로왕 사망		
관산성	나·제 동맹 결렬 후 신라(진흥왕)와 전투 ⇨ 구천에서 성왕 사망	안시성	여·당 전쟁에서 당의 공격을 막음(연개소문).
대야성	백제 의자왕의 신라 공격으로 300여 개 성 차지	매소성	나·당 전쟁 시기 신라가 당의 대군 격파

신라의 시대별 총정리(『삼국사기』 시대 구분에 의거)

구분	왕통	수상	토지 제도	불교	기타
상대	성골(내물계)	상대등 (귀족: 선출)	녹읍(조세, 공납, 역)	불교식 왕명	
중대(전제 왕권 강화) • 무열왕(654~661) • 문무왕(661~681) • 신문왕(681~692) • 성덕왕(702~737) • 경덕왕(742~765) • 혜공왕(765~780)	진골(무열계)	시중 (왕: 임명 – 집사부의 장)	• 신문왕: 관료전 지급 ⇨ 녹읍 폐지 • 성덕왕: 정전 지급 • 경덕왕: 녹읍 부활	• 통일 전후기 ⇨ 교종·선종 도입 • 중대 ⇨ 교종의 유행(5교) cf 원효의 정토종	• 진골 귀족 대거 숙청, 6두품 등용 ⇨ 왕의 정치적 조언자 역할(집사부 시랑) • 국학 설치(공통 과목: 유교 경전) • 정치: 14관청 정비 • 군사: 9서당(중앙군), 10정(지방군) • 지방: 9주(도독 파견), 5소경(사신 파견) • 의상의 화엄종
하대 • 선덕왕(780~785) • 원성왕(785~798) • 진성 여왕(887~897) • 경순왕(927~935, 56대)	진골(내물계) ⇨ 왕위 쟁탈전(김헌창, 김범문, 장보고의 난)	상대등	녹읍, 농장 확대	선종의 유행(9산)	• 호족의 대두 • 6두품: 호족·선종과 연결 • 원성왕: 독서삼품과 설치 • 진성 여왕: 원종·애노의 난(민란)

발해를 우리 민족사로 볼 수 있는 근거(☑)

민족 구성 면	☑ 지배층: 고구려인 ⇨ 고구려 역사 계승 의식 표명 증거 일본에 보낸 외교 문서 ☐ 피지배층: 말갈인
문화 면	고구려 문화 바탕, 당 문화 흡수 ☑ 고구려적 요소: 무덤(굴식 돌방무덤, 모줄임천장 구조–정혜 공주 무덤), 온돌, 연꽃무늬 기와, 석등, 불상(이불병좌상) 등 ☐ 당적 요소: 수도 상경의 주작대로(당의 장안성 모방)

후대의 발해 연구

고려	『제왕운기』(이승휴, 최초로 발해를 우리 역사로 인식) cf 『삼국유사』 X
조선	『발해고』(유득공, 남북국 시대 최초), 『대동지지』(김정호, 남북국 시대 언급), 『동사강목』(안정복), 『동사(東史)』(이종휘), 『해동역사』(한치윤), 『아방강역고』(정약용)
일제 강점기	『조선상고사』(신채호) 등

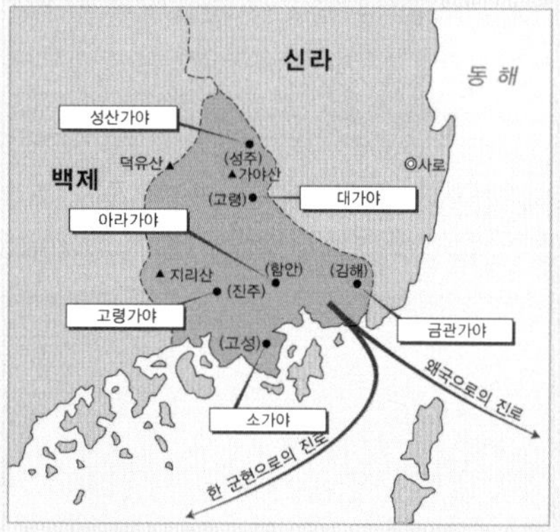

◤ 가야 연맹의 위치

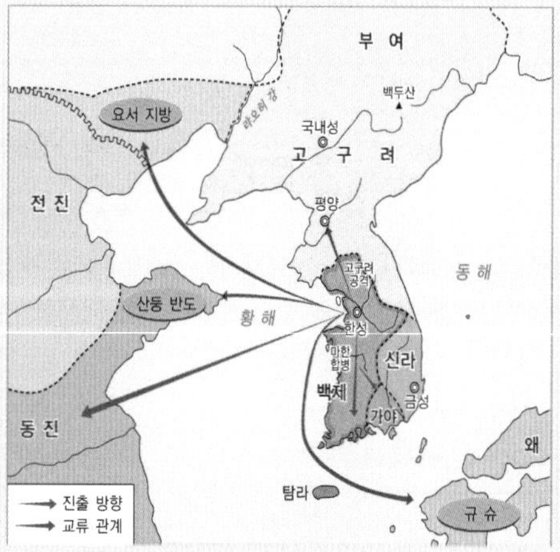

◤ 4세기 백제(근초고왕)의 발전

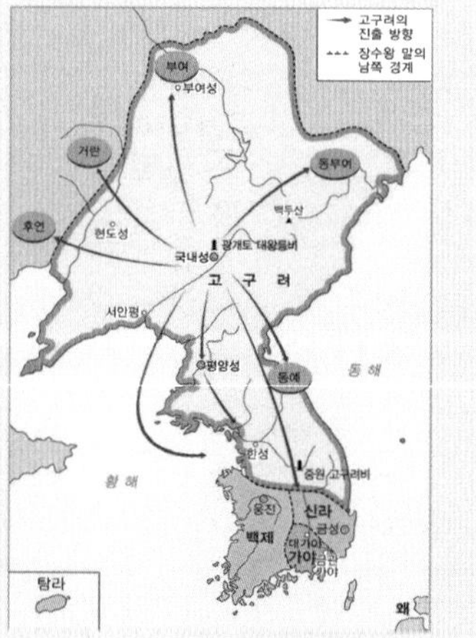

◤ 5세기 고구려(장수왕)의 발전

◤ 6세기 신라(진흥왕)의 발전

고려 사회

cf 최승로의 시무 28조의 구조
1. 역대 왕들의 업적 평가(= 5조 치적평): 광종 비판
2. 앞으로의 방향 제시(= 시무 28조)
   - 유교 ⇨ 정치 이념으로 채택
   - 지방관 파견 ⇨ 중앙 집권 도모
   - 전제 왕권 규제 ⇨ 문벌 귀족 정치

cf 원 간섭기 영토의 축소
- 쌍성총관부 설치(1258, 고종 45년): 화주(영흥) 지역에 설치 ⇨ 공민왕 5년(1356)에 탈환
- 동녕부 설치(1270, 원종 11년): 서경에 설치 ⇨ 충렬왕 16년(1290)에 반환
- 탐라총관부 설치(1272, 원종 13년): 제주도에 설치 ⇨ 충렬왕 27년(1301)에 반환

구분

구분	나말 여초	전기(10세기~11세기)	중기(12세기)	후기(12세기 말~13세기)	원 간섭기(13세기 말~14세기 말)	말기(14세기 말)

혜종 (정종) → 서경 천도 시도, 광군 설치

주요 왕 / 주요 정책

나말 여초 · 태조(1대)(918~943)
- 독자적 연호(천수)
- '훈요 10조'
- 애민 정책: 1/10 조세 감면, 흑창
- 골품 제도 폐지
- **북진 정책**
  - 국호 '고려'
  - 서경(평양) 중시
  - 거란 강경책
- **호족 통합책**
  - 회유책: 정략결혼, 중앙 관리화, 사성 정책, 지방 호족의 자치 허용
  - 견제책: 기인·사심관 제도
- 숭불 정책
- 역분전(경기)

광종(4대)(949~975)
- **왕권 강화책**
  - 주현공부법(949)
  - 노비안검법(956)
  - 과거 제도(958)
  - 공복 제정
  - 칭제건원(황제)
  - 독자적 연호(광덕, 준풍) 사용
- 귀법사(균여) 창건
- 제위보 설치
- 송과 통교(962) ⇨ 송 연호

경종 — 성종(6대)(981~997)
- 유교 정치 체제의 지향: 최승로의 시무 28조 채택
- **중앙 집권 제도**
  - 관계 정비: 문산계, 무산계의 2원화
  - 관제 정비: 2성 6부, 지방에 12목 설치, 동경(경주) 설치
  - 교육: 국자감, 과거 제도 정비, 문신월과법 실시
- **사회 정책**
  - 연등회·팔관회 축소 ⇨ 폐지
  - 노비환천법 실시
  - 분사 제도 실시(서경)
  - 의창·상평창 설치
  - 건원중보 주조
- 거란 1차 침입
  - 서희의 강동 6주

목종 — 현종(8대)(1009~1031)
- 지방 제도 정비: 5도 양계
- 거란 2차(양규)·3차(강감찬의 귀주 대첩) 침입
- 『7대 실록』(현존 X)
- 연등회·팔관회 부활
- 주현공거법 실시

문종(11대)(1046~1083)
- **중앙 정치의 완성**
  - 삼원신수법
  - 삼심제
  - 경정 전시과
  - 동·서 대비원
  - 남경(한양) 설치
- 최충의 보필

1. 도병마사
2. 전시과(+공음전)
3. 훈고학
4. 천태종

숙종(15대)(1095~1105)
- 관학 진흥책: 서적포 설치, 기자사당(평양) 설치
- **화폐 정책**
  - 의천의 주전론 채택, 주전도감 설치
  - 삼한통(중)보·해동통(중)보·활구(은병)
- 여진 – 별무반 설치(윤관)

예종(16대)(1105~1122)
- 관학 진흥책: 국학 7재·양현고 설치
- 속현: 감무 파견
- 복원궁(도교 사원) 설치
- 윤관의 여진 2차 정벌 – 동북 9성 설치

인종(17대)(1122~1146)
- 관학 진흥책: 경사 6학 설치
- 금–사대 응낙(1126)
- 이자겸의 난(1126)
- 묘청의 난(1135)
- 김부식의 『삼국사기』(1145)

cf 서긍의 『고려도경』

의종(1146~1170) – 명종 – 신종 – 희종 – 강종 – 고종(1213~1259) – 원종(1259~1274)

고종 → 『향약구급방』·팔만대장경 완성

cf 묘청의 난 당시 서경파와 개경파 비교

구분	서경파	개경파
인물	묘청, 정지상 등	김부식 등 (문벌 귀족)
지역	서경	개경
사상	풍수지리설, 불교	유교
대외 관계	북진 정책	사대 정책
주장	금국 정벌론, 칭제건원	송에 이용당할 것을 우려, 금–사대 주장
성격	자주적 (고구려 계승 의식)	보수적 (신라 계승 의식)

1. 중방(+교정도감, 정방)
2. 전시과 붕괴, 농장 확대
3. 유교 쇠퇴, but 한문학 발달
4. 조계종

충렬왕(25대)(1274~1308)
- 전민변정도감 설치
- 홍자번의 편민 18사
- 섬학전 설치
- 원의 동녕부, 탐라총관부 반환
- 일연의 『삼국유사』
- 이승휴의 『제왕운기』
- 1차 일본 원정(1274)
- 2차 일본 원정(1281): 정동행성 설치

충선왕(26대)(1298, 1308~1313)
- 정방 폐지
- 사림원 설치
- 만권당(원의 수도) 설치
- 재정 개혁: 소금·철의 전매 사업(의염창 설치)

cf 충선왕의 교지 – 왕실 동성혼 금지

1. 도평의사사(+정방)
2. 농장
3. 훈고학
4. 불교의 권력화

충목왕(29대)(1344~1348)
정치도감 설치

공민왕(31대)(1351~1374)
- **반원 자주 정책**
  - 친원파 기철 숙청
  - 정동행성 이문소 폐지
  - 관제 복구
  - 원의 연호·몽골풍 폐지
  - 영토 수복(쌍성총관부 탈환, 1356)
  - 요동 수복(1차 최영: 실패, 2차 이성계: 요양 일시 점령 ⇨ 명 차지)
- **反귀족·왕권 강화책**
  - 정방 폐지
  - 전민변정도감 설치(1366, 신돈)
  - 성균관 중흥(1362 or 1367), 과거 제도 정비
- 홍건적의 1·2차 침입

우왕(32대)(1374~1388)
- 왜구 침입
- 명과 영토 분쟁(철령위 문제) ⇨ 위화도 회군(1388) 발생
- 직지심체요절

창왕(33대)(1388~1389)
왜구 침입

공양왕(34대)(1389~1392)
과전법(1391, 급전도감) 실시

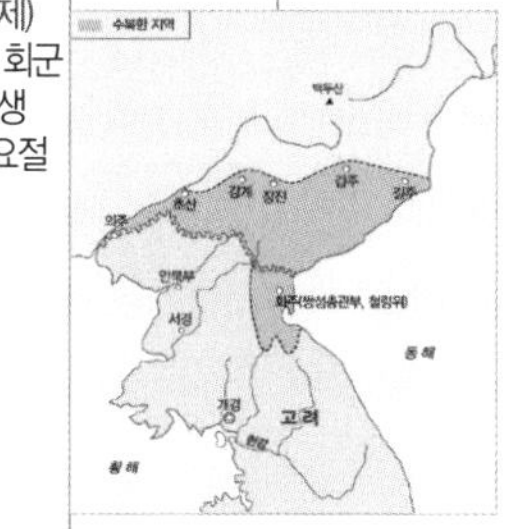

공민왕의 영토 수복

1. X
2. 중소 지주(⇨ 토지 개혁 주장)
3. 성리학
4. 불교 비판

집권 세력의 변천 과정

호족 + 6두품 + 선종 → 중앙 관리(일부) / 지방 호족(향리, 다수) → 문벌 귀족 (특권: 음서, 공음전) → 무신 집권(1170~1270) → 권문세족 → 신진 사대부

지방 호족 → 신진 사대부 → 신진 사대부

1170	1174	1179	1183	1196	1219	1249	1257	1258	1268	1270	1271
이의방	정중부	경대승	이의민	최충헌	최우	최항	최의	김준	임연	임유무	
중방		중방, 도방	중방	교정도감, 도방	교정도감, 정방, 서방	교정도감, 정방					
무신 연합 정권				최씨 1인 독재				무인 정권 몰락기			
• 反무신난: 김보당의 난(1173), 조위총의 난(1174), 귀법사·중광사의 봉기(1174) • 민란: 망이·망소이의 난(1176)		전주 관노의 난(1182)	김사미·효심의 난(1193)	• 만적의 난(1198) • 최광수의 난(1217)	이연년의 난(1237)						

이민족과의 항쟁 과정

나말 여초
- 당 멸망(907) ⇨ 5대 10국 분열기
- 거란 흥기 ⇨ 발해 멸망(926)

- 태조: 만부교 사건
- 정종: 광군 설치

친송 북진 정책
① 10C 말~11C 초 거란의 3차 침입
- 1차: 서희의 외교 담판 ⇨ 강동 6주 획득(993)
- 2차: 강조의 정변 계기 ⇨ 양규 등 격퇴
  cf 현종–나주 피난
- 3차: 강감찬의 귀주 대첩(1019)

∴ 결과: 개경에 나성 축조, 천리장성 축조(압록강~동해안, 1033~1044), 『7대 실록』 편찬, 초조대장경 조판(현종~문종)

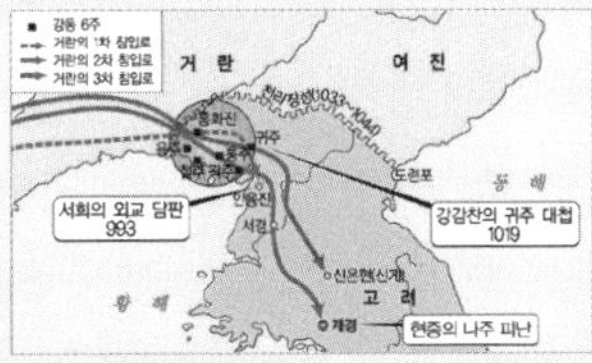

강동 6주와 천리장성

남송
② 11C 말~12C 초
- 여진 침입 → 신기군·신보군·항마군
  - 윤관의 별무반 설치(숙종)
  - 윤관의 동북 9성 설치(예종) ⇨ 반환
- 여진: 금 건국(1115) ⇨ 고려에 사대 요구 ⇨ 고려 응낙(1126)
  - 북진 정책 좌절
  - 문벌 귀족 내부의 모순 격화

몽골(원)
③ 13C 몽골 침입
- 강동의 역(1219)
- 몽골의 6차 침입(1231~1270)
  - 1차(1231): 귀주 싸움(박서)
  - 강화도 천도(1232)
  - 2차(1232): 김윤후의 처인성(부곡) 싸움, 김윤후의 충주 싸움
  - ⋮
  - 대몽 강화(1259) ⇨ 최씨 정권 종식
  - 개경 환도(1270) ⇨ 무신 집권 종식, 원 간섭기
  - cf 충렬왕의 일본 원정(1274, 1281) ⇨ 실패
- 삼별초의 저항(1270~1273): 강화도 ⇨ 진도 ⇨ 제주도
- 문화재 소실
  - 대구 부인사 대장경(2차)
  - 황룡사 9층 목탑(3차)
- 문화적 사업
  - 팔만(재조)대장경 조판
  - 『상정고금예문』 금속 활자 조판(1234, 최우) ⇨ but 현존 X(이규보의 『동국이상국집』에 기록)
  - 최우: 『남명천화상송증도가』의 발문 작성

홍건적·왜구
④ 14세기 후반 홍건적·왜구
- 홍건적
  - 1차(1359, 공민왕 8년): 서경 함락 ⇨ 이방실·이승경 등이 격퇴
  - 2차(1361, 공민왕 10년): 개경 함락 ⇨ 공민왕 복주(안동) 피난, 최영·이방실·이성계 등이 격퇴
- 왜구
  - 최영(우왕): 홍산 대첩
  - 최무선(우왕): 진포 대첩 → 화통도감 설치
  - 이성계(우왕): 황산 대첩
  - 정지(우왕): 관음포 대첩
  - 박위(창왕): 쓰시마 토벌

『직지심체요절』(우왕 때 발행, 현존 최고의 금속 활자, 청주 흥덕사)

토지 제도

농장 확대 | 역분전(태조) ⇨ 시정 전시과(경종)·개정 전시과(목종)·경정 전시과(문종) → 전시과 붕괴·농장 확대 → 과전법(1391) 실시

↖ 녹과전(1271, 경기 8현)

문화

구분	나말 여초	전기	중기	후기	원 간섭기	말기
성격		자주적	보수적	반성적·자주적	민족의식 고조	개혁적
유학 p. 43		훈고학, 최승로, 김심언 --→ / cf 한문학: 향가(균여의 보현십원가)	최충·김부식 --→	무신기: 쇠퇴 --→ / cf 한문학 발달: 진화, 이규보, 이인로 등 ⇨ 패관 문학, 가전체 문학/ 백성 ⇨ 장가(속요)	훈고학(권문세족) vs 성리학 도입(신진 사대부) --→	--→
역사서 p. 36		『7대 실록』, 『고금록』, 『속편년통재』 ⇨ 현존 X	김부식의 『삼국사기』 ⇨ 신라 계승 의식	• 이규보의 『동명왕편』 ⇨ 고구려 계승 의식 • 각훈의 『해동고승전』	• 일연의 『삼국유사』 • 이승휴의 『제왕운기』 ⇨ 고조선 계승 의식	성리학적 사관: 이제현의 『사략』 (⇨ 개혁 단행, 왕권 중심의 국가 질서 회복 의식 반영)
교육 p. 30		관학 발달(국자감, 향학) → 특징: 신분별 입학, 잡학 교육	• 최충의 9재 학당(문헌공도) ⇨ 사학 발달(개경, 사학 12도 설립) ⇨ 관학 위축 • 정부의 관학 진흥책(숙종·예종·인종)			
불교 p. 40	선종	5교 9산의 대립 ⇨ 중국 천태종 연구(의통, 제관), 균여의 교종(화엄종) 통합 → 성상융회(성속무애)	의천의 (해동) 천태종 → 교관겸수, 성상겸학, 지관	• 신앙 결사 운동 (조계종: 지눌의 수선사 결사 / 천태종: 요세의 백련사 결사) • 지눌의 조계종 ⇨ 혜심의 유·불 일치설 (→ 정혜쌍수, 돈오점수)	• 원의 라마교 유행 ⇨ 미신적 경향 • 보우의 임제종: 불교 개혁(9산 선문 통합) 시도 ⇨ 실패	신진 사대부의 불교 비판(정도전, 『불씨잡변』)
탑·건축 p. 39		• 현화사 7층 석탑 • 불일사 5층 석탑 • 월정사 8각 9층 석탑(⇨ 송의 영향)			• 경천사지 10층 석탑(⇨ 원의 영향, 대리석) • 봉정사 극락전(현존 최고)·부석사 무량수전 (주심포 양식) ⇨ 석왕사 응진전·성불사 응진전·심원사 보광전 (다포(원) 양식)	
청자 p. 41			순수(비색) 청자 + 양·음각 청자		상감 청자 쇠퇴	

월정사 8각 9층 석탑

순수(비색) 청자

상감 청자

경천사지 10층 석탑

조선 사회①

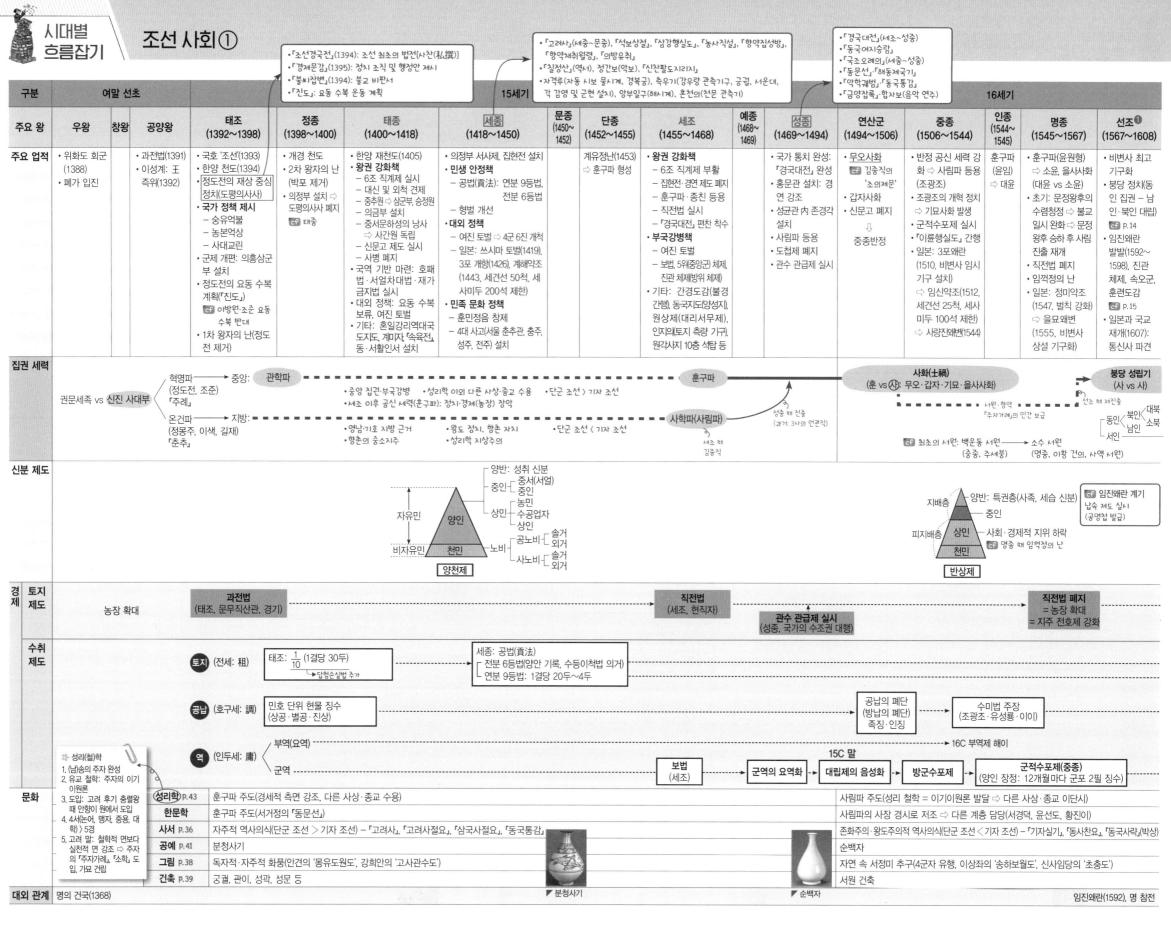

- 『조선경국전』(1394): 조선 최초의 법전[사찬(私撰)]
- 『경제문감』(1395): 정치 조직 및 행정안 제시
- 『불씨잡변』(1394): 불교 비판서
- 『진도』: 요동 수복 운동 계획

- 『고려사』(세종~문종), 『석보상절』, 『삼강행실도』, 『농사직설』, 『향약집성방』, 『향약채취월령』, 『의방유취』
- 『칠정산』(역서), 정간보(악보), 『신찬팔도지리지』
- 자격루(자동 시보 물시계, 경복궁), 측우기(강우량 관측기구, 궁궐, 서운대, 각 감영 및 군현 설치), 앙부일구(해시계), 혼천의(천문 관측기)

- 『경국대전』(세조~성종)
- 『동국여지승람』
- 『국조오례의』(세종~성종)
- 『동문선』·『해동제국기』
- 『악학궤범』·『동국통감』
- 『금양잡록』·합자보(음악 연주)

구분	여말 선초			15세기									16세기				
주요 왕	우왕	창왕	공양왕	태조 (1392~1398)	정종 (1398~1400)	태종 (1400~1418)	세종 (1418~1450)	문종 (1450~1452)	단종 (1452~1455)	세조 (1455~1468)	예종 (1468~1469)	성종 (1469~1494)	연산군 (1494~1506)	중종 (1506~1544)	인종 (1544~1545)	명종 (1545~1567)	선조[1] (1567~1608)
주요 업적	• 위화도 회군(1388) • 폐가 입진		• 과전법(1391) • 이성계: 王 즉위(1392)	• 국호 '조선'(1393) • 한양 천도(1394) • 정도전의 재상 중심 정치(도평의사사) • **국가 정책 제시** – 숭유억불 – 농본억상 – 사대교린 • 군제 개편: 의흥삼군부 설치 • 정도전의 요동 수복 계획(『진도』) cf 이방원·조준 요동 수복 반대 • 1차 왕자의 난(정도전 제거)	• 개경 천도 • 2차 왕자의 난(박포 제거) • 의정부 설치 ⇨ 도평의사사 폐지 cf 태종	• 한양 재천도(1405) • **왕권 강화책** – 6조 직계제 실시 – 대신 및 외척 견제 – 중추원 ⇨ 삼군부, 승정원 – 의금부 설치 – 중서문하성의 낭사 ⇨ 사간원 독립 – 신문고 제도 실시 – 사병 폐지 • 국역 기반 마련: 호패법·서얼차대법·재가금지법 실시 • 대외 정책: 요동 수복 보류, 여진 토벌 • 기타: 혼일강리역대국도지도, 계미자, 『속육전』, 동·서활인서 설치	• 의정부 서사제, 집현전 설치 • **민생 안정책** – 공법(貢法): 연분 9등법, 전분 6등법 – 형벌 개선 • **대외 정책** – 여진 토벌 ⇨ 4군 6진 개척 – 일본: 쓰시마 토벌(1419), 3포 개항(1426), 계해약조(1443, 세견선 50척, 세사미두 200석 제한) • **민족 문화 정책** – 훈민정음 창제 – 4대 사고(서울 춘추관, 충주, 성주, 전주) 설치		계유정난(1453) ⇨ 훈구파 형성	• **왕권 강화책** – 6조 직계제 부활 – 집현전·경연 제도 폐지 – 훈구파·종친 등용 – 직전법 실시 – 『경국대전』 편찬 착수 • **부국강병책** – 여진 토벌 – 보법, 5위(중앙군) 체제, 진관 체제(방위 체제) • 기타: 간경도감(불경 간행), 동국지도(양성지), 원상제(대리서무제), 인지의(토지 측량 기구), 원각사지 10층 석탑 등		• 국가 통치 완성: 『경국대전』 완성 • 홍문관 설치: 경연 강조 • 성균관 內 존경각 설치 • 사림파 등용 • 도첩제 폐지 • 관수 관급제 실시	• 무오사화 cf 김종직의 '조의제문' • 갑자사화 • 신문고 폐지 ⇩ 중종반정	• 반정 공신 세력 강화 ⇨ 사림파 등용(조광조) • 조광조의 개혁 정치 ⇨ 기묘사화 발생 • 군적수포제 실시 • 『이륜행실도』 간행 • 일본: 3포왜란(1510, 비변사 임시 기구 설치) ⇨ 임신약조(1512, 세견선 25척, 세사미두 100석 제한) ⇨ 사량진왜변(1544)	훈구파(윤임) ⇨ 대윤	• 훈구파(윤원형) ⇨ 소윤, 을사사화(대윤 vs 소윤) • 초기: 문정왕후의 수렴청정 ⇨ 불교 일시 완화 ⇨ 문정왕후 승하 후 사림 진출 재개 • 직전법 폐지 • 임꺽정의 난 • 일본: 정미약조(1547, 벌칙 강화) ⇨ 을묘왜변(1555, 비변사 상설 기구화)	• 비변사 최고 기구화 • 붕당 정치(동인 집권 – 남인·북인 대립) cf p.14 • 임진왜란 발발(1592~1598), 진관 체제, 속오군, 훈련도감 cf p.15 • 일본과 국교 재개(1607): 통신사 파견

집권 세력

권문세족 vs 신진 사대부
- 혁명파 → 중앙: 관학파 - - - 훈구파 ━━ 사화(士禍)(훈 vs ㈖: 무오·갑자·기묘·을사사화)
  (정도전, 조준)
  『주례』
  - 중앙 집권·부국강병
  - 성리학 이외 다른 사상·종교 수용
  - 단군 조선 > 기자 조선
  - 세조 이후 공신 세력(훈구파): 정치·경제(농장) 장악
- 온건파 → 지방: - - - 사학파(사림파)
  (정몽주, 이색, 길재)
  『춘추』
  - 영남·기호 지방 근거
  - 향촌의 중소지주
  - 왕도 정치, 향촌 자치
  - 성리학 지상주의
  - 단군 조선 < 기자 조선

세조 때 김종직

성종 때 진출(과거: 3사의 언관직)

서원·향약 『주자가례』의 민간 보급 → 선조 때 재진출 → 붕당 성립기(사 vs 사)

동인 ⟨ 북인 ⟨ 대북, 소북 / 남인; 서인

cf 최초의 서원: 백운동 서원(중종, 주세붕) → 소수 서원(명종, 이황 건의, 사액 서원)

신분 제도

양천제
- 자유민: 양인
  - 양반: 성취 신분
  - 중인 ┌ 중서(서얼) └ 중인
  - 상민 ┌ 농민 ├ 수공업자 └ 상인
- 비자유민: 천민
  - 노비 ┌ 공노비 ┌ 솔거 └ 외거 └ 사노비 ┌ 솔거 └ 외거

반상제
- 지배층: 양반: 특권층(사족, 세습 신분) / 중인
- 피지배층: 상민 – 사회·경제적 지위 하락 (cf 명종 때 임꺽정의 난) / 천민

cf 임진왜란 계기 납속 제도 실시(공명첩 발급)

경제

토지 제도

농장 확대 → **과전법**(태조, 문무직산관, 경기) - - → **직전법**(세조, 현직자) - - → **관수 관급제 실시**(성종, 국가의 수조권 대행) - - → **직전법 폐지** = 농장 확대 = 지주 전호제 강화

수취 제도

- **토지** (전세: 租): 태조: $\frac{1}{10}$ (1결당 30두) ▸답험손실법 추가 - - → 세종: 공법(貢法)
  - 전분 6등법(양안 기록, 수등이척법 의거)
  - 연분 9등법: 1결당 20두~4두
- **공납** (호구세: 調): 민호 단위 현물 징수(상공·별공·진상) - - → 공납의 폐단(방납의 폐단) 족징·인징 - - → 수미법 주장(조광조·유성룡·이이)
- **역** (인두세: 庸)
  - 부역(요역) - - → 16C 부역제 해이
  - 군역 - - → 보법(세조) - - → 15C 말 군역의 요역화 → 대립제의 음성화 → 방군수포제 → **군적수포제(중종)**(양인 장정: 12개월마다 군포 2필 징수)

문화

✲ 성리(철)학
1. (남)송의 주자 완성
2. 유교 철학: 주자의 이기이원론
3. 도입: 고려 후기 충렬왕 때 안향이 원에서 도입
4. 4서(논어, 맹자, 중용, 대학) > 5경
5. 고려 말: 철학적 면보다 실천적 면 강조 ⇨ 주자의 『주자가례』, 『소학』 도입, 가묘 건립

구분	15세기	16세기
성리학 p.43	훈구파 주도(경세적 측면 강조, 다른 사상·종교 수용)	사림파 주도(성리 철학 = 이기이원론 발달 ⇨ 다른 사상·종교 이단시)
한문학	훈구파 주도(서거정의 『동문선』)	사림파의 사장 경시로 저조 ⇨ 다른 계층 담당(서경덕, 윤선도, 황진이)
사서 p.36	자주적 역사의식(단군 조선 > 기자 조선) – 『고려사』, 『고려사절요』, 『삼국사절요』, 『동국통감』	존화주의·왕도주의적 역사의식(단군 조선 < 기자 조선) – 『기자실기』, 『동사찬요』, 『동국사략』(박상)
공예 p.41	분청사기	순백자
그림 p.38	독자적·자주적 화풍(안견의 '몽유도원도', 강희안의 '고사관수도')	자연 속 서정미 추구(4군자 유행, 이상좌의 '송하보월도', 신사임당의 '초충도')
건축 p.39	궁궐, 관이, 성곽, 성문 등	서원 건축

◤ 분청사기

◤ 순백자

대외 관계

명의 건국(1368) … 임진왜란(1592), 명 참전

조선 사회①

cf 탕평책

숙종	처음 실시, 능력 중심의 인사 관리 강조 ⇨ 명목상 탕평, 노론 중심의 일당 전제화
영조	탕평교서·탕평비·탕평파 육성 ⇨ 당파 초월, 온건하고 타협적 인물 등용(완론 탕평책) ⇨ but 이인좌의 난(1728), 나주 괘서 사건(1755, 소론·남인 강경파) 이후 ⇨ 노론 주도
정조	시파 등용, 당파의 시비(是非)를 적극적으로 가리는 적극적 탕평책 실시(준론 탕평책), 왕권 강화, 문물 정비

17세기

광해군❷ (1608~1623)
- 북인 집권(vs 남인)
- **전후 복구 사업**
  - 양안·호적 작성
  - 『동의보감』 편찬
  - 5대 사고 정비
- 대동법 실시(1608, 경기, 이원익 주장)
- **대외 정책**
  - 실리적 중립 외교(명, 후금)
  - 일본: 기유약조(1609, 세견선 20척, 세사미두 100석), 무역 재개(부산포)

  ⇩

  인조반정(1623): 서인 집권
- 기타: 『동국지리지』(한백겸)

인조❸ (1623~1649)
- 서인 집권(vs 남인)
- 이괄의 난 ⇨ 공주 피난
- **경제**
  - 영정법(1결당 4두)
  - 상평통보 주조
- **대외 정책**
  - 친명배금 외교
  - 정묘호란(1627): 인조, 강화도 피난 ⇨ 형제 관계 체결
  - 병자호란(1636): 인조, 남한산성 피난 ⇨ 군신 관계 체결

  cf 삼전도비

효종(봉림 대군)❹ (1649~1659)
- 산림 등용(송시열): 서인 주도(vs 남인)
- 북벌론 강조(송시열, 송준길, 이완 등 서인)
- 나선(러시아) 정벌
- **경제**
  - 양척동일법
  - 설점수세제
  - 상평통보 재주조

  cf 김육

현종❺ (1659~1674)
- 서인(vs 남인)
- **예송 논쟁**
  - 기해예송: 서인 1년설 채택
  - 갑인예송: 남인 1년설 채택

18세기

• 「동국지도」(정상기)
• 『속대전』, 『동국문헌비고』, 『훈민정음운해』, 『속오례의』

• 청의 『고금도서집성』 수입
• 『대전통편』, 『동문휘고』, 『존주휘편』, 『일성록』, 『해동농서』

숙종❻❼❽ (1674~1720)
- 윤휴(남인)의 북벌론 재논의(숙종 즉위 초) ⇨ 경신환국으로 남인 제거, 서인의 일당 전제 정치(서인 ⇨ 노론 주도)
- 경신·기사·갑술환국
- 조선 중화주의: 대보단, 만동묘 설치(송시열 건의)
- 민족주의 강화: 이순신 사당에 '현충' 시호 내림, 강감찬 사당 건립
- 대동법의 전국적 시행(1708, 잉류 지역 제외)
- 상평통보 전국 유통 ⇨ 전황 발생
- **대외 관계**
  - 안용복(대마도주, 독도-조선 땅 인정, 1696)
  - 백두산정계비(청·조선 간 합의, 1712)
  - 폐4군 일부 복설(압록강 개발)

경종 (1720~1724)
- 소론 주도
- 신임옥사 ⇨ 노론 타격

영조 (1724~1776)
- **왕권 강화책**
  - 탕평교서, 탕평파 육성
  - 병권의 병조 귀속
  - 서원 대폭 정리
  - 산림 존재 부정
  - 이조 전랑직 권한 약화

  cf 정조 때 후임자 추천권 완전 폐지
- **민생 안정책**
  - 균역법 실시(1750)
  - 신문고 부활
  - 노비공감법 실시
  - 노비종모법 실시
  - 청계천 준설

정조('만천명월주인옹자서') (1776~1800)
- **왕권 강화책**
  - 규장각 설치(창덕궁 주합루)
  - 장용영 설치
  - 지방 통제 강화(수령-향약 지배)
  - 수원 화성 축조('대유둔전' 운영)
- **내정 개혁**
  - 신해통공(1791), 공장안 폐지
  - 서얼(박제가·유득공-규장각 검서관 등용)·노비 차별 완화(노비추쇄법 폐지)
  - 제언절목 반포
  - 초계문신제 실시
  - 문체반정 cf 박지원
  - 중국·서양 문화 수용
- 신해박해[1791, 윤지충 사형, 이승훈(최초의 세례교인) 유배]

19세기

순조 (1800~1834)
- 정순왕후의 수렴청정
- 공노비(납공 노비) 해방(1801)
- 천주교 박해(신유박해, 1801) ⇨ 실학 위축, 이승훈 사형, 정약용(강진)·정약전(흑산도) 유배 cf 황사영 백서 사건

  cf 정순왕후 사망 이후 안동 김씨 집권(시파): 천주교 탄압 완화, 천주교 조선 교구 설치(1831), 프랑스 신부 입국
- 홍경래의 난 발생(1811)
- 일본과 국교 단절(1811): 통신사 중단
- 영국 최초 통상 요구(1832)

헌종 (1834~1849)
- 풍양 조씨 집권
- 기해박해(1839) ⇨ 김대건 신부 순교

철종 (1849~1863)
- 안동 김씨 집권
- 신해허통(1851, 서얼의 청요직 진출 완전 허용)
- 동학 발생(1860)
- 임술민란(1862, 삼정이정청 설치)

  cf 박규수: 안핵사 파견

붕당 성립기 → 붕당 정치기(서인·남인 공존기) → 일당 전제 정치기(서인 ⇨ 노론) cf 탕평책: 숙종·영조·정조 → 세도 정치기

노론 / 소론

붕당 정치의 전개 과정 cf p.14

❶ 양반 수 증가, 관직 수 일정 / 이조 전랑직 자리 및 척신 문제 / 학문·이념의 차이
- 동인 (→ 정여립 모반 사건, 정철(서인)의 건저의 사건)
  - 북인: ❷ 광해군 – 실리적 중립 외교
  - 남인: ❺ 예송 논쟁 ❼ **기사환국: 서인 제거**
- 서인 — 노론 / 소론

  ⇩

  ❸ 인조반정(1623): 서인 집권 – 친명배금 정책

  ❹ 북벌론 주장: 새로운 군영 설치 ⇨ 서인의 군사적 기반 강화

  ❻ **경신환국: 남인 제거 ⇨ 서인의 일당 집권, 노론·소론 분열**

  ❽ **갑술환국: 남인 제거**

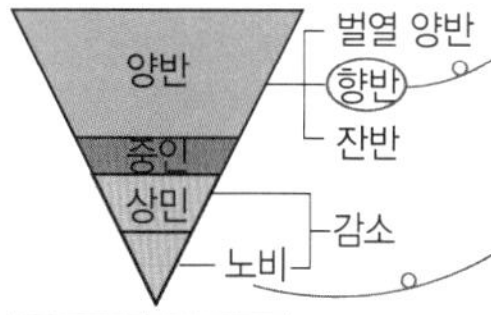

신분제의 동요

cf 조선 후기 향촌[향전(구향 vs 신향)] p.31
- 사족의 향촌 지배력 약화[서원, 사우, 이성잡거(X) ⇨ 동성 마을, 향약 지배(X) ⇨ 동약 지배(O)]
- 부농의 성장(향회 장악 ⇨ 부세 자문 기구로 변질) + 관권(수령, 향리) 세력 강화, 향약-수령 지배

cf 노비 완화 정책
- 1731(영조): 노비종모법 실시
- 1778(정조): 노비추쇄법 폐지
- 1801(순조): 공노비(납공 노비) 해방
- 1886(고종): 노비세습제 폐지
- 1894(고종): 갑오개혁 ⇨ 신분 제도 폐지

실학자: 토지 개혁론 주장 ⇨ 국가 정책에 반영 안됨.
(유형원·홍대용-균전제, 이익·박지원-한전제, 정약용-여전제·정전제, 서유구-둔전제)

효종: 양척동일법

인조: 영정법[1결당 4두(~6두) 고정]

대동법 실시(상공의 전세화): 토지 결수 단위, 쌀(포 · 전) 징수(선혜청 담당)
광해군: 경기 실시(1608)~숙종: 전국 실시(잉류 지역 제외, 1708)

17세기~18세기

최고 부담(족징 · 인징 · 황구첨정 · 백골징포) ⇨ 양역 변통론의 대두

18세기(영조)

균역법
- 양인 장정: 12개월마다 군포 1필 징수(감포론)
- 보충액 징수: 결작(지주 – 1결당 2두, 잉류 지역 제외), 선무군관세(일부 특권층 – 군포 1필), 어·염·선세 ⇨ 균역청 징수
- 균역청 담당

19세기

3정의 문란(총액제)
전정(비총제) / 군정(군총제) / 환곡(환총제) ⇔ 민란 발생[홍경래의 난(1811), 임술민란(1862)]

17세기	18세기	19세기
	집권 양반, 정통 성리학만 고수(절대화) vs 재야 지식인: 정통 성리학 비판(윤휴, 박세당 / 양명학 / 실학 등)	
애국적 작품 vs 사회비판적 작품(「홍길동전」)	사회비판적 한문학 대두(박지원-「양반전」·「허생전」 등, 정약용-「애절양」), 서민 문학 대두(사설시조, 한글 소설)	
붕당 입장 반영 사서[『동국통감제강』, 『여사제강』, 『동사(東事)』(허목)]	민족적·실증적 사서[『동사(東史)』(이종휘), 『동사강목』(안정복), 『발해고』(유득공), 『연려실기술』(이긍익)]	『해동역사』(한치윤)
	청화백자, 달항아리	
	실학적 화풍 대두[진경산수화(정선) ⇨ 풍속화(김홍도, 신윤복) ⇨ 서양 화법 도입(강세황)]	복고풍(김정희의 '세한도'), 궁궐도[북궐도(경복궁), 동궐도(창덕궁) 등]
금산사 미륵전, 화엄사 각황전, 법주사 팔상전(현존, 최고의 목조 5층탑)	수원 화성	

▼ 청화백자

▼ 달항아리

명 쇠퇴, 후금(여진) 성장 → 정묘호란(1627, 형제 관계) → 청 건국(1636), 명 멸망(1644) → 병자호란(1636, 군신 관계)

조선 건국 과정

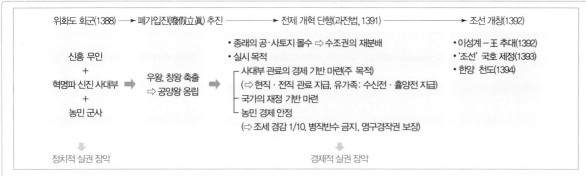

위화도 회군(1388) → 폐가입진(廢假立眞) 추진 → 전제 개혁 단행(과전법, 1391) → 조선 개창(1392)

신흥 무인 + 혁명파 신진 사대부 + 농민 군사 ➡ 우왕, 창왕 축출 ⇨ 공양왕 옹립 ➡

- 종래의 공·사토지 몰수 ⇨ 수조권의 재분배
- 실시 목적
  - 사대부 관료의 경제 기반 마련(주 목적)
    (⇨ 현직 · 전직 관료 지급, 유가족: 수신전 · 휼양전 지급)
  - 국가의 재정 기반 마련
  - 농민 경제 안정
    (⇨ 조세 경감 1/10, 병작반수 금지, 영구경작권 보장)

- 이성계 – 王 추대(1392)
- '조선' 국호 제정(1393)
- 한양 천도(1394)

⬇ 정치적 실권 장악 　　⬇ 경제적 실권 장악

1. 신진 사대부의 분열

구분	온건파	혁명파
인물	• 정몽주, 이색, 길재 • 다수	• 정도전, 조준, 남은, 윤소종 • 소수
주장	고려 왕조 틀 안에서의 점진적 개혁 추진	• 고려 왕조 부정 ⇨ 역성혁명 추진 • 이성계(신흥 무인 세력)와 연결
	전면적 토지 개혁 반대	전면적 토지 개혁 주장
	• 『춘추』 중시: 왕도 강조 • 불교: 문제점만 비판	• 『주례』 중시: 왕도와 패도의 조화 추구 • 불교: 전면 비판
계승	사학파(사림파) ⇨ 16세기 주도	관학파(훈구파) ⇨ 15세기 주도

2. 훈구파와 사림파의 비교

구분	관학파(훈구파)	사학파(사림파)
연원	고려 말 혁명파 신진 사대부	고려 말 온건파 신진 사대부
정치적 입장	개혁의 논리를 내세워 적극적인 정치 혁명에 참여, 역성혁명 주도 ⇨ 유교 국가 운영에 학문적 이론 제공	소극적 개혁, 고려 왕조에 대한 의리와 명분 주장 ⇨ 향촌 건설과 교육에 주력
정치 목적	중앙 집권, 부국강병	향촌 자치, 유교적 왕도 정치
중심인물	정도전, 권근	김종직, 조광조
출신	성균관, 집현전	사학을 통해 양성
학문 성향	사장(詞章, 문학)적 경향	경학(經學, 유학의 경전)적 성향
사상	불교, 도교, 풍수지리설, 민간 신앙 등을 포섭하여 사회 안정	성리학 이외의 사상은 이단으로 철저히 배격, 성리학 제일주의
역사의식	자주적 역사관 (단군 조선 > 기자 조선)	존화주의적·왕도주의적 역사관 (단군 조선 < 기자 조선)
활동 시기	15세기 정치 주도 ⇨ 세종, 세조 때 근세 문화 창조	15세기 말 성종 때 중앙 정계 진출 ⇨ 훈구 세력과 정치적 갈등 야기 ⇨ 16세기 이후 사회 주도
영향	15세기 민족 문화 발달	16세기 성리 철학 발달

사화(士禍)의 발생: 훈구파와 사림파의 갈등

사화	발생 연대	발단	피해 측
무오사화	연산군 4년(1498)	김종직이 세조를 비방한 '조의제문'을 김종직의 문인인 김일손이 사초에 실어 훈구파의 반감을 삼.	사림파
갑자사화	연산군 10년(1504)	궁중파가 연산군 모(母) 윤씨의 폐출 사건을 들추어서 훈구파와 사림파의 잔존 세력 제거	훈구파 및 사림파
기묘사화	중종 14년(1519)	신진 사류인 조광조 일파의 급진적 개혁 정치 추진에 대한 반정 공신의 반발과 모략	신진 사류
을사사화	명종 즉위년(1545)	왕실의 외척인 대윤(大尹)과 소윤(小尹)의 정권 다툼	대윤파 신진 사류

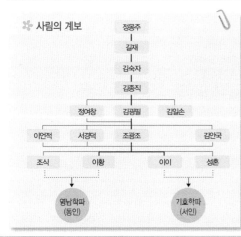

사림의 계보

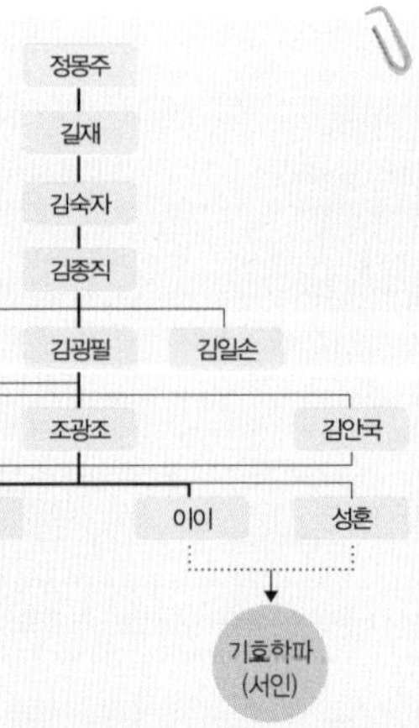

조광조의 개혁 정치

1. 사림 세력 강화
   ① 위훈 삭제(僞勳削除): 중종반정 때 반정 공신의 부당한 공신 칭호와 토지 및 노비 몰수 주장
   ② 현량과 실시: 사림 천거제
   ③ 낭관권(郎官權) 형성: 이조전랑에게 3사의 인사권과 자기 후임자 추천권 부여
2. 정통 성리학 질서 추구
   ① 경연의 강화, 향약의 실시: 『여씨향약』과 『소학』을 국문으로 번역
   ② 불교·도교 행사 폐지: 소격서 폐지 주장
3. 현실에 대한 개혁
   ① 방납의 폐단 시정: 수미법 주장
   ② 토지 제도 개혁: 균전제, 한전론 실시 주장

붕당 정치(사림 간의 갈등)

1. 붕당의 발생

배경: 선조 시기 사림 재진출 ⇨ 이조전랑직 문제와 척신 세력 문제를 두고 붕당 형성

붕당	출신 배경	척신 정치 개혁	지지 인물	정치적 입장	학맥
동인	신진 사림	적극적	김효원	• 수기(修己)의 강조 • 지배자의 도덕적 자기 절제	이황, 조식, 서경덕의 학문 계승
서인	기성 사림	소극적	심의겸	• 치인(治人)에 중점 • 제도 개혁을 통한 부국안민	이이, 성혼의 학문 계승

2. 붕당의 전개 과정

초기	동인 주도
선조	동인의 분열: 동인이 정여립 모반 사건(= 기축옥사)과 서인 정철의 건저(의) 사건을 계기로 남인·북인으로 분열 ⇨ 왜란 이후 북인이 주도하다 대북(광해군파)·소북(영창대군파)으로 분열
광해군	북인(대북파) 정권(정인홍, 한백겸 등), 실리적 중립 외교
인조	• 인조반정(1623) 후 서인이 정국 주도+남인의 참여, 북인은 몰락 ⇨ 서인과 남인의 상호 비판적인 공존 체제(인조~현종): 서로를 '군자당'이라 부르면서 견제와 균형 유지 • 서인의 친명배금 정책으로 인한 호란 발생
효종	서인 집권, 북벌 추진 시도(서인 송시열, 송준길 등), 산림(재야의 대학자, 국가의 부름을 받아 특별 대우를 받음) 중용
현종	예송 논쟁 발생: 효종의 정통성 문제와 관련 ⇨ 기해예송(1659, 효종 사망 후), 갑인예송(1674, 효종비 사망 후)

cf 서인과 남인의 정치 비교

구분	정치	학문	대표 인물
서인	신권 중심	4서 중심, 이이 학파	송시열, 송준길
남인	• 왕권 중심 • 3사의 정책 비판 기능 강조	6경 중심, 이황 학파	허적, 허목, 윤선도

cf 예송 논쟁 비교

구분	기해예송	갑인예송
서인	1년설 승리 (기년복)	9개월설 (대공복)
남인	3년설 (삼년복)	1년설 승리 (기년복)

3. 붕당의 변질(숙종, 경종): 일당 전제화 경향

숙종	경신환국(1680)	남인(허적)의 유악 사건(기름 천막 사건)과 허견 역모 사건 ⇨ 남인 숙청, 서인 집권–노론과 소론으로 분열 cf 남인 윤휴 사망
	기사환국(1689)	장희빈의 아들을 세자로 책봉하는 과정에서 발생 ⇨ 남인 집권 cf 노론 송시열 사망
	갑술환국(1694)	노론과 소론이 폐비 민씨(인현왕후) 복위 운동을 일으키자, 남인이 이들을 제거하려다가 실패하고 오히려 화를 당한 사건
	무고의 옥 (신사환국, 1701)	장희빈이 궁인들과 무당을 시켜 인현 왕후를 모해한 사건 발각 ⇨ 장희빈 처형
	정유독대(1717)	숙종과 노론(이이명)의 세자 교체 문제 의논 ⇨ 소론 반발로 실패 cf 소론은 윤(세자, 후일 경종) 지지, 노론은 연잉군(후일 영조) 지지
경종	신임옥사 (사화, 1721~1722)	경종 즉위 후 건강 악화, 자식 없음. ⇨ 세자 책봉 문제 발생, 노론은 연잉군을 왕세제로 책봉 ⇨ 왕세제의 대리청정 문제를 두고 노론(찬성), 소론(반대) 대립 ⇨ 신축년, 임인년에 걸쳐 노론 축출 cf 노론 4대신 이이명·김창집·이건명·조태채 사형

붕당 정치의 학통과 성향

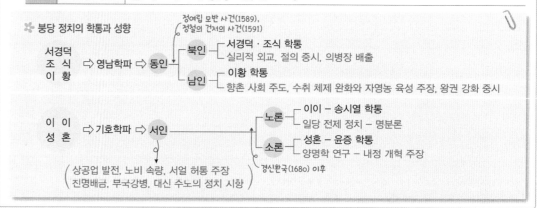

서경덕, 조식, 이황 ⇨ 영남학파 ⇨ 동인 (정여립 모반 사건(1589), 정철의 건저의 사건(1591))
- 북인
  - 서경덕 · 조식 학통
  - 실리적 외교, 절의 중시, 의병장 배출
- 남인
  - 이황 학통
  - 향촌 사회 주도, 수취 체제 완화와 자영농 육성 주장, 왕권 강화 중시

이이, 성혼 ⇨ 기호학파 ⇨ 서인 (상공업 발전, 노비 속량, 서얼 허통 주장 진명배금, 부국강병, 대신 수노의 정치 시향) (경신환국(1680) 이후)
- 노론
  - 이이 – 송시열 학통
  - 일당 전제 정치 – 명분론
- 소론
  - 성혼 – 윤증 학통
  - 양명학 연구 – 내정 개혁 주장

조선 사회③

Ⅰ 조선의 대외 관계

cf 외국에 파견한 관리

개항 이전	명	조천사
	청	연행사
	일본	통신사(1607~1811, 비정기 사절단)
개항 이후	일본	수신사(1876)
		조사 시찰단(신사 유람단, 1881. 4.)
	청	영선사(1881. 9.)
	미국	보빙사(1883)

1. 조선 전기

(1) 명과의 관계: 사대에 기초한 친선 유지(15세기: 자주적 친명, 16세기: 지나친 친명)
① 태조: 요동 수복 운동, 종계변무(宗系辨誣), 여진 문제 등 ⇨ 비원만
② 태종: 요동 수복 보류, 여진 토벌 ⇨ 원만

(2) 여진과의 관계: 교린 정책(화전양면 정책)
① 강경책: 본거지 토벌 ⇨ 4군 6진 개척
② 교린책: 귀순 장려, 교역의 허용

(3) 일본과의 관계: 교린 정책(화전양면 정책)
① 강경책: 이종무의 쓰시마(대마도) 정벌(세종 1년)
② 교린책

15세기	• 3포 개항(1426, 세종 8년): 부산포, 염포, 제포 • 계해약조(1443, 세종 25년): 세견선 50척, 세사미두 200석, 거류 왜인 60명으로 제한(쓰시마 도주를 통한 무역)
16세기	• 삼포왜란(1510, 중종): 비변사 처음 설치(임시 기구) ⇨ 임신약조(1512, 중종): 제포만 개항, 세견선·세사미두 반감 • 사량진왜변(1544, 중종) ⇨ 정미약조(1547, 명종): 규정 위반에 대한 벌칙 강화 • 을묘왜변(1555, 명종): 국교 단절, 비변사의 상설 기구화

일본과의 무역 특징
1. 대등 교린: 국왕 vs 일본 국왕(막부 정치) 교류
2. 기미 교린: 대마도주 대리인 vs 지방 세력과의 교류

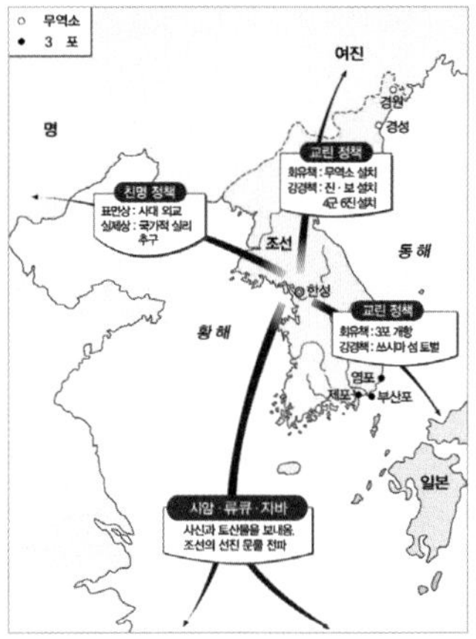
◤ 조선 초기의 대외 관계

(4) 동남아시아 각국과의 관계: 류큐(오키나와), 사이암(타이), 자바(인도네시아) 등과 교류, 불경 · 유교 경전 등 전파

2. 왜란과 호란

(1) 임진왜란의 영향
① 국내: 경제와 재정 궁핍, 납속 제도 및 공명첩 발급
② 국제 ┌ 중국 ⇨ 명의 쇠퇴와 여진의 흥기
　　　 └ 일본 ⇨ 중세 문화의 발달(인쇄술, 이황의 성리학 보급)

(2) 17세기: 광해군의 외교, 전후 복구 사업(북인 – 자주적 중립 외교)

(3) 인조반정(1623): 서인 – 친명배금 외교

(4) 호란과 그 영향
① 원인: 인조반정 이후 친명배금 정책 cf 이괄의 난
② 정묘호란(1627, 형제 관계) ⇨ 후금=청, 사대 요구 ⇨ 조정의 의견 분화(주전론과 주화론), 주전론 대세 ⇨ 병자호란(1636, 군신 관계)
③ 영향: 효종의 북벌론 대두 ⇨ 18세기 북학 운동으로 변화

(5) 나선 정벌(청의 요구, 효종): 변급(1차), 신유(2차)의 활약

임진왜란 · 정유재란의 주요 일지

1592	4	왜군의 조선 침략
		부산진(정발) · 동래(송상현) 함락
		충주 탄금대(신립) 함락, 곽재우 · 조헌 군사 일으킴.
	5	선조, 평양으로 몽진(⇨ 의주), 서울 함락
		옥포 해전 승리(원균, 이순신), 사천 해전(이순신)
	6	평양 함락
	7	한산도 대첩(이순신), 사명대사 군사 일으킴(금강산).
	8	금산 전투(조헌, 영규), 이순신 승전
	10	1차 진주 대첩(김시민)
	12	명군 원병(이여송)
1593	1	평양 수복(조 · 명 연합) ⇨ 벽제관 전투(명 패배)
	2	행주 대첩(권율)
	5	명과 일본의 화친 논의 시작
	6	2차 진주 대첩, 진주성 함락(김천일 전사), 논개의 활약
	8	일군 퇴각(부산에만 잔존)
		훈련도감 설치
	10	선조, 한성으로 귀환
1594	3	(2차) 당항포 해전(이순신)
1597	1	정유재란
	7	조선 수군 칠천량 해전 패전(원균)
	9	직산 싸움(조 · 명 연합)
		명량 대첩(이순신)
1598	8	도요토미 사망
	9	일본군 총철수 개시
	11	노량 대첩(이순신 전사), 일군 철수 완료

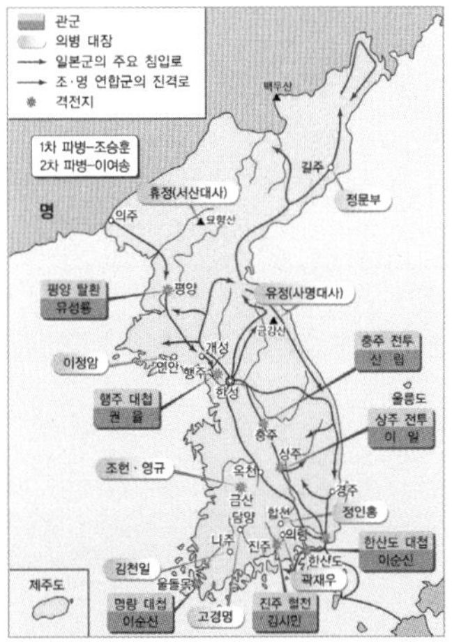
◤ 임진왜란 때의 관군과 의병의 활동

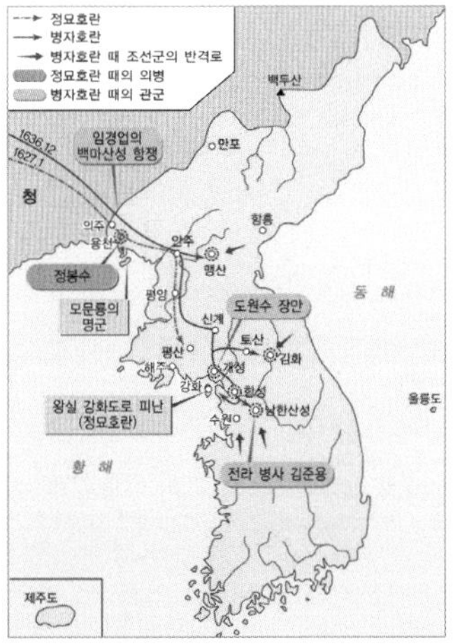
◤ 정묘호란과 병자호란

역대 왕의 시련 – 피난
• 고려: 거란 2차 침입 ⇨ 현종, 나주로 피난
• 고려: 홍건적의 난(2차) ⇨ 공민왕, 복주(안동)로 피난
• 조선: 임진왜란 ⇨ 선조, 평양과 의주로 피난
• 조선: 인조 ┌ 이괄의 난 ⇨ 공주로 피난
　　　　　　├ 1차 정묘호란 ⇨ 강화도로 피난
　　　　　　└ 2차 병자호란 ⇨ 남한산성으로 피난

3. 조선 후기 청과의 관계

(1) 북벌론
① 효종의 북벌론: 효종, 서인(송시열, 송준길 등) ⇨ 성리학적 명분상 주장, 복수설치(復讐雪恥, 명에 대한 원수를 갚아 치욕을 씻음)의 정치, 어영청 강화, 훈련도감에서 신식 무기 제작(벨테브레이) ⇨ 실패, 서인 정권의 군사적 기반 강화
② 숙종의 북벌론: 숙종 초 남인 윤휴의 북벌론 주장 ⇨ 경신환국으로 남인 제거, 노론의 조선 중화주의: 송시열의 주장으로 만동묘(명나라 황실 사당) · 대보단(명나라 황실 제단, 창덕궁) 설치 cf 만동묘: 흥선 대원군 때 철폐

(2) 북학론: 18세기 후반 발생, 진보적 지식인 중심, 청에서 문물 수입(『곤여만국전도』, 『천주실의』 등)

(3) 백두산정계비 건립(1712, 숙종 38년): 청의 요청으로 경계선 확정(동쪽 – 토문강, 서쪽 – 압록강, '…… 西爲鴨綠 東爲土門 故於分水嶺上 ……')
⇨ 19세기 말 토문강의 해석을 둘러싸고 조선과 청 사이에 간도 귀속 문제 발생

◤ 백두산정계비(위치도)

(4) 19세기 간도 귀속 문제
① 정부의 대응: 서북 경략사(1883, 어윤중), 토문 감계사(1885, 이중하), 간도 관리사(1903, 이범윤) 파견 cf 1902년 간도 시찰사(이범윤) 파견
② 일본의 만행: 간도 파출소 설치(1907), 간도 협약[1909, 일본 – (남)만주 안봉선 철도 부설권 등 획득, 간도를 청의 영토로 넘김.]

4. 조선 후기 일본과의 관계

(1) 조 · 일 국교의 재개(1607, 선조 40년): 에도[도쿠가와] 막부의 국교 재개 요청, 조선 통신사(1607~1811) 총 12회 파견

(2) 기유약조(1609, 광해군 2년): 대마도주 매개로 제한된 범위 안에서 교섭을 허용(세사미두 100석, 세견선 20척 제한, 부산만 개항)

5. 독도

(1) 독도 관련 기록

국내	『삼국사기』(최초 기록: 지증왕의 우산국 정벌 기록), 『고려사』, 『세종실록지리지』(강원도 소속), 『신증동국여지승람』(팔도총도: 최초로 지도에 독도 기록), 『번례집요』(숙종, 안용복 관련 기록)
일본	『은주시청합기』(1667), 『통항일람』(1853, 안용복 기록), 태정관문서(1877), 일본 육군참모본부 '지도구역일람도'(1936) 등 ⇨ 모두 조선 영토로 기록

독도
• 독도의 도로명: 안용복길(서도), 이사부길(동도)
• 독도의 날: 10월 25일 / 마산시가 정한 대마도의 날: 6월 19일

(2) 대한 제국 시기 독도 관련 정책
① 1900년 대한 제국 칙령 제41호: 울릉도를 울도군으로 승격, 독도(= 석도)를 울도군이 관할(10월 25일)
② 1906년 대한 제국 지령 제3호(박제순): 독도가 대한 제국의 영토임을 밝힘.

(3) 일본의 독도 강탈(1905. 2.): 러 · 일 전쟁 중 불법적으로 독도 강탈 ⇨ 일본 자국 영토로 편입
cf 다케시마의 날(2005) 제정: 시마네현이 일본의 독도 영유권을 주장하고 제정한 날

고려 · 조선의 북방 정책과 관련된 주요 인물
1. 서희(고려 성종): 10세기 말 거란과의 1차 싸움 때 외교 담판으로 강동 6주 획득
2. 강감찬(고려 현종): 11세기 거란 3차 침입을 물리침, 귀주 대첩
3. 윤관(고려 숙종~예종): 12세기 여진을 정벌하기 위해 별무반 조직, 동북 9성 구축(⇨ 이후 여진에 반환)
4. 박서(고려 고종): 13세기 몽골의 침입을 귀주에서 물리침.
5. 김윤후(고려 고종): 13세기 몽골의 침입을 처인성 싸움에서 물리침, 이후 충주산성 방호별감이 되어 다시 몽골을 물리침.
6. 최윤덕(조선 세종): 15세기 여진족 이만주(李滿住)를 정벌하고, 평안도에 4군을 설치 cf 이종무와 함께 쓰시마 정벌
7. 김종서(조선 세종): 두만강 유역의 여진족을 몰아내고 6진을 개척
8. 임경업(조선 인조): 병자호란 당시 백마산성에서 항쟁
9. 송시열(조선 효종): 서인의 영수, 친명배청(親明背淸)의 입장에서 청(여진족)에 대한 북벌론 주장
10. 윤휴(조선 숙종): 남인, 숙종 초 친명배청(親明背淸)의 입장에서 청(여진족)에 대한 북벌론 주장 but 실천 X

근대 사회의 전개①

19C 3대 사상 \ 19C 민족의 과제	국내: 반봉건	국외: 반외세
위정척사 사상(양반·유생) 내수외양(內修外攘)	×	○
개화사상(중인) 동도서기(東道西器)	○	×
동학사상(농민) 보국안민, 제폭구민	○	○

주요 문화사 연표

- 1883
  - 원산 학사 (근대적 사립 학교)
  - 동문학 (최초 영어 강습소)
  - 박문국 (근대적 인쇄소)
  - 한성순보(~1884) (최초 신문, 순한문)
  - 기기창 (근대 무기 공장, 영선사)
  - 전환국 (화폐 주조)
- 1884. 갑신정변
- 1885
  - 광혜원 (최초 근대식 병원, 알렌)
  - 서울-인천 간 전신 개통
  - 배재 학당
- 1886
  - 육영 공원 (최초 근대적 관립 학교, 상류층 대상, 헐버트)
  - 이화 학당 (선교사, 최초 여학교)
  - 노비세습제 폐지
  - 한성주보(~1888) (국한문)
- 1887
  - 경복궁 내 전등 가설
- 1894. 갑오개혁
- 1895 (을미사변)
  - 교육 입국 조서 (2차 갑오개혁)
  - 소학교령 (을미개혁)
- 1896
  - 독립신문 (~1899) (한글+영문)
- 1897 (대한 제국)
  - 독립문 완공
- 1898
  - 한성 전기 회사 [콜브란(미) 합작] → 전차 착수 시작
  - 명동 성당 (중세 고딕 양식)
  - 매일신문(~1899)
  - 황성신문(~1910) (국한문, 장지연-시일야방성대곡)
  - 제국신문(~1910) (한글, 이종일)
  - 홍화 학교
- 1899
  - 전차 개통식
  - 경인선 개통
  - 순성 여학교 (한국인 건립)
- 1900
  - 광제원 (국립 병원, 지석영)
- 1904 (한·일 의정서, 1차 한·일 협약)
  - 대한매일신보 (~1910) (양기탁, 베델)
- 1905 (2차 한·일 협약 (을사늑약))
  - 경부선 개통
  - 동학 - 천도교 개칭
- 1906
  - 서전서숙 (북간도)
  - 만세보(~1907) (천도교, 국한문)
  - 경향신문(~1910) (천주교)
  - 경의선 개통
- 1907 (헤이그 특사 파견, 정미 7조약)
  - 국문 연구소
  - 대성·오산 학교 (신민회)
  - 대동학회 (친일 유교 단체)
- 1908
  - 원각사(~1909) (근대식 극장)
  - 명동 학교 (북간도)
  - 「금수회의록」
  - 「독사신론」 (신채호)
- 1909 (안중근, 이토 히로부미 사살, 기유각서)
  - 대종교 (나철·오기호, 단군 숭배)
  - 대동사상, 대동교
  - 「유교구신론」 (박은식, 양명학, 仁)
- 1910
  - 조선 광문회 (최남선·박은식, 고전 간행)
  - 덕수궁 석조전 (중세 르네상스 양식)

cf 통감부의 4대 악법
신문지법·보안법(1907), 학회령(1908), 출판법(1909)

- (녹색) 근대 교육 시설+기타
- (갈색) 근대 시설
- (파랑) 근대 신문

I 근대 사회 총정리 1(가로 정리)

※ 번호는 사건 순서임.

농민
- 1811 홍경래의 난
- 1860 동학 발생 - - - → 1892(~93)① 교조 신원 운동 / 1894② 동학 농민 운동 - - - → (을미의병으로 합류)
- 1862 임술민란

양반·유생(위정척사)
- 1860년대 통상 반대 운동의 대두 - - - 1870년대 개항 반대론 최익현의 왜양일체론 - - - 1881년 • 영남 만인소 사건(이만손) • 홍재학의 만언척사소
- 을미사변③ / 을미개혁(단발령)④ → 을미의병⑤ (1895)
- 활빈당, 영학당
- 을사의병③ (1905)
- 정미의병 (1907)
- 서울 진공 작전 (13도 창의군, 1908)
- 전명운·장인환의 스티븐슨 저격(미국)

중인
- 1860년대 통상 개화론의 대두 - - - 개화사상의 대두 - - -
- 1880년대
  - 급진 개화파 (변법자강) - - → 갑신정변 (급진 개화당)
  - 온건 개화파 (동도서기) ← 정부 측(김홍집+민씨 세력)
- 아관 파천① / 「독립신문」② → 독립 협회 창립(1896)③
- 관민 공동회 (헌의 6조) / 독립 협회 해산
- 대한국 국제 / 원수부 설치 / 교정소 설치
- 한·일 의정서① / 보안회② / 1차 한·일 협약③
- 애국 계몽 운동의 전개
- 헌정 연구회 설립① / 2차 한·일 협약② (을사늑약)
- 대한 자강회 설립
- 국채 보상 운동 / 헤이그 특사 파견 / 정미 7조약/군대 해산 ⇨ 정미의병 / 신민회 설립
- 이재명, 이완용 습격 / 일본의 남한 대토벌 작전 ⇨ 의병 위축 / 대종교 창시(나철) / 대동교 창시(박은식) / 안중근, 이토 히로부미 사살(만주 하얼빈) / 기유각서 (사법권 박탈)
- 경찰권 및 국권 강탈 / 13도 의군 조직(연해주)

연표: 고종 즉위 1863 / 고종 친정 1873 / 임오군란 1882 / 갑신정변 1884 / 방곡령 사건 1889 / 갑오개혁④ 1894 / 을미사변③ 1895 / 아관 파천① 1896 / 대한 제국 1897 / 1898 / 1899 / 1904 / 1905 / 1906 / 1907 / 1908 / 1909 / 1910

조선 정치 (p. 17~20)

흔들리는 조선 – 19세기 초 외척 세도 정치 –	흥선 대원군 집권기 (1863~1873)	고종 친정·민씨 정권 ········▶ 청의 간섭	일본의 간섭 … 러시아의 간섭 … 일본의 간섭 … 러시아의 간섭	광무개혁 실시	통감부 설치	• 총독부 설치 • 조선 국권 상실
[왕권 미약 / 정치 기강 문란 / 삼정의 문란] ⇨ 민란 발생 ⇨ 천주교 확산: 위기의식 초래 → 위정척사 사상(1860년대) / 동학 사상(1860) 통상 개화론자 대두(1860년대)	국내: 전제 왕권 강화책(경복궁 중건, 비변사 축소), 민생 안정책(서원 정리, 3정 개혁) 국외: 통상 거부 정책(병인양요, 신미양요), 척화비 건립 – "洋夷侵犯 非戰則和 主和賣國"	• 김홍집 등 개화파 인사 등용 • 1881– 조사 시찰단(일본)·영선사(청) 파견 • 1883 – 보빙사(미국) 파견	구본신참(동도서기적 개혁)			

제국 주의의 침략

- 이양선 출몰
- 1866 병인양요
- 1868 오페르트 도굴 사건
- 1871 신미양요
- 1875 운요호 사건
- 1876 강화도 조약
- 1880 『조선책략』 유포
- 1882~
  - 1882 조·미 수호 통상 조약
  - 1883 조·영 수호 통상 조약, 조·독 수호 통상 조약
- 1884 조·러 수호 통상 조약
- 1885 거문도 사건
- 1886 조·불 수호 통상 조약
- 1894
- 1895
- 1896~
  - 1896 1차 러·일 협상(베베르·고무라 각서), 2차 러·일 협상(로마노프·야마가타 의정서)
  - 1898 3차 러·일 협상(로젠·니시 협정)
- 1900 러시아의 만주 점령
- 1902~
  - 1902 1차 영·일 동맹
  - 1904~1905 • 러·일 전쟁 • 가쓰라·태프트 밀약 • 2차 영·일 동맹 • 포츠머스 강화 조약 ⇨ 을사조약 체결

주요 세계사

- 1860 중국, 베이징 조약 체결 (영·프의 북경 점령, 러시아의 연해주 차지)
- 1868 일본, 메이지유신 ⇨ 정한론 대두
- 1884~1885 • 청·프 전쟁 • 청·일: 톈진 조약 체결
- 1894~1895 청·일 전쟁 발발③ – 시모노세키 조약① – 삼국 간섭②
- 1898(~1901) 청: 변법자강 운동, 의화단 운동
- 1907 • 영·프·러 3국 협상 • 헤이그 국제 평화 회의 개최
- 1911 청: 신해혁명(1911) ⇨ 중화민국 성립(1912)

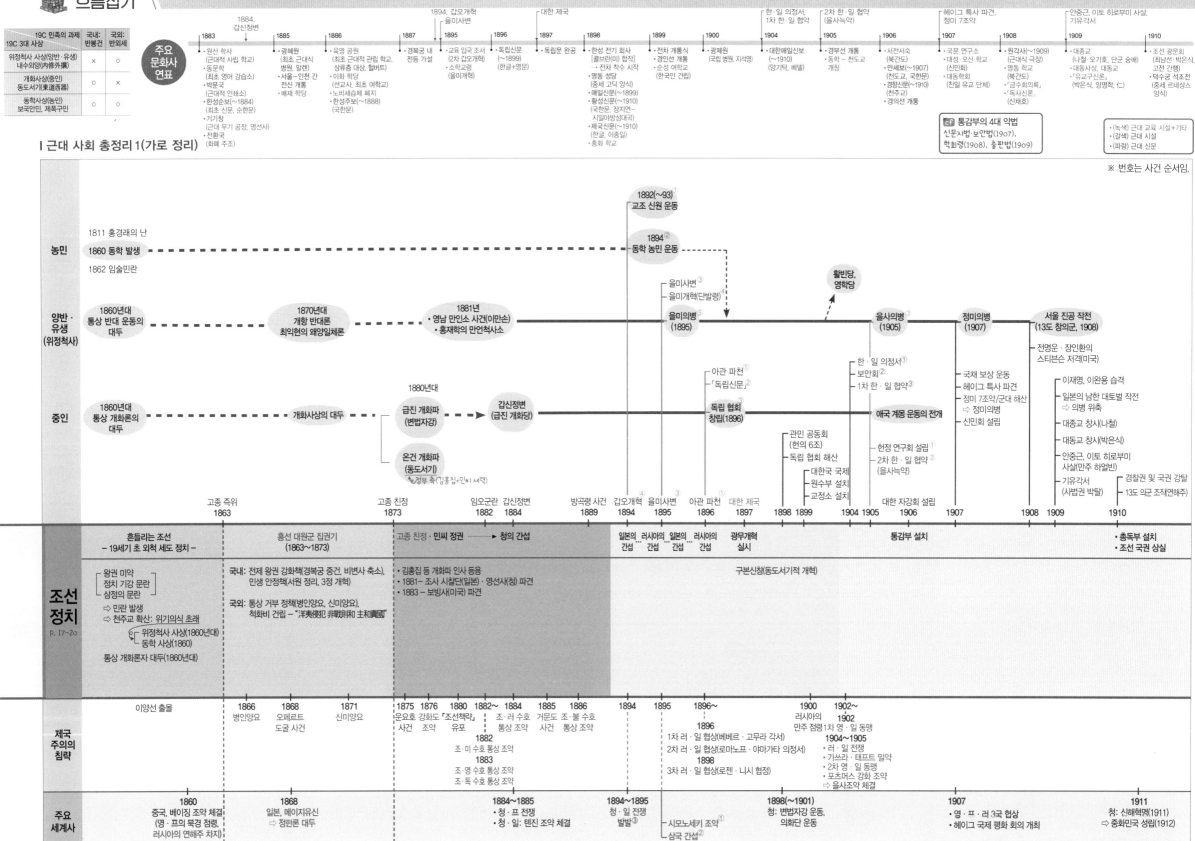

I 근대 사회 총정리 2(연표로 세로 정리)

1800 ○ 정조 사망, 순조 11세 즉위(정순왕후 수렴청정)

1801 ○ 신유박해(이승훈 사망, 정약용·정약전 유배), 황사영 백서 사건
○ 공노비(납공 노비) 66,076명 해방

1811 ○ 홍경래의 난(19C 최초의 민란, 평안도)

1832 ○ 영국, 최초 통상 요구

1834 ○ 순조 사망, 헌종 즉위

1840 ○ 청, 아편 전쟁 발발

1844 ○ 추사 김정희, '세한도' 그림.

1849 ○ 헌종 사망, 철종 즉위(순원왕후 수렴청정)

1851 ○ 철종 친정, 신해허통(서얼 허통, 서얼의 청요직 진출 완전 허용)
cf 중인들의 통청 운동 전개 ⇨ 실패

1854 ○ 일본, 미국에게 개항

1860 ○ 최제우, 경주에서 동학 창시
○ 청, 2차 아편 전쟁 결과 베이징 조약 체결(청, 러시아에 연해주 할양)

1861 ○ 러시아, 원산에서 통상 요구
○ 김정호, 「대동여지도」 간행

1862 ○ 임술민란(진주 민란 계기, 전국 확대 ⇨ 정부의 삼정이정청 설치 ⇨ 폐지)

1863 ○ 철종 사망, 고종 즉위(대왕대비 조씨 수렴청정 ⇨ 흥선 대원군으로 정권 교체)

1865 ○ 비변사를 의정부에 병합
○ 만동묘 철폐, 경복궁 중건, 삼군부 설치, 『대전회통』 편찬

1866 ○ 병인박해, 제너럴셔먼호 사건(미국), 병인양요(프랑스)
○ 당백전 주조

1867 ○ 이항로, 『화서아언』 저술(통상 거부 주장)

1868 ○ 오페르트 도굴 사건(독일)
○ 고종, 경복궁으로 옮김.
○ 일본, 메이지유신 단행(입헌 군주제, 징병제)

1871 ○ 호포법 실시, 전국 서원 철폐(사액 서원 47개 제외)
○ 신미양요(미국), 척화비 건립

▼ 척화비 | "洋夷侵犯 非戰則和 主和賣國 戒我萬年子孫 丙寅作辛未立[서양 오랑캐가 침범하여 싸우지 않음은 곧 화의하는 것이요, 화의를 주장함은 나라를 파는 것이다.]"

1873 ○ 최익현, 흥선 대원군 탄핵하다 제주 유배
○ 고종의 친정 시작, 흥선 대원군 실각
○ 명성 황후 민씨 일파의 세도 정치 시작

1875 ○ 일본, 운요호 사건

1876 ○ 강화도 조약(조·일 수호 조규, 병자 수호 조약): 최초의 근대적 조약, 불평등 조약
○ 최익현, 개항 반대 5불가소 상소, 흑산도 유배
○ 김기수, 1차 수신사 파견(일본)
○ 조·일 수호 조규 부록: 일본 상인의 활동 범위 개항장 사방 10리 이내 제한, 일본 화폐 유통 허용[⇨ 1882년 조·일 수호 조규 (부록) 속약: 일본 상인의 활동 범위 개항장 사방 50리 ⇨ 1년 뒤 양화진 개시]
○ 조·일 통상 장정(조·일 무역 규칙): 무관세·무항세, 양곡의 무제한 유출[⇨ 1883년 부분 수정: 수출입 상품에 대한 관세(10%), 최혜국 대우 규정, 방곡령 조항 제시]

1880 ○ 김홍집, 2차 수신사 파견(일본)
○ 김홍집, 황쭌셴의 『조선책략』을 고종에게 바침(러시아 견제 위해 친중·결일·연미 주장).
○ 삼군부 폐지, 통리기무아문(~1882) 설치

흥선 대원군 집권기(1863~1873) 국내외 정책

국내	왕권 강화책	• 인재의 고른 등용 • 비변사 축소(폐지), 의정부·삼군부의 부활 ⇨ 정치와 군사의 분리 • 경복궁 중건: 원납전·통행세·심도포량미(1결당 1두) 징수, 당백전 발행 • 『대전회통』, 『육전조례』 편찬
	민생 안정책	• 삼정의 개혁 – 전정: 은결 색출, 부분적 양전 사업, 토지 겸병 금지 – 군정: 호포제 실시[모든 신분의 정남(양반 포함)에게 군포 징수] – 환곡: 사창제로 전환 • 서원 대폭 정리, 만동묘 철폐
국외	통상 거부 정책	① 병인박해(1866) ⇨ ② 제너럴셔먼호 사건(1866) ⇨ ③ 병인양요[1866, 프랑스 함대의 강화도 점령, 한성근(문수산성), 양헌수(정족산성)] ⇨ ④ 오페르트 도굴 사건(1868) ⇨ ⑤ 신미양요[1871, 미국 함대의 강화도 공격, 어재연(광성보, 갑곶)] ⇨ ⑥ 척화교서, 척화비 건립

프랑스: 강화도 외규장각의 『조선왕조의궤』 등 약탈 (2011년 5년 임대 방식 반환)

미국: 어재연 장군기 약탈 (2007년 장기 임대 방식 반환)

정부의 개화 정책

수신사 파견(일본)	• 1차: 김기수(1876) • 2차: 김홍집(1880)
새로운 기구 설치	• 통리기무아문 설치(1880~1882): 12사 설치 • 감생청 설치
군제 개편	5군영 폐지 ⇨ 2영 설치, 별기군 설치(1881)
근대 문물 시찰	• 조사 시찰단 파견(1881. 4, 일본) • 영선사(1881. 11, 청) • 보빙사(1883, 미국)

동양 삼국의 개화사상

우리나라	개화사상	동도서기(東道西器)
청	양무운동	중체서용(中體西用)
일본	문명개화론	화혼양재(和魂洋才)

강화도 조약(1876)의 불평등성

조항	주요 내용	일본의 목적	
제1관	조선국은 자주의 나라이며, 일본과 평등한 권리를 가진다.	조선에 대한 청의 종주권 부정	
제4관	조선국은 부산(1876) 외에 두 곳을 개항하고, 일본인이 왕래 통상함을 허가한다 [원산(1880), 인천(1883) 개항].	경제적(부산)·군사적(원산)·정치적(인천) 침략 목적	
제7관	일본국의 항해자가 자유로이 해안을 측량하도록 허가한다.	해안 측량권	결정적 자주권 침해
제10관	일본국 인민이 조선국 지정의 각 항구에 머무르는 동안에 죄를 범한 것은 조선국 인민에게 관계된 사건일 때에도 모두 일본 관원이 심판할 것이다.	치외 법권	

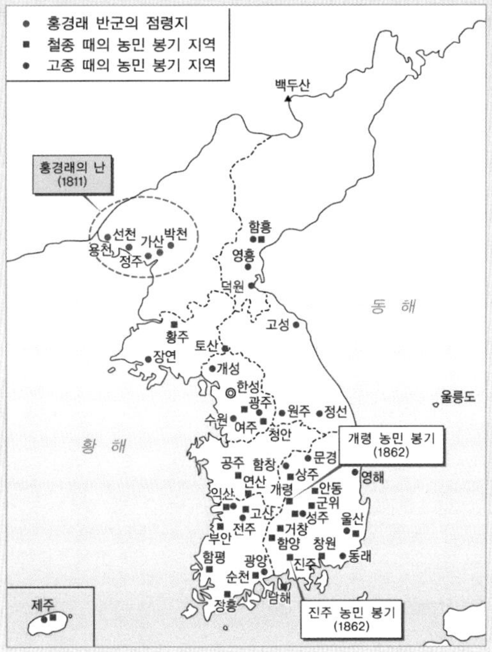

▼ 19세기의 농민 봉기

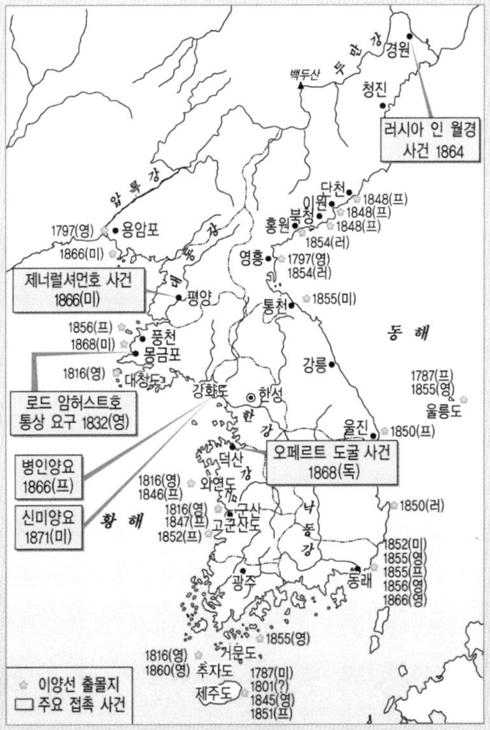

▼ 문호 개방 이전의 열강의 조선 침투

M/E/M/O

I 근대 사회 총정리 2(연표로 세로 정리)

1881
- 이만손, 영남 만인소 올림(『조선책략』 반발).
- 조사 시찰단(신사 유람단), 일본 파견(박정양, 홍영식, 어윤중 등)
- 별기군(신식군, 일본인 교관 초빙 훈련) 설치, 5군영 폐지 – 무위영·장어영 설치
- 영선사, 청에 파견(김윤식, 유학생 38명) cf 기기창(1883)

1882
- 조·미 수호 통상 조약 체결: 불평등 조약(치외 법권, 최혜국 조관), 거중 조정, 협정 관세 규정
- 임오군란 발생, 조·청 상민 수륙 무역 장정(속방조회, 내지 통상권) 체결
- 제물포 조약(일본) 체결, 조·일 수호 조규 (부록) 속약, 박영효 – 수신사(3차) 파견
  cf 김옥균 - 일본 차관 도입 실패

1883
- 태극기, 국기로 정함.
- 기기창(최초 무기 공장) 설치
- 보빙사, 미국에 파견(민영익·홍영식·서광범·유길준 등)
- 전환국(화폐 주조) 설치
- 박문국(최초 근대적 인쇄소) 설치, 「한성순보」(최초 관보, 순한문, 1883~1884) 발행
- 서북 경략사 어윤중, 청에 파견(간도 국경 문제 조사)
- 원산 학사(최초 근대적 사립 학교, 근대 학문과 무술 교육) 설립, 동문학 설치
- 전권대신 민영익, 조·영 수호 통상 조약, 조·독 수호 통상 조약 조인

1884
- 광인사(최초 근대적 민간 인쇄소) 설립, 우정(총)국(최초 근대식 우편 제도, 홍영식) 설립
- 조·러 수호 통상 조약 체결(직접 수교)
- 갑신정변 발생(우정총국 낙성식 축하연 사건, 김옥균·서광범·서재필·박영효·홍영식 등), 한성조약, 텐진조약 체결
  cf 조선 정부의 외교: 반청친러 경향, 일본의 침략 형태: 정치적 침략 ⇨ 경제적 침략

1885
- 독일 영사 부들러, 조선의 영세 중립화안을 권고함. cf 중립국 주장: 유길준, 김옥균
- 광혜원[최초 서양식 병원, 알렌(미국)] ⇨ 제중원으로 명칭 바뀜.
- 영국, 거문도 사건 발생(1885~1887)
- 한성전보총국 개국, 서울~인천 간 전신 개통
- 흥선 대원군, 청에서 환국
- 토문 감계사 이중하 파견(간도 영토 주장)

1886
- 「한성주보」(국한문 혼용, 1886~1888) 발간
- 노비세습제 폐지, 노비 매매 금지
- 이화 학당(최초 근대적 여성 교육, 미국인 선교사) 설립
- 조·프 수호 통상 조약 조인 cf 천주교 인정
- 육영 공원[최초 근대적 관립 학교, 좌원(현직 관리)·우원(양반 자제)반 운영, 헐버트(미국) 초빙] 설립

1887
- 토문 감계사 이중하, 청과 함께 백두산정계비 조사
- 경복궁 전등 가설
- 박정양, 미국 특파 전권 대사로 부인

1888
- 연무공원(근대식 사관 양성 학교) 창설
- 조·러 육로 통상 조약 조인(경흥 개방, 국경 무역 시행)

1889
- 한성 상인들, 외국 상인의 철수 요구 ⇨ 철시
- 방곡령 선포(함경도 감사 조병식) ⇨ 실패(1883년 조·일 통상 장정 의거)
- 조·일 통어 장정 체결

1892
- 교조 신원 운동 발생(1차, 전라도 삼례)

1893
- 교조 신원 운동 발생(2차, 서울 복합 상소), 교조 신원 운동 발생(3차, 충청도 보은)

1894
- 동학 농민 운동 발생
- 이제마, 『동의수세보원』 저술
- 청군–아산만에 상륙, 일본군–인천에 상륙
- 전주 화약 체결 cf 정부 - 교정청 설치, 동학 - 전라도 집강소 설치
- 일본, 경복궁 침입, 청·일 전쟁 발발
- 군국기무처 설치 – 1차 갑오개혁 시작(1차 김홍집 내각 구성)
- 동학군, 논산 집결 cf 남접+북접
- 동학군, 공주 우금치에서 일본군과 관군에게 대패
- 2차 김홍집 내각 성립, 군국기무처 폐지, 중추원 설치
- 전봉준, 전라도 순창에서 체포
- 고종, 홍범 14조와 독립서고문을 종묘에 고함(공문서 사상 처음으로 한글로 작성).
- 2차 갑오개혁 시작(2차 김홍집·박영효 연립 내각 구성)

조·미 수호 통상 조약(1882)의 불평등성

조항	주요 내용	의미
제1조	제3국이 한쪽 정부에 부당하게 또는 억압적으로 행동할 때에는 다른 한쪽 정부는 원만한 타결을 위해 주선을 한다.	거중 조정 규정 cf 청의 이홍장 제안
제2조	체결국은 각각 외교 대표를 상호 교환하여 양국의 수도에 주재시킨다.	• 초대 공사 푸트(Foote) 부임 • 보빙사 파견(1883) ⇨ 박정양, 미국공사로 파견(1887)
제4조	치외 법권은 잠정적으로 한다.	치외 법권 ⇨ 불평등 조약
제5조	무역을 목적으로 조선국에 오는 미국 상인 및 상선은 모든 수출입 상품에 대하여 관세를 지불해야 한다. 관세율은 종가세 10%를 초과하지 않으며 사치품 등에 대하여는 30%를 초과하지 못하는 협정 세율을 정한다.	관세 협정 체결 ⇨ 불평등 조약
제7조	양국은 아편 무역을 철저히 금한다.	
제14조	조약을 체결한 뒤에 통상 무역 상호 교류 등에서 본 조약에 부여되지 않은 어떠한 권리나 특혜를 다른 나라에 허가할 때에는 자동적으로 미국 관민에게도 똑같이 주어진다.	최혜국 대우 ⇨ 불평등 조약

임오군란(1882)

발단	구식 군대 차별, 신식군(별기군) 우대
경과	대원군의 일시적 재집권, 민중 합세, 민씨 정권의 고관 처단 및 일본 공사관 습격 ⇨ 일본의 군대 파견 움직임 ⇨ 청의 신속한 군대 파견, 대원군을 청에 압송
결과	• 청: 친청 내각[청 군대 상주, 내정(마젠창)·외교(묄렌도르프) 고문 파견], 조·청 상민 수륙 무역 장정[1882. 8. 23.(음), 10. 14.(양)] 체결 • 일본: 제물포 조약(배상금 지급), 일본 공사관 경비군 주둔 인정, 3차 수신사 박영효 파견 ⇨ 조·일 수호 조규 부록 속약[1882. 7. 17.(음), 8. 30.(양)] 체결

갑신정변(1884)

배경	친청 세력의 개화당 탄압, 청군의 일부 철수, 일본 공사의 지원 약속
경과	우정국 개국 축하연 이용 ⇨ 국왕을 경우궁으로 이동 ⇨ 개화당 정부 수립 ⇨ 14개조 개혁 요강 마련 ⇨ 실패(3일 천하): 청 군대 창덕궁 호위, 일본군과 총격전 끝에 왕을 구출 ⇨ 일본 공사관 습격, 홍영식·박영교 등 피살, 김옥균·박영효·서광범·서재필 등 일본 망명
결과	• 청의 내정 간섭 더욱 강화 • 한성 조약 체결: 조선과 일본, 일본 공사관 신축 비용 부담 • 텐진 조약 체결: 청과 일본, 조선에서 양국군 철수, 장차 조선에 파병할 경우 상대국에게 미리 통보(일본은 청과 동등하게 조선에 대한 파병권 획득) • 개화 세력의 위축

갑신정변(1884)의 14개조 개혁 요강

14개조 개혁 내용	의미
1. 청에 잡혀간 흥선 대원군을 곧 돌아오도록 하게 하며, 종래 청에 대하여 행하던 조공의 허례를 폐지한다.	청에 대한 사대 폐지
2. 문벌을 폐지하여 인민 평등의 권리를 세워, 능력에 따라 관리를 임명한다.	양반 중심의 정치 체제 및 신분제 폐지
3. 지조법을 개혁하여 관리의 부정을 막고 백성을 보호하며, 국가의 재정을 넉넉하게 한다.	조세 제도의 개혁
4. 내시부를 없애고, 그중에 우수한 인재를 등용한다.	국왕의 보좌 기관 폐지 ⇨ 왕권 약화
5. 부정한 관리 중 죄가 심한 자는 치죄한다.	탐관오리 엄벌
6. 각 도의 환상(환곡)미를 영구히 받지 않는다.	환곡제 폐지
7. 규장각을 폐지한다.	외척 세도 정치의 기반으로 변질된 규장각 폐지 ⇨ 왕권 약화
8. 급히 순사를 두어 도둑을 방지한다.	근대적 경찰 제도 도입
9. 혜상공국을 혁파한다.	보부상 보호 폐지
10. 귀양살이 중이거나 옥에 갇혀 있는 자는 그 정상을 참작하여 적당히 형을 감한다.	형사 정책 개혁 ⇨ 민심 획득
11. 4영을 합하여 1영으로 하되, 영 중에서 장정을 선발하여 근위대를 급히 설치한다.	군사 제도 개혁 ⇨ 병권의 일원화
12. 모든 재정은 호조에서 통할한다.	재정의 일원화
13. 대신과 참찬은 매일 합문 내의 의정부에 모여 정령을 의결하고 반포한다.	내각의 권한 강화
14. 의정부, 6조 외의 모든 불필요한 기관을 없앤다.	

동학 농민 운동 전개 과정 cf 갑오년 날짜 표기-음력

제1기 (고부 민란, 1894. 1.)	고부 군수 조병갑의 탐학, 전봉준 봉기 ⇨ 10여 일 만에 해산
제2기 절정기 (1차 농민 봉기, 1894. 3.)	• 안핵사 이용태의 편파적 민란 처리 ⇨ 고부, 백산(호남 창의소 조직, 4대 강령·격문 발표), 태인 등 봉기 ⇨ 황토현 전투 ⇨ 장성 황룡촌 전투[경군(京軍)과 접전] ⇨ 전주 점령 • 보국안민, 제폭구민의 기치를 내걸었던 시기 ▶ **정부의 반응** 1. 동학군에게 휴전 제의(5. 8. 전주 화약 체결) 2. 청군에게 진압 요구(청군 파병, 5. 5.~5. 7.) ⇨ 일본군 파병(5. 6.~5. 9.) ⇨ 정부, 교정청 설치(6. 11.) ⇨ 일본의 경복궁 점령(6. 21.) ⇨ 청·일 전쟁 발발(6. 23.) ⇨ 1차 갑오개혁 실시(6. 25.)
제3기 휴전기 (폐정 개혁안 실천기, 1894. 5.)	정부와 전주 화약 실천기, 집강소 설치(전라도) ⇨ 폐정 개혁안을 실천에 옮긴 시기 (집강소: 전라도 지방의 행정과 치안을 담당하는 민정 기관)
제4기 (재봉기, 1894. 9.)	정부의 개혁(교정청) 부진, 일본의 내정 간섭 강화 ⇨ 삼례 재봉기 ⇨ 논산 ⇨ 공주 우금치에서 패배 cf 전봉준 - 순창에서 검거

동학 농민 운동(1894)의 폐정 개혁 12조

폐정 개혁 12개조 내용	의미
1. 동학도는 정부와의 원한을 씻고 서정에 협력한다.	왕조 자체는 인정
2. 탐관오리는 그 죄상을 조사하여 엄징한다.	봉건적 지배층 타파
3. 횡포한 부호(富豪)를 엄징한다.	
4. 불량한 유림과 양반의 무리를 징벌한다.	
5. 노비 문서를 소각한다.	봉건적 신분제 폐지(⇨ 이후 갑오개혁에서 가장 잘 반영된 부분)
6. 7종의 천인 차별을 개선하고, 백정이 쓰는 평량갓은 없앤다.	
7. 청상과부의 개가를 허용한다.	
8. 무명의 잡세는 일체 폐지한다.	조세 제도의 개혁
9. 관리 채용에 지벌(地閥)을 타파하고 인재를 등용한다.	관리 등용 개선
10. 왜와 통하는 자는 엄징한다.	반외세적 성격
11. 공사채를 물론하고 기왕의 것을 무효로 한다.	부채 탕감으로 농민 생활 안정
12. 토지는 평균하여 분작한다.	자영농 육성

갑오개혁(1894)의 홍범 14조

홍범 14조 내용	의미
1. 청에 의존하려는 생각을 버리고 자주독립의 기초를 세운다.	청의 종주권 부인
2. 왕실 전범(典範)을 제정하여 왕위 계승의 법칙과 종친과 외척과의 구별을 명확히 한다.	국왕 친정 체제 확립
3. 임금은 각 대신과 의논하여 정사를 행하고, 종실(宗室), 외척의 내정 간섭을 용납하지 않는다.	국왕의 전제권 약화, 내각의 권한 강화
4. 왕실 사무와 국정 사무를 나누어 서로 혼동하지 않는다.	
5. 의정부(議政府) 및 각 아문(衙門)의 직무, 권한을 명백히 규정한다.	
6. 납세는 법으로 정하고 함부로 세금을 징수하지 아니한다.	조세 법률주의
7. 조세의 징수와 경비 지출은 모두 탁지아문(度支衙門)의 관할에 속한다.	재정의 일원화
8. 왕실의 경비를 절약하여 각 아문과 지방관의 모범이 되게 한다.	왕실과 정부의 예산 정비
9. 왕실과 관부(官府)의 1년 회계를 예정하여 재정의 기초를 확립한다.	
10. 지방 제도를 개정하여 지방 관리의 직권을 제한한다.	지방 제도 개편(⇨ 사법권 독립)
11. 총명한 젊은이들을 파견하여 외국의 학술, 기예를 견습시킨다.	선진 문물의 도입
12. 장교를 교육하고 징병을 실시하여 군제의 근본을 확립한다.	국민 개병제(부병제) 실시
13. 민법, 형법을 제정하여 인민의 생명과 재산을 보전한다.	법치주의에 의한 국민의 생명·재산 보호
14. 문벌을 가리지 않고 인재 등용의 길을 넓힌다.	문벌 폐지와 인재 등용

시대별 흐름잡기

근대 사회의 전개②

Ⅰ 근대 사회 총정리 2(연표로 세로 정리)

•(갈색) 일제의 침략

1895 유길준, 『서유견문』 출판
- 훈련대 설치, 지방 행정 개편(8도 ⇨ 23부 337군)
- 청·일 전쟁 종료, 시모노세키 조약 체결(요동반도·타이완, 일본 차지)
- 3차 김홍집 내각
- 삼국 간섭(일본-요동 반환), 친러 내각
- 일본 공사 미우라 부임
- 일본, 명성 황후 시해 사건(을미사변)-친일 내각 성립
- 을미개혁 실시(태양력 채택, 훈련대 폐지, 종두 규칙 공포, 단발령, 건양 연호 사용)
- 을미의병 발생
- 춘생문 사건(친일 내각 붕괴 시도, 실패)

1896 아관 파천(고종, 러시아 공사관으로 거처를 옮김, 친러 내각)
- 김구(김창수, 동학 접주), 일본군 중위 스치다 살해·체포(명성 황후 시해에 대한 보복)
- 미국, 경인선 철도 부설권 가짐.
- 서재필, 『독립신문』(1896~1899) 창간
- 러시아, 경원·종성 금광 채굴권 가짐.
- 베베르·고무라 각서 조인(조선에서의 러시아 우위 확인)
- 로마노프·야마가타 의정서 체결(러시아와 일본의 조선 공동 지배 및 이권 분할에 합의)
- 조선은행(최초 근대식 은행) 설립
- 서재필, 독립 협회 결성
- 프랑스, 경의선 철도 부설권 가짐.

▲ (구)러시아 공사관

1897 한성은행 설립(민간 은행, 현재 신한은행)
- 고종, 경운궁(덕수궁)으로 환궁
- 고종, 국호를 대한 제국으로 정함, 원(환)구단에서 황제 즉위식 거행, 명성 황후 장례식 거행

▲ 독립문

1898 한성 전기 회사 설립(미국인 콜브란+황실 합작)
- 독립 협회, 종로 네거리에서 만민 공동회 개최
- 양홍묵, 『매일신문』(최초 일간 신문, 1898~1899) 창간
- 명동 성당 준공, 황국 협회(보부상) 결성
- 이종일, 『제국신문』(1898~1910) 창간
- 장지연·남궁억, 『황성신문』(1898~1910) 창간
- 독립 협회, 관민 공동회 개최, 헌의 6조 올림(고종의 윤허 받음).
- 고종, 독립 협회 해산을 명함(황국 협회 습격).

▲ 원(환)구단

1899 대한 천일 은행 설립(현재 우리은행), 순성 여학교 건립
- 전차 완공식(서대문~청량리 간)
- 대한국 국제 반포
- 조·청 통상 조약 체결(청과 맺은 최초의 평등 조약)
- 경인선(인천~노량진) 개통, 마산·군산 개항

▲ 명동 성당(1898)

1900 만국 우편 연합 가입, 파리 만국 박람회 참가
- 충청도 내포 지역에 활빈당 출몰
- 울릉도를 울릉군으로 함. cf 대한 제국 칙령 제41호
- 러시아, 만주 점령(하얼빈~뤼순 간 철도 부설권 얻음.)

1901 고종, 신식 화폐 조례 공포(금 본위제 채택)

1902 1차 하와이 노동 이민 121명 출발 cf 멕시코 노동 이민(1905)
- 1차 영·일 동맹(러시아의 남하 정책 대응)
- 이범윤, 간도 시찰사(⇨ 관리사, 1903)로 파견

▲ 서울의 전차 운행 모습
cf 전차 개통식: 1899년

1903 러시아, 용암포 강점
- 홍승하·윤병구 등, 하와이에 (대한) 신민회 설립(최초 해외 동포 정치 단체)
cf 국내, 신민회 설립(1907)

1904 고종, 중립국 선언, 러·일 전쟁 발발
- 한·일 의정서 조인(1904. 2.)
- 일본, 대한 시설 강령 제정(1904. 5.)
- 일본, 한국에 주차군사령부 설치
- 보안회 조직(일본의 황무지 개간 요구 철회)
- 양기탁·영국인 베델, 『대한매일신보』(1904~1910) 창간
- 송병준, 친일 단체 유신회 조직 ⇨ 일진회로 개칭
- 1차 한·일 협약 체결(1904. 8.)

▲ 미주 동포(캘리포니아 농장)

관민 공동회의 헌의 6조(1898)

헌의 6조 내용	의미
1. 외국인에게 의지하지 말고 관민이 한마음으로 힘을 합하여 전제 황권을 견고하게 할 것	자주 국권 확립 및 전제 황권 고수
2. 외국과의 이권에 관한 계약과 조약은 각 대신과 중추원 의장이 합동 날인하여 시행할 것	이권 침탈 방지
3. 국가 재정을 탁지부에서 전관하고 예산과 결산을 국민에게 공포할 것	재정의 일원화
4. 중대 범죄를 공판하되, 피고의 인권을 존중할 것	재판의 공개와 피고의 인권 존중
5. 칙임관을 임명할 때에는 정부에 그 뜻을 물어서 중의에 따를 것	입헌 군주제 강조
6. (갑오개혁 이후 제정된) 장정을 반드시 지킬 것	법치 행정 실시

대한 제국

성립	• 러시아 공사관에서 경운궁(지금의 덕수궁)으로 환궁 • 국호를 대한 제국, 연호를 광무, 원(환)구단 축조, 왕을 황제라 칭하고 자주 국가임을 선포 • 복고 정책, 구본신참(舊本新參)의 원칙
정치	• 전제 군주제 ⇨ 독립 협회의 정치 개혁 운동 탄압 • 대한국 국제 반포(1899): 대한 제국이 전제 정치 국가이며 황제권이 무한함을 밝힌 일종의 헌법 • 교정소 설치: 황제 직속의 특별 입법 기구 • 관제 개혁: 지방 행정-13도 개편, 중추원 설치(황제 자문 기구) • 군제 개혁 -근대적 해군 체제 도입: 기연해방영 설치, 통제영학당 설치(영국 해군 교관 초빙), 근대적 군함 양무호(1903)와 광제호(1904) 구입 등 -원수부 창설(1899): 황제가 직접 군대 관할, 육군 무관 학교(1898) 설립
경제	• 양지아문(1898)·지계아문(1901) 설치 ⇨ 2회 양전 사업 실시(지계 발급: 근대적 토지 소유권 제도, 일부 지역), 화폐 조례 공포(1901, 금 본위제) • 상공업 진흥책(실업 교육 강조, 유학생 파견, 근대 시설 확충 등(⇨ 궁내부 내장원 담당)
자주적 외교	• 청과 불평등한 통상 장정 수정(조·청 통상 조약) • 연해주 블라디보스토크에 통상사무관 설치 • 간도 관리사 파견(1903, 이범윤) • 울릉도를 군으로 승격(1900. 10. 25.) ⇨ 독도 관할

대한국 국제(1899) 요약

제1조 대한국은 세계 만국이 공인한 자주독립 제국이다.
제2조 대한국의 정치는 만세불변의 전제 정치이다.
제3조 대한국 대황제는 무한한 군권을 누린다.
제4조 대한국 신민이 군권을 침해하면 신민의 도리를 잃은 자로 간주한다.
제5조 대한국 대황제는 육·해군을 통솔한다.
제6조 대한국 대황제는 법률을 제정하여 그 반포와 집행을 명하고, 대사, 특사, 감형, 복권 등을 명한다.
제7조 대한국 대황제는 행정 각 부의 관제를 정하고, 행정상 필요한 칙령을 발한다.
제8조 대한국 대황제는 문무관리의 출척 및 임면권을 가진다.
제9조 대한국 대황제는 각 조약 체결 국가에 사신을 파견하고 선전, 강화 및 제반 조약을 체결한다.

갑오·을미개혁의 비교

구분	갑오개혁 1차 개혁	갑오개혁 2차 개혁	을미개혁 3차 개혁
주도 세력	• 군국기무처 중심 • 흥선 대원군의 섭정 • 친일 내각(1차 김홍집 내각)	• 군국기무처 폐지 • 홍범 14조 cf 2차 개혁 직전 발표 • 2차 김홍집·박영효 연립 내각	• 을미사변 후 개혁 추진 • 4차 김홍집 내각
정치·행정	• 정부와 왕실 사무 분리 • 중국 연호 폐지, '개국' 연호 사용 • 6조제 ⇨ 8아문제 • 경무청 신설 • 과거제 폐지 • 문무관의 차별 폐지 • 왕의 관리 임명권 제한: 1, 2등의 칙임관은 왕이 직접 임명, 중급 관리는 대신이 추천하고 왕이 임명, 하급 관리는 대신 등 기관장이 직접 임명	• 내각제 시행 • 8아문제 ⇨ 7부제 • 8도제 ⇨ 23부제 • 사법권과 행정권의 분리 • 재판소 설치 • 훈련대·시위대 설치	• '건양' 연호 사용 • 친위대(중앙)·진위대(지방) 설치
경제	• (재정의 일원화): 탁지아문 → 탁지부 • 은 본위제 채택 • 도량형 통일 • 조세 금납제	• 탁지부 • 탁지부 산하 관세사·징세사 설치 ⇨ 징세 업무 강화 • 궁내부 내장원 신설(왕실 재정 담당)	
사회·교육	• 공·사노비법 타파 • 연좌법 폐지 • 조혼 금지 • 과부 재가 허용 • 의복 간소화	• 한성 사범 학교 설립(1895) • 소학교 관제·외국어 학교 관제 공포 cf 고종: 교육 입국 조서 발표(1895)	• 단발령 실시 • 태양력 사용 • 종두법 시행(지석영) • 소학교령 제정 ⇨ 소학교 설치 • 우체사 설치 ⇨ 우편 사무 재개

내각제의 강화로 권한이 축소된 국왕 및 왕실 측의 반발로 2차 갑오개혁 때 궁내부 내장원을 신설하고 국내의 중요 재원을 관장하게 되면서 재정의 일원화는 깨지게 되었다.

갑신정변·동학 농민 운동·갑오개혁·독립 협회의 주요 개혁안 비교

갑신정변 〈14개조 개혁〉	동학 농민 운동 〈12개조 폐정 개혁〉	갑오(을미)개혁 〈홍범 14조〉	독립 협회 〈헌의 6조〉
문벌 폐지	각종 천민 차별 금지	신분제 폐지	
지조법 개혁	무명의 잡세 폐지	조세 법률주의(은 본위제, 도량형 통일)	
재정의 일원화(호조)		재정의 일원화(탁지아문)	재정의 일원화(탁지부)
규장각 폐지, 순사제 실시		근대적 경찰제 실시	
	청상과부 개가 허용	과부 개가 허용 및 봉건적 악습 폐지	재판의 공개와 피고의 인권 존중
	왜와 통하는 자 엄징		이권 침탈 방지
	토지의 평균 분작		
• 최초의 근대적 정치 개혁(입헌 군주제) • 한계: 위로부터의 급진적 개혁	• 반봉건·반외세의 민족 운동 • 한계: 민권 의식 결여	• 근대 사회로의 계기 마련 • 한계: 타율적 개혁 - 군제 개혁 소홀 - 토지의 평균 분작 X - 국민 참정권 보장 X	• 최초의 근대적 정치 단체(시민 배경) • 한계: 공화정 제시 안함, 러시아와 프랑스의 이권 침탈만 반대

I 근대 사회 총정리 2(연표로 세로 정리)

•(갈색) 일제의 침략

1895
- 유길준, 『서유견문』 출판
- 훈련대 설치, 지방 행정 개편(8도 ⇨ 23부 337군)
- 청·일 전쟁 종료, 시모노세키 조약 체결(요동반도·타이완, 일본 차지)
- 3차 김홍집 내각
- 삼국 간섭(일본－요동 반환), 친러 내각
- 일본 공사 미우라 부임
- 일본, 명성 황후 시해 사건(을미사변)－친일 내각 성립
- 을미개혁 실시(태양력 채택, 훈련대 폐지, 종두 규칙 공포, 단발령, 건양 연호 사용)
- 을미의병 발생
- 춘생문 사건(친일 내각 붕괴 시도, 실패)

1896
- 아관 파천(고종, 러시아 공사관으로 거처를 옮김, 친러 내각)
- 김구(김창수, 동학 접주), 일본군 중위 스치다 살해·체포(명성 황후 시해에 대한 보복)
- 미국, 경인선 철도 부설권 가짐.
- 서재필, 「독립신문」(1896~1899) 창간
- 러시아, 경원·종성 금광 채굴권 가짐.
- 베베르·고무라 각서 조인(조선에서의 러시아 우위 확인)
- 로마노프·야마가타 의정서 체결(러시아와 일본의 조선 공동 지배 및 이권 분할에 합의)
- 조선은행(최초 근대식 은행) 설립
- 서재필, 독립 협회 결성
- 프랑스, 경의선 철도 부설권 가짐.

1897
- 한성은행 설립(민간 은행, 현재 신한은행)
- 고종, 경운궁(덕수궁)으로 환궁
- 고종, 국호를 대한 제국으로 정함, 원(환)구단에서 황제 즉위식 거행, 명성 황후 장례식 거행

1898
- 한성 전기 회사 설립(미국인 콜브란+황실 합작)
- 독립 협회, 종로 네거리에서 만민 공동회 개최
- 양흥묵, 「매일신문」(최초 일간 신문, 1898~1899) 창간
- 명동 성당 준공, 황국 협회(보부상) 결성
- 이종일, 「제국신문」(1898~1910) 창간
- 장지연·남궁억, 「황성신문」(1898~1910) 창간
- 독립 협회, 관민 공동회 개최, 헌의 6조 올림(고종의 윤허 받음).
- 고종, 독립 협회 해산을 명함(황국 협회 습격).

1899
- 대한 천일 은행 설립(현재 우리은행), 순성 여학교 건립
- 전차 완공식(서대문~청량리 간)
- 대한국 국제 반포
- 조·청 통상 조약 체결(청과 맺은 최초의 평등 조약)
- 경인선(인천~노량진) 개통, 마산·군산 개항

1900
- 만국 우편 연합 가입, 파리 만국 박람회 참가
- 충청도 내포 지역에 활빈당 출몰
- 울릉도를 울릉군으로 함. cf 대한 제국 칙령 제41호
- 러시아, 만주 점령(하얼빈~뤼순 간 철도 부설권 얻음.)

1901
- 고종, 신식 화폐 조례 공포(금 본위제 채택)

1902
- 1차 하와이 노동 이민 121명 출발 cf 멕시코 노동 이민(1905)
- 1차 영·일 동맹(러시아의 남하 정책 대응)
- 이범윤, 간도 시찰사(⇨ 관리사, 1903)로 파견

1903
- 러시아, 용암포 강점
- 홍승하·윤병구 등, 하와이에 (대한) 신민회 설립(최초 해외 동포 정치 단체)
  cf 국내, 신민회 설립(1907)

1904
- 고종, 중립국 선언, 러·일 전쟁 발발
- 한·일 의정서 조인(1904. 2.)
- 일본, 대한 시설 강령 제정(1904. 5.)
- 일본, 한국에 주차군사령부 설치
- 보안회 조직(일본의 황무지 개간 요구 철회)
- 양기탁·영국인 베델, 「대한매일신보」(1904~1910) 창간
- 송병준, 친일 단체 유신회 조직 ⇨ 일진회로 개칭
- 1차 한·일 협약 체결(1904. 8.)

(구)러시아 공사관

독립문

원(환)구단

명동 성당(1898)

서울의 전차 운행 모습
cf 전차 개통식: 1899년

미주 동포(캘리포니아 농장)

관민 공동회의 헌의 6조(1898)

헌의 6조 내용	의미
1. 외국인에게 의지하지 말고 관민이 한마음으로 힘을 합하여 전제 황권을 견고하게 할 것	자주 국권 확립 및 전제 황권 고수
2. 외국과의 이권에 관한 계약과 조약은 각 대신과 중추원 의장이 합동 날인하여 시행할 것	이권 침탈 방지
3. 국가 재정을 탁지부에서 전관하고 예산과 결산을 국민에게 공포할 것	재정의 일원화
4. 중대 범죄를 공판하되, 피고의 인권을 존중할 것	재판의 공개와 피고의 인권 존중
5. 칙임관을 임명할 때에는 정부에 그 뜻을 물어서 중의에 따를 것	입헌 군주제 강조
6. (갑오개혁 이후 제정된) 장정을 반드시 지킬 것	법치 행정 실시

대한 제국

성립	• 러시아 공사관에서 경운궁(지금의 덕수궁)으로 환궁 • 국호를 대한 제국, 연호를 광무, 원(환)구단 축조, 왕을 황제라 칭하고 자주 국가임을 선포 • 복고 정책, 구본신참(舊本新參)의 원칙
정치	• 전제 군주제 ⇨ 독립 협회의 정치 개혁 운동 탄압 • 대한국 국제 반포(1899): 대한 제국이 전제 정치 국가이며 황제권이 무한함을 밝힌 일종의 헌법 • 교정소 설치: 황제 직속의 특별 입법 기구 • 관제 개혁: 지방 행정－13도 개편, 중추원 설치(황제 자문 기구) • 군제 개혁 －근대적 해군 체제 도입: 기연해방영 설치, 통제영학당 설치(영국 해군 교관 초빙), 근대적 군함 양무호(1903)와 광제호(1904) 구입 등 －원수부 창설(1899): 황제가 직접 군대 관할, 육군 무관 학교(1898) 설립
경제	• 양지아문(1898)·지계아문(1901) 설치 ⇨ 2회 양전 사업 실시(지계 발급: 근대적 토지 소유권 제도, 일부 지역), 화폐 조례 공포(1901, 금 본위제) • 상공업 진흥책(실업 교육 강조, 유학생 파견), 근대 시설 확충 등(⇨ 궁내부 내장원 담당)
자주적 외교	• 청과 불평등한 통상 장정 수정(조·청 통상 조약) • 연해주 블라디보스토크에 통상사무관 설치 • 간도 관리사 파견(1903, 이범윤) • 울릉도를 군으로 승격(1900. 10. 25.) ⇨ 독도 관할

대한국 국제(1899) 요약

제1조 대한국은 세계 만국이 공인한 자주독립 제국이다.
제2조 대한국의 정치는 만세불변의 전제 정치이다.
제3조 대한국 대황제는 무한한 군권을 누린다.
제4조 대한국 신민이 군권을 침해하면 신민의 도리를 잃은 자로 간주한다.
제5조 대한국 대황제는 육·해군을 통솔한다.
제6조 대한국 대황제는 법률을 제정하여 그 반포와 집행을 명하고, 대사, 특사, 감형, 복권 등을 명한다.
제7조 대한국 대황제는 행정 각 부의 관제를 정하고, 행정상 필요한 칙령을 발한다.
제8조 대한국 대황제는 문무관리의 출척 및 임면권을 가진다.
제9조 대한국 대황제는 각 조약 체결 국가에 사신을 파견하고 선전, 강화 및 제반 조약을 체결한다.

갑오·을미개혁의 비교

구분	갑오개혁		을미개혁
	1차 개혁	2차 개혁	3차 개혁
주도 세력	• 군국기무처 중심 • 흥선 대원군의 섭정 • 친일 내각(1차 김홍집 내각)	• 군국기무처 폐지 • 홍범 14조 cf 2차 개혁 직전 발표 • 2차 김홍집·박영효 연립 내각	• 을미사변 후 개혁 추진 • 4차 김홍집 내각
정치·행정	• 정부와 왕실 사무 분리 • 중국 연호 폐지, '개국' 연호 사용 • 6조제 ⇨ 8아문제 • 경무청 신설 • 과거제 폐지 • 문무관의 차별 폐지 • 왕의 관리 임명권 제한: 1, 2등의 칙임관은 왕이 직접 임명, 중급 관리는 대신이 추천하고 왕이 임명, 하급 관리는 대신 등 기관장이 직접 임명	• 내각제 시행 • 8아문제 ⇨ 7부제 • 8도제 ⇨ 23부제 • 사법권과 행정권의 분리 • 재판소 설치 • 훈련대·시위대 설치 내각제의 강화로 권한이 축소된 국왕 및 왕실 측의 반발로 2차 갑오개혁 때 궁내부 내장원을 신설하고 국내의 중요 재원을 관장하게 되면서 재정의 일원화는 깨지게 되었다.	• '건양' 연호 사용 • 친위대(중앙)·진위대(지방) 설치
경제	• 재정의 일원화: 탁지아문 → • 은 본위제 채택 • 도량형 통일 • 조세 금납제	• 탁지부 • 탁지부 산하 관세사·징세사 설치 ⇨ 징세 업무 강화 • 궁내부 내장원 신설(왕실 재정 담당)	
사회·교육	• 공·사노비법 타파 • 연좌법 폐지 • 조혼 금지 • 과부 재가 허용 • 의복 간소화	• 한성 사범 학교 설립(1895) • 소학교 관제·외국어 학교 관제 공포 cf 고종: 교육 입국 조서 발표(1895)	• 단발령 실시 • 태양력 사용 • 종두법 시행(지석영) • 소학교령 제정 ⇨ 소학교 설치 • 우체사 설치 ⇨ 우편 사무 재개

갑신정변·동학 농민 운동·갑오개혁·독립 협회의 주요 개혁안 비교

갑신정변 〈14개조 개혁〉	동학 농민 운동 〈12개조 폐정 개혁〉	갑오(을미)개혁 〈홍범 14조〉	독립 협회 〈헌의 6조〉
문벌 폐지	각종 천민 차별 금지	신분제 폐지	
지조법 개혁	무명의 잡세 폐지	조세 법률주의 (은 본위제, 도량형 통일)	
재정의 일원화 (호조)		재정의 일원화 (탁지아문)	재정의 일원화 (탁지부)
규장각 폐지, 순사제 실시		근대적 경찰제 실시	
	청상과부 개가 허용	과부 개가 허용 및 봉건적 악습 폐지	재판의 공개와 피고의 인권 존중
	왜와 통하는 자 엄징		이권 침탈 방지
	토지의 평균 분작		
• 최초의 근대적 정치 개혁(입헌 군주제) • 한계: 위로부터의 급진적 개혁	• 반봉건·반외세의 민족 운동 • 한계: 민권 의식 결여	• 근대 사회로의 계기 마련 • 한계: 타율적 개혁 － 군제 개혁 소홀 － 토지의 평균 분작 X － 국민 참정권 보장 X	• 최초의 근대적 정치 단체(시민 배경) • 한계: 공화정 제시 안함, 러시아와 프랑스의 이권 침탈만 반대

근대 사회 총정리 2(연표로 세로 정리)

•(갈색) 일제의 침략

1905
- 경부선 개통
- **메가타, 화폐 개혁 발표**
- **일본, 독도를 다케시마[竹島]로 개칭, 시마네현에 편입(1905. 2.)**
- 주영공사 이한응, 일제의 침탈에 분개하여 영국에서 자결(현, 장충원에 배향)
- 윤병구·이승만 등, 고종 밀사로 미국 루스벨트 대통령에게 독립 청원서 전달
- 헌정 연구회 설립
- 가쓰라·태프트 밀약(미·일, 1905. 7.), 2차 영·일 동맹(1905. 8.), 포츠머스 강화 조약(러·일, 1905. 9.)
- **을사늑약(1905. 11, 외교권 박탈) 체결**
- 장지연, 「황성신문」에 '시일야방성대곡' 게재
- 민영환, 을사늑약에 분개하여 자결
- 손병희, 동학을 천도교로 개칭

1906
- **통감부 설치**(초대 통감–이토 히로부미)
- 경의선 개통
- 윤치호·윤효정·장지연 등, 대한 자강회 조직
- 민종식, 홍성에서 의병 봉기
- 최익현·임병찬 등, 전라도 순창, 태인에서 의병 봉기
- 천도교, 「만세보」(1906~1907) 창간
- 신돌석, 경상도 평해에서 의병 봉기(최초 평민 의병장)
- 이인직, 「만세보」에 '혈의 누' 연재 시작
- 천주교, 「경향신문」(1906~1910) 창간
- 최익현, 대마도에서 단식하다 순국

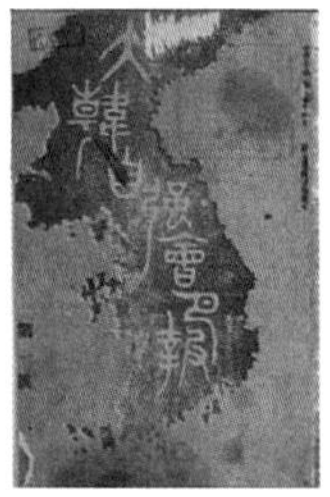
◤대한 자강회 월보

1907
- 서상돈·김광제 등, 국채 보상 운동 전개(대구 ⇨ 전국 확대)
- 나철·오기호 등, 5적 암살단 조직
- 고종, 헤이그 만국 평화 회의에 이준·이상설·이위종을 밀사로 파견(이준, 헤이그에서 순국)
- 현채, 『유년필독』 편찬
- 국문 연구소 설치
- **한·일 신협약 체결(행정권 박탈)**
- 통감부, 신문지법 제정
- **순종, 군대 해산 조칙을 내림(군사권 박탈).**
- 한국군 대대장 박승환, 군대 해산에 반대하여 자결 ⇨ 정미의병 발생
- 남궁억 등, 대한 협회 설립
- 안창호·양기탁 등, 신민회 설립
- 허위·이강년·이인영 등, 13도 창의군 결성 cf 홍범도 X, 신돌석 X

1908
- 허위, 13도 창의군(이인영, 관동 창의대장) 이끌고 서울 진공 작전 시도, 실패
- 최봉준, 연해주 블라디보스토크에서 「해조신문」 창간
- 전명운·장인환, 미국 샌프란시스코에서 친일 행위한 스티븐슨을 저격
- 원각사(최초 근대식 극장) 설립–최초의 신극 '은세계' 공연
- 최남선, 월간 종합지 『소년』 창간, 최초의 신체시 '해에게서 소년에게' 발표
- 한성에 **동양 척식 주식회사(일본 국책회사) 설립**
- 신채호, 「독사신론」, 『이순신전』 저술
- 안국선, 『금수회의록』 간행

◤금수회의록(1908)

◤원각사(1908~1909) | 최초의 서양식 극장

1909
- 나철, 대종교 창시(단군 숭배)
- 유길준, 『대한(조선)문전』 발간
- 박은식, 유교구신론 발표
- **일본과 기유각서 채택**(1909. 7, 사법권 박탈)
- **청·일 간에 간도 협약 조인**(간도와 안봉선 철도 교환)
- 안중근, 만주 하얼빈에서 이토 히로부미 전 통감 사살
- 일진회, 일본과의 합방 요구 성명서 발표
- 이재명, 이완용 습격

◤덕수궁 석조전(1910, 완공)

1910
- 안중근, 중국 뤼순 감옥에서 순국
- 주시경, 『국어문법』 저술
- 이회영·이시영·이동녕 등, 서간도에 경학사·신흥 강습소 설치
- 덕수궁 석조전 완공
- 이완용·조중응, 데라우치 통감과 합방에 관한 각서 교부–**경술국치(국권 강탈)**
- 황현·이근주, 국권 피탈 소식에 자결
- **조선 총독부 및 중추원 관제 공포**(초대 총독 데라우치 임명)

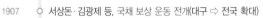

◤안중근 의사와 단지 혈서 엽서

러·일 전쟁(1904~1905) 당시 강대국끼리 맺은 제국주의 조약

조약명	시기	당사국	내용
영·일 동맹(1차)	1902. 1.	일본과 영국	러시아에 대한 군사적 동맹으로 영국의 청에서의 이권과 일본의 한국에서의 이권 존중
가쓰라·태프트 밀약	1905. 7.	일본과 미국	미국의 필리핀 지배와 일본의 한국 지배 인정
영·일 동맹(2차)	1905. 8.	일본과 영국	영국의 인도 지배와 일본의 한국 지배 인정
포츠머스 강화 조약	1905. 9.	일본과 러시아	일본은 한국에 대한 지배권을 국제적으로 묵인받고 요동반도를 영유하여 대륙 침략의 발판을 마련하였으며 사할린 남부를 차지

신민회(1907~1911)

구분	활동
민족 교육	대성 학교(평양)·오산 학교(정주) 설립, 청년 학우회 조직
경제 자립	태극 서관(대구), (도)자기 회사(평양) 운영
정치	국권 회복과 공화정체 목표
군사적 실력 양성	서간도 삼원보(이시영), 밀산부 한흥동(이상설) ⇨ 독립군 기지 마련

일제의 국권 침탈 과정

조약명	시기	내용
▶ 러·일 전쟁 발발 시: 대한 제국–국외 중립 선포(1904. 1. 21.)		
한·일 의정서	1904. 2.	대한 제국의 국외 중립 파기, 러시아와 맺은 모든 조약 파기, 군사 요지 점령 cf 대한 시설 강령(1904. 5.) 한·일 의정서에서 획득한 일제의 이권을 더욱 강화하여 대한 제국을 식민지화하기 위한 구체적인 방안 제시
제1차 한·일 협약	1904. 8.	고문 정치[재정 고문: 메가타(일본), 외교 고문: 스티븐슨(미국)]
제2차 한·일 협약(을사늑약)	1905. 11.	외교권 박탈, 통감부 설치
한·일 신협약	1907. 7.	차관 정치(행정권 박탈)
군대 해산	1907. 8.	군사권 박탈
기유각서	1909. 7.	사법권 박탈
경찰권 이양	1910. 6.	경찰권 박탈
한·일 병합 조약(경술국치)	1910. 8.	국권 박탈, 총독부 설치

개화사상과 위정척사 사상의 전개 과정

18세기
- 이일원론
- 호론

➡ 19세기: 위정척사 사상(성리학 수호, 사교 배척)–유생, 양반 ➡ 19세기 말 20세기 초: 의병 운동

위정척사 운동의 전개

1860년대	• 통상 반대 운동 • 척화주전론(이항로)
1870년대	최익현의 왜양일체론(개항 반대 5불가소)
1880년대	• 정부의 개화 정책 부정(홍재학의 만언척사소, 1881) • 『조선책략』 유포 반발 ⇨ 영남 만인소 사건(이만손, 1881)
1890년대	항일 의병으로 계승(을미의병, 1895)

의병 운동의 전개

최초	을미의병(1895) – 을미사변, 단발령 계기(유생 중심)
본격	을사의병(1905) – 을사조약[의병장: 민종식, 최익현, 신돌석(평민)]
절정	정미의병(1907) – 고종의 강제 퇴위, 군대 해산 ⇨ 전국적 확산
서울 진공 작전	이인영, 허위 등 13도 창의군 구성(1908) ⇨ 실패

사회진화론 ↘
북학파(낙론) ➡ 개화사상(동도서기)–중인, 역관 ➡ 애국 계몽 운동
↗ • 청의 양무운동(중체서용) • 일본의 문명개화론(화혼양재)

개화 운동의 전개

1860년대	오경석, 유홍기, 박규수	
1870년대	정부의 개화 정책 추진	
1880년대(개화파의 두 흐름)	온건파(동도서기)	김홍집, 김윤식, 어윤중 등 ⇨ 청의 양무운동 영향
	급진파(변법자강)	김옥균, 박영효, 서광범, 유길준 등 ⇨ 일본의 문명 개화론 영향
1890년대	독립 협회(1896~1898)	

애국 계몽 운동의 전개

보안회(1904)	일본의 황무지 개간 요구권 철폐
헌정 연구회(1905)	일진회 규탄
대한 자강회(1906)	지회 설치(전국), 고종의 양위 반대 운동, 한·일 신협약 반대, 일진회 규탄
신민회(1907)	경제적·문화적·군사적 실력 양성 운동

한말 신문

신문	발행인	기간	활동 및 성격
한성순보	박문국	1883~1884	• 우리나라 최초의 신문(관보), 순한문 • 갑신정변의 실패로 폐간 ⇨ 한성주보로 부활(1886~1888)
한성주보	박문국	1886~1888	• 최초의 국한문 혼용(주간 신문) • 최초 상업 광고 기재
독립신문	독립 협회	1896~1899	• 최초의 근대적 민간지 • 한글판과 영문판
매일신문	양홍묵	1898~1899	최초의 일간지
황성신문	남궁억, 장지연	1898~1910	• 국한문 혼용 신문(개신 유학자 등 지식인 대상) • 장지연의 '시일야방성대곡'(애국적 논설로 유명)
제국신문	이종일	1898~1910	• 중류 이하의 대중과 부녀자 대상 • 순한글판 일간지
대한매일신보	양기탁, 베델(영)	1904~1910	• 국한문 혼용 ⇨ 1907년 순한글·국한문·영문의 3종류로 발행 • 을사조약 이후 항일 운동의 선봉, 을사조약의 부당성을 폭로한 고종 친서 발표 • 황성신문, 제국신문 등과 함께 국채 보상 운동에 적극 참여 • 입구에 '일본인 출입 금지[日人不可入]'라고 표시
경향신문	천주교	1906~1910	• 천주교 계통의 기관지 • 한글판
만세보	천도교	1906~1907	• 천도교 계통의 일간지 • 국한문 cf 1907년 이인직 매수, 「대한신문」으로 변경

일제의 단계별 침략 형태와 민족 독립운동 총정리

시기	정치 형태	경제적 수탈	식민지 문화 정책	민족 독립운동
1단계 (1910~1919) • 1차 세계 대전 발발(1914) • 러시아 혁명(1917)	**무단 통치**(헌병 경찰) ⇨ (조선) 태형령(1912) • 안악 사건(1910) • 105인 사건(1911)	• **토지 조사 사업** p.32 [1910~1918, 토지 조사령(1912), 기한부 신고제] • **회사령**(1910, 허가제) • **조선 지세령**(1914)	• **우민화 정책** • **1차 조선 교육령**(1911): 보통학교(4년) cf 조선 통감부: 소학교(6년) ⇨ 보통학교(4년) • **서당 규칙**(1918)	[국내] 비밀 결사 단체(독립 의군부, 대한 광복회, 조선 국권 회복단 등) **(대한) 독립 의군부 (1912~1914)** / 의병장 임병찬 (⇨ 고종의 밀조로 조직) / • 의병 출신 및 전직 관료가 주도 • 복벽주의(復辟主義) 표방 **대한 광복회 (1915~1918)** / 박상진, 김좌진 / • 공화주의 표방 • 만주에 독립군 기지 건설, 사관 학교 설립, 독립군 양성 [국외] • 중국 간도: 독립군 기지 건설, 삼원보, 밀산부 한흥동 등 cf 신민회 최초 • 중국 본토: 신한 청년단(당) 조직(1918) ⇨ 김규식 – 파리 강화 회의 파견(1919) • 러시아 연해주: 대한 광복군 정부(1914, 이상설), 대한 국민 의회(1919) 등 • 미국: 대한인 국민회(1910, 이승만), 흥사단(1913, 안창호), 대조선 국민군단(1914, 박용만) • 일본: 조선 청년 독립단(1918, 유학생 중심)
⬇ 3 · 1 운동(1919) 계기				
2단계 (1919~1931) • 베르사유 체제 • 워싱턴 체제 • 세계 대공황 발생(1929)	**문화 통치**(보통 경찰) ⇨ 치안 유지법(1925)	• **산미 증식 계획** (1920~1935) • **회사령 개정**(폐지) (1920, 신고제) • **연초 전매령**(1921) • **관세령 철폐**(1923)	• **2차 조선 교육령**(1922): 보통학교(6년), 3면 1교, 대학 교육 허용 • **신문 발행 허가**(검열, 삭제, 압수 등)	[국외] • 상하이 대한민국 임시 정부 수립(1919) • 무장 독립군 투쟁: 봉오동 · 청산리 대첩(1920) ⇨ 간도 참변(1920) ⇨ 자유시 참변(1921) ⇨ 독립군 재정비(참의부 · 정의부 · 신민부) ⇨ 미쓰야 협정(1925) ⇨ 독립군 통합(혁신 의회, 국민부) • 의열단(1919, 김원봉, 만주 길림), 한인 애국단(1931, 김구, 중국 상하이) [국내] • 무장 단체: 보합단, 천마산대, 구월산대 등 • 사회 운동: 형평 운동(1923, 백정, 진주), 조선 공산당(1925~1928), 6 · 10 만세 운동(1926) ⇨ 신간회 · 근우회(1927~1931) ⇨ 광주 학생 운동(1929) • 문화 운동: 조선어 연구회(1921), 민족주의 사학(신채호, 박은식), 민립 대학 설립 운동(1922), 극예술 협회(1920) · 토월회(1923), 조선 프롤레타리아 예술가 동맹[카프(KAPF), 1925], 나운규의 '아리랑'(1926) • 경제 운동: 농민 운동(암태도 소작 쟁의, 1923) · 노동 운동[경성 고무 공장 여성 노동자의 아사 동맹(1923), 영흥 노동자 총파업(1928), 원산 노동자 총파업(1929), 강주룡의 고공 투쟁(1931)], 물산 장려 운동(1922~)
⬇ 만주 사변(1931) 계기				
3단계 (1931~1945) • 중·일 전쟁 발발(1937) • 2차 세계 대전 발발(1939) • 태평양 전쟁 발발(1941)	**민족 말살 통치** (창씨개명, 신사 참배, 황국 신민화 선언, 내선일체, 일선 동조론, 우리 역사 · 우리말 금지) ⇨ 국가 총동원령(1938. 5.)	• **병참 기지화 정책** ⇨ 인적 · 물적 수탈 • **남면북양 정책** • **농촌 진흥 운동** (조선 농지령, 1934) • **중요 산업 통제법**(1937) • **산미 증식 계획 재실시** (1939) • 지원병(1938. 2.) • 징용령(1939) • 총동원 물자 사용 수용령(1939) • 근로 보국령(1941) • 학도 특별 지원병(1943) • 징병제(1943) • 정신대 근무령(1944)	• **3차 조선 교육령**(1938. 3.): 보통학교 ⇨ 심상소학교(1938) ⇨ 국민학교(1941) 개칭, 1면 1교주의, 조선어 수의(선택) 과목 • **4차 조선 교육령**(1943): 군부에 의한 교육 통제	[국외] • 중국 만주: 한국 독립군과 조선 혁명군의 한 · 중 연합 작전(1931~1934) • 중 · 일 전쟁 이후 조선 민족 혁명당의 조선 민족 전선 연맹과 한국 국민당의 한국 광복 운동 단체 연합회로 양분 • 김원봉의 민족 혁명당 결성(1935): 독립운동 단일 정당 추진[한국 독립당(조소앙), 조선 혁명당(지청천), 의열단(김원봉) 등 참여] ⇨ 조소앙 · 지청천 탈퇴 ⇨ 조선 민족 혁명당(1937)으로 개편, 조선 의용대(1938) 조직 ⇨ 1942년 한국 광복군에 편입 • 중국 충칭의 임시 정부: 한국 독립당 · 광복군 구성(1940) ⇨ 건국 강령 발표(1941) ⇨ 대일(1941) · 대독(1942) 선전 포고 ⇨ 인도 · 미얀마 전선 참가(1943) ⇨ 미국 O.S.S.와 연결, 국내 진입 작전 계획(1945. 9.) • 중국 연안: 조선 독립 동맹(1942)의 조선 의용군 ⇨ 해방 후 북한 인민군 [국내] • 무장 운동: 경성 부민관 폭파 의거(1945. 7.) • 문화 운동: 문맹 퇴치 운동[「조선일보」의 문자 보급 운동, 「동아일보」의 브나로드 운동(1931~1934)], 조선어 학회(1931~1942), 사회 경제 사학 · 실증주의 사학 · 신민족주의 사학(조선학 운동), 극예술 연구회(1931), 안익태의 '코리아 환상곡'(1936), 동아일보의 일장기 말소 사건(1936), 수양 동우회 사건(1937) • 사회 · 경제 운동: 농민 · 노동 운동

신간회(1927~1931)

- 좌우익 합작의 합법적 단체, 개인 본위 조직
- 중앙 본부: 민족주의자, 지방 지회: 사회주의자
- 강령: 정치 · 경제적 각성, 민족의 대동단결, 기회주의자의 배격
- 여성 자매 단체: 근우회(1927~1931)

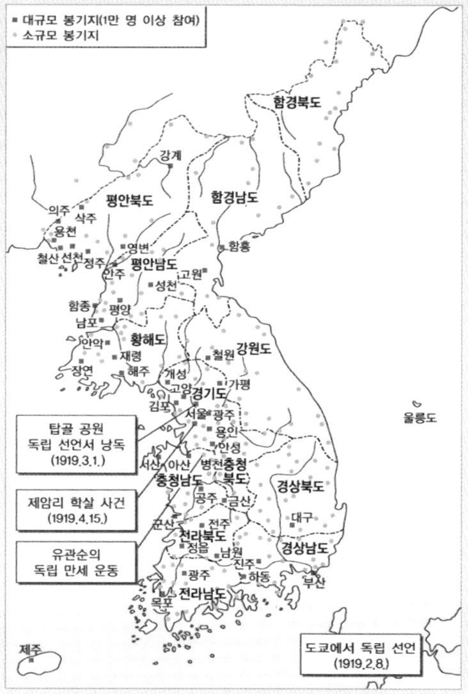

◤ 3·1 운동의 봉기 지역

cf 3·1 운동 전개 과정

제1단계 (점화기)	민족 대표(33인)에 의하여 주요 도시에서 만세 점화 ⇨ 비폭력주의
제2단계 (도시 확산기)	학생들이 주도적 역할, 상인의 철거, 노동자들의 파업 투쟁 전개
제3단계 (농촌 확산기)	농민 등의 적극적 참가, 면사무소·헌병 주재소·친일 지주 등 습격 ⇨ 무력 저항으로 변모

3·1 운동 이후 독립운동의 방향 변화

구분	계열	주장 및 활동
이념	민족주의계	비타협적 항일 운동 전개
	사회주의계	사회주의 혁명론 전개(이동휘)
독립 운동 방향	무장 투쟁론	무장 독립 전쟁론(이동휘, 신채호, 김좌진 등)
	외교론	국제 연맹 위임 통치론(이승만)
	자치·참정론	일제의 지배 인정(이광수)
	실력 양성론	경제 방면에서 민족 역량 배양(김성수)
	민족 유일당 운동	신간회 조직(1927, 이상재) ⇦ 6·10 만세 운동 계기

대한민국 임시 정부의 활동

정부 통합 과정	• 임시 의정원 구성 ⇨ 국호: 대한민국, 임시 헌장 제정 • 한성 정부 법통 계승–행정부, 대한 국민 의회–임시 의정원 ⇨ ∴ 상하이 임시 정부로 통합
활동	• 교통국: 통신 기관으로, 정보의 수집·분석·교환·연락 업무 관장 • 연통제 실시: 국내외를 연결하는 비밀 행정망(국내의 각 도·군·면에 독판·군감·면감을 두어 정부 문서와 명령 전달, 군자금 송부, 정보 보고 등의 업무 담당) • 군자금 조달: 만주의 이륭양행(영국인 조지 쇼), 부산의 백산 상회, 독립 공채 발행(국외 동포 대상), 인구세 징수(국내외 20세 이상) • 외교 활동: 파리 강화 회의 대표 파견(외교총장 김규식), 미국에 구미 위원부 설치(이승만), 국제 연맹·워싱턴 회의(1921~1922) 대표 파견 • 문화: 「독립신문」, 사료 편찬소(『한·일 관계 사료집』)
임시 정부의 재정비 (충칭 시대)	• 정당: 한국 독립당 조직(김구 주도) • 광복군 창설(1940, 지청천) • 건국 강령 제정(1941): 조소앙의 3균주의(三均主義, 정치·경제·교육의 균등) 채택 ⇨ 좌우 노선 절충 • 민족 통일 전선의 형성: 1942년 좌파 계열인 조선 민족 혁명당의 조선 의용대(김원봉) 합류

임시 정부의 개헌 과정

제1차(1919)	대통령 지도제(대통령 – 이승만, 국무총리 – 이동휘)
제2차 개헌(1925)	국무령 중심의 내각 책임 지도제(국무령 – 이상룡 ⇨ 양기탁 ⇨ …. ⇨ 김구), 사법권 조항 폐지
제3차 개헌(1927)	국무 위원 중심제인 집단 지도 체제(국무 위원 – 김구, 이동녕 등 10여 명) cf 한국 독립당(1930) ⇨ 한국 국민당(1935)
제4차 개헌(1940)	주석 지도 체제(주석 – 김구), 주석이 군국(軍國) 총괄, 대내외로 임시 정부를 대표 cf 한국 독립당(1940)
제5차 개헌(1944)	주석·부주석 중심 체제(주석 – 김구, 부주석 – 김규식), 사법권에 관한 조항을 다시 살림.

국외의 민족 독립운동 총정리

3·1운동 (1919) / 만주 사변 (1931)

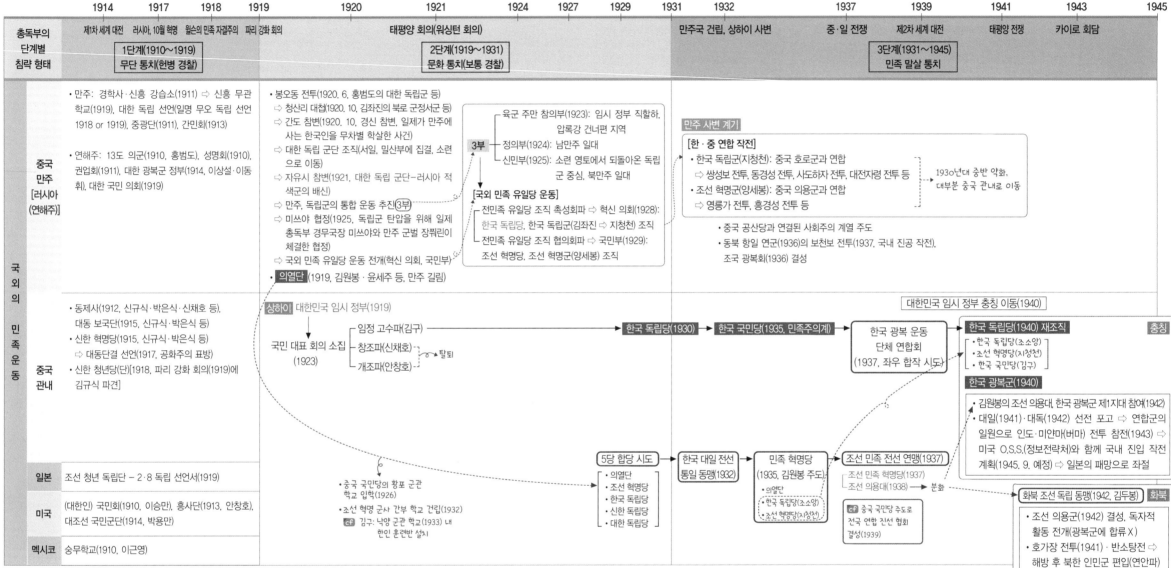

1914 | 1917 | 1918 | 1919 | 1920 | 1921 | 1924 | 1927 | 1929 | 1931 | 1932 | 1937 | 1939 | 1941 | 1943 | 1945

총독부의 단계별 침략 형태

- 제1차 세계 대전(1914) / 러시아, 10월 혁명(1917) / 윌슨의 민족 자결주의(1918) / 파리 강화 회의(1919)
- 1단계(1910~1919) 무단 통치(헌병 경찰)
- 태평양 회의(워싱턴 회의)(1921)
- 2단계(1919~1931) 문화 통치(보통 경찰)
- 만주국 건립, 상하이 사변(1932) / 중·일 전쟁(1937) / 제2차 세계 대전(1939) / 태평양 전쟁(1941) / 카이로 회담(1943)
- 3단계(1931~1945) 민족 말살 통치

국외의 민족 운동

중국 만주 [러시아(연해주)]

1910년대

- 만주: 경학사·신흥 강습소(1911) ⇨ 신흥 무관 학교(1919), 대한 독립 선언(일명 무오 독립 선언 1918 or 1919), 중광단(1911), 간민회(1913)
- 연해주: 13도 의군(1910, 홍범도), 성명회(1910), 권업회(1911), 대한 광복군 정부(1914, 이상설·이동휘), 대한 국민 의회(1919)

1920년대

- 봉오동 전투(1920. 6, 홍범도의 대한 독립군 등)
  - ⇨ 청산리 대첩(1920. 10, 김좌진의 북로 군정서군 등)
  - ⇨ 간도 참변(1920. 10, 경신 참변, 일제가 만주에 사는 한국인을 무차별 학살한 사건)
  - ⇨ 대한 독립 군단 조직(서일, 밀산부에 집결, 소련으로 이동)
  - ⇨ 자유시 참변(1921, 대한 독립 군단-러시아 적색군의 배신)
  - ⇨ 만주, 독립군의 통합 운동 추진(3부)
  - ⇨ 미쓰야 협정(1925, 독립군 탄압을 위해 일제 총독부 경무국장 미쓰야와 만주 군벌 장쭤린이 체결한 협정)
  - ⇨ 국외 민족 유일당 운동 전개(혁신 의회, 국민부)
- 의열단(1919, 김원봉·윤세주 등, 만주 길림)

3부
- 육군 주만 참의부(1923): 임시 정부 직할하, 압록강 건너편 지역
- 정의부(1924): 남만주 일대
- 신민부(1925): 소련 영토에서 되돌아온 독립군 중심, 북만주 일대

[국외 민족 유일당 운동]
- 전민족 유일당 조직 촉성회파 ⇨ 혁신 의회(1928): 한국 독립당, 한국 독립군(김좌진 ⇨ 지청천) 조직
- 전민족 유일당 조직 협의회파 ⇨ 국민부(1929): 조선 혁명당, 조선 혁명군(양세봉) 조직

1930년대 이후

만주 사변 계기

[한·중 연합 작전]
- 한국 독립군(지청천): 중국 호로군과 연합
  - ⇨ 쌍성보 전투, 동경성 전투, 사도하자 전투, 대전자령 전투 등
- 조선 혁명군(양세봉): 중국 의용군과 연합
  - ⇨ 영릉가 전투, 흥경성 전투 등

→ 1930년대 중반 약화, 대부분 중국 관내로 이동

- 중국 공산당과 연결된 사회주의 계열 주도
- 동북 항일 연군(1936)의 보천보 전투(1937, 국내 진공 작전), 조국 광복회(1936) 결성

중국 관내

1910년대

- 동제사(1912, 신규식·박은식·신채호 등), 대동 보국단(1915, 신규식·박은식 등)
- 신한 혁명당(1915, 신규식·박은식 등)
  - ⇨ 대동단결 선언(1917, 공화주의 표방)
- 신한 청년당(단)[1918, 파리 강화 회의(1919)에 김규식 파견]

1920년대

상하이 대한민국 임시 정부(1919)

↓

국민 대표 회의 소집 (1923)
- 임정 고수파(김구) → 한국 독립당(1930)
- 창조파(신채호) → 탈퇴
- 개조파(안창호) → 탈퇴

- 중국 국민당의 황포 군관 학교 입학(1926)
- 조선 혁명 군사 간부 학교 건립(1932)
- cf 김구: 낙양 군관 학교(1933) 내 한인 훈련반 설치

1930년대 이후

한국 독립당(1930) → 한국 국민당(1935, 민족주의계) → 한국 광복 운동 단체 연합회(1937, 좌우 합작 시도) → 한국 독립당(1940) 재조직 (충칭)
- 한국 독립당(조소앙)
- 조선 혁명당(지청천)
- 한국 국민당(김구)

대한민국 임시 정부 충칭 이동(1940)

한국 광복군(1940)
- 김원봉의 조선 의용대, 한국 광복군 제1지대 참여(1942)
- 대일(1941)·대독(1942) 선전 포고 ⇨ 연합군의 일원으로 인도·미얀마(버마) 전투 참전(1943) ⇨ 미국 O.S.S.(정보전략처)와 함께 국내 진입 작전 계획(1945. 9. 예정) ⇨ 일본의 패망으로 좌절

5당 합당 시도
- 의열단
- 조선 혁명당
- 한국 독립당
- 신한 독립당
- 대한 독립당

→ 한국 대일 전선 통일 동맹(1932) → 민족 혁명당(1935, 김원봉 주도)
- 의열단
- 한국 독립당(조소앙)
- 조선 혁명당(지청천)

→ 조선 민족 전선 연맹(1937)
- 조선 민족 혁명당(1937)
- 조선 의용대(1938) → 분화

cf 중국 국민당 주도로 전국 연합 진선 협회 결성(1939)

화북 조선 독립 동맹(1942, 김두봉) (화북)
- 조선 의용군(1942) 결성, 독자적 활동 전개(광복군에 합류 X)
- 호가장 전투(1941)·반소탕전 ⇨ 해방 후 북한 인민군 편입(연안파)

일본

조선 청년 독립단 – 2·8 독립 선언서(1919)

미국

(대한인) 국민회(1910, 이승만), 흥사단(1913, 안창호), 대조선 국민군단(1914, 박용만)

멕시코

숭무학교(1910, 이근영)

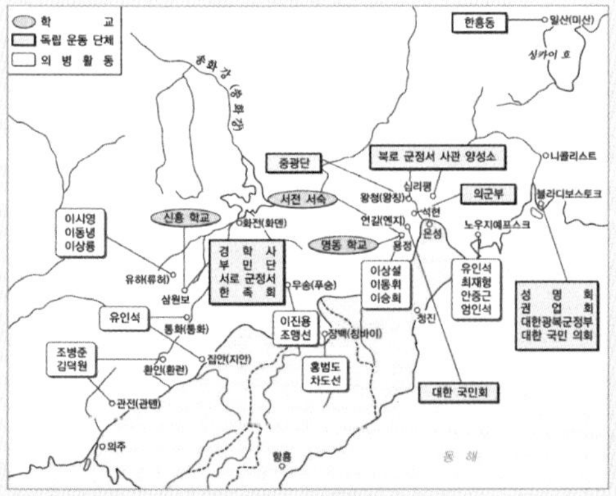

만주와 연해주의 독립운동 기지(1910년대)

독립군의 이동(1920년대)

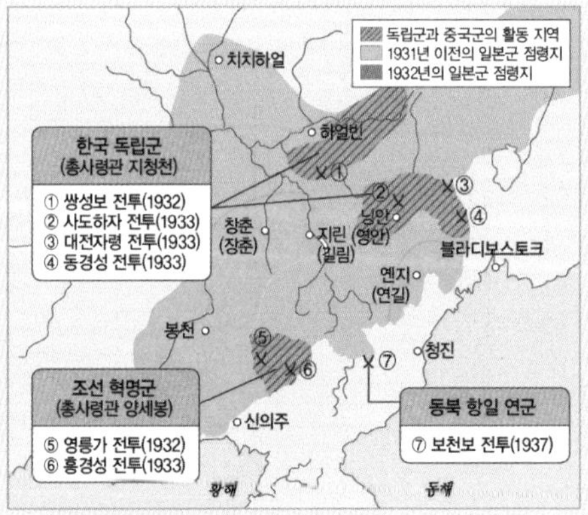

1930년대 무장 독립 전쟁

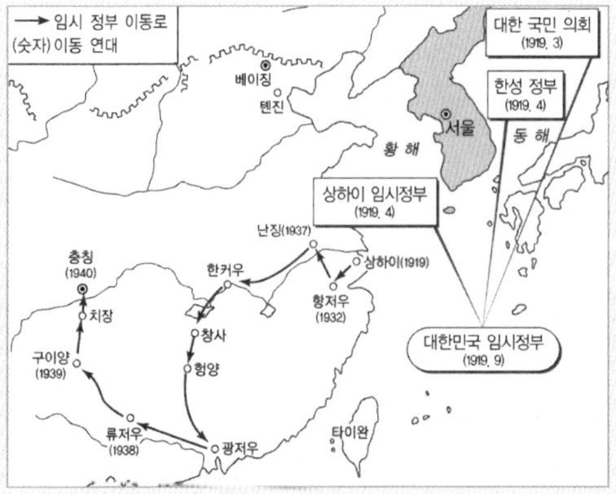

임시 정부의 이동 경로

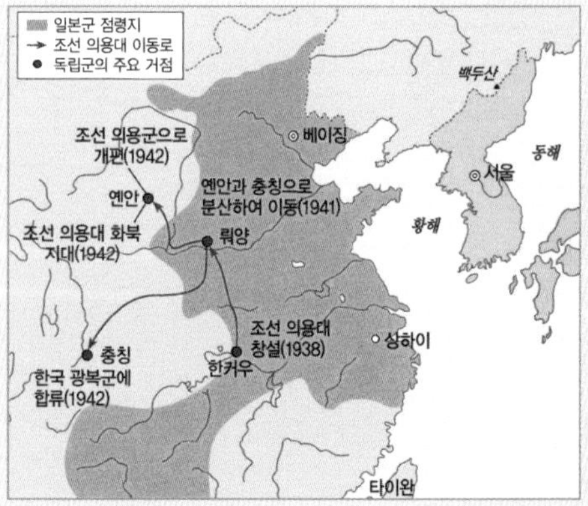

조선 의용대(1938)의 이동

I 연표로 정리하기(세로 정리)

•(갈색) 일제의 침략

1910 국권 피탈, 회사령(허가제) 발표
안악 사건, 13도 의군(연해주), 대한인 국민회(미국)

1911 105인 사건 ⇨ 신민회 해산
제1차 조선 교육령 발표, 삼림령
중광단(간도)·권업회(연해주)·경학사와 신흥 강습소(간도) 조직
중국, 신해혁명 발생

1912 조선 태형령·토지 조사령(기한부 신고제) 발표
독립 의군부 조직, 동제사(상하이) 조직
중국, 중화민국 성립, 선통제 퇴위, 쑨원이 임시 대총통에 취임

1913 한용운, 『조선불교유신론』
송죽회·대한 광복단(⇨ 1915년 대한 광복회로 개편), 흥사단(미국)

1914 대한 광복군 정부 수립(연해주), 대조선 국민군단(미국)
사라예보 사건으로 제1차 세계 대전 시작(~1918)
일본, 독일에 선전 포고하고 제1차 세계 대전에 연합군으로 참가

1915 대한 광복회 조직, 조선 국권 회복단 조직, 신한 혁명당(중국 상하이) 결성
일본, 위안스카이에게 21개조 강요

1916 박중빈, 원불교 창시
중국, 위안스카이 사망, 군벌 정치 시대 시작

1917 신한 혁명당, '대동단결 선언'(중국 상하이, 공화주의를 표방한 임시 정부 수립 제안) 발표
러시아 혁명, 미국이 독일에 선전 포고
이광수, 『무정』 발표

1918 신한 청년단 조직(중국 상하이)
대한(무오) 독립 선언(만주, 조소앙 작성, 무장 투쟁에 의한 최초의 독립 선언서 cf 1919)
윌슨의 평화 원칙 발표(cf 한계-전승국 식민지 제외), 러시아와 독일의 단독 강화
서당 규칙 발표

1919 고종 사망, 2·8 독립 선언(일본), 3·1 운동
대한민국 임시 정부 수립(중국 상하이)
강우규의 사이토 마코토 총독 폭탄 투척, 김원봉의 의열단 조직(만주)
파리 강화 회의, 베르사유 조약, 코민테른 결성
중국, 5·4 운동, 쑨원이 중화 혁명당을 국민당으로 개편

1920 「조선일보」·「동아일보」 창간, 종합 월간지 『개벽』 창간, 조선 물산 장려회 창립
봉오동·청산리 대첩, 간도 참변, 대한 독립 군단 조직
국제 연맹 성립
회사령 개정(폐지, 신고제)

1921 연초 전매령 발표
조선어 연구회 창립(⇨ 1931년에 조선어 학회로 개편)
김익상의 조선 총독부 폭탄 투척(의열단)
자유시 참변(러시아)
중국 공산당 창당

1922 민립 대학 기성회 조직, 어린이날 제정(5.1.), 물산 장려 운동
이광수의 「민족 개조론」(『개벽』 발표), 제2차 조선 교육령 발표

1923 김상옥의 종로 경찰서 투탄 의거(의열단)
관세령 철폐
조선 물산 장려회 창립 총회[평양(1920) ⇨ 서울(1923) 조직], 민립 대학 설립 총회, 조선 교육회 설립, 조선 형평사 창립(백정 이학찬, 진주)
암태도 소작 쟁의(고율 소작료 40% 낮춤), 토월회 창립, 경성 고무 공장 여성 노동자의 '아사 동맹'
상하이에서 국민 대표 회의 개최
신채호, '조선 혁명 선언' 발표 cf 의열단 선언문

1924 조선 노농 총동맹·조선 청년 총동맹 결성, 발명학회 창설
김지섭의 일본 국왕 왕궁 앞 이중교 폭탄 투척(의열단)
이광수, 「민족적 경륜」 발표
경성 제국 대학 설립

1925 만주에서 참의부(1923)·정의부(1924)·신민부(1925) 3부 조직
조선 공산당 창립, KAPF(조선 프롤레타리아 예술가 동맹) 결성
치안 유지법 발표, 조선사 편수회 설치, 미쓰야 협정 체결

1926 순종 사망, 6·10 만세 운동
정우회 선언, 조선어 연구회의 '가갸날' 제정
나석주의 동양 척식 회사 폭탄 투척(의열단)
나운규의 무성 영화 '아리랑' 발표 cf 조선 키네마 프로덕션
중국, 장제스가 국민당 실권을 장악하고 북벌 시작

1927 신간회·근우회 창립(민족 유일당)
조선어 연구회, 『한글』 잡지 간행
조선 농민 총동맹·조선 노동 총동맹 결성
중국, 제1차 국·공 합작 종결

1928 혁신 의회 조직
영흥 노동자 총파업

1929 원산 노동자 총파업, 단천 산림 조합령
광주 학생 항일 운동
국민부 조직(만주)
미국의 주가 대폭락으로 세계 경제 공황 발생

1930 청구 학회 조직(조선 총독부)
중국, 국민당의 공산당 토벌 시작
단천 농민 조합 사건

1931 평양 평원 고무 공장 여성 노동자 강주룡의 고공 투쟁
조선어 연구회가 조선어 학회로 개칭, 극예술 연구회 결성
「동아일보」의 브나로드 운동 시작(~1934)
신간회 해산
일본의 만주 침략, 중국 장제스의 공산당 토벌 중지

1932 이봉창의 일본 국왕 저격 시도, 윤봉길의 상하이 훙커우 공원 의거(한인 애국단)
한국 독립군의 쌍성보 전투(북만주), 조선 혁명군의 영릉가 전투(남만주)
한국 대일 전선 통일 동맹(중국 상하이, 좌우 합작 시도)
농촌 진흥 운동 시작(~1940)
일본의 만주국 수립, 중국 국민당의 공산당 토벌 재개

1933 조선어 학회의 한글 맞춤법 통일안 발표
한국 독립군의 동경성·사도하자·대전자령 전투(북만주), 조선 혁명군의 흥경성 전투(남만주)

1934 진단 학회 조직, 과학 지식 보급회 조직
조선 농지령 발표(지주의 고율 소작료 통제)
중국, 공산당 대장정 시작(~1935)

1935 민족 혁명당 조직(김규식·김원봉, 중국), 한국 국민당 조직(김구, 중국)

1936 손기정의 베를린 올림픽 마라톤 우승, 안익태의 '코리아 환상곡' 작곡, 동아일보의 일장기 말소 사건
조국 광복회 결성(만주)

1937 중·일 전쟁 시작, 중국-제2차 국·공 합작, 일본군의 난징 대학살
수양 동우회 사건(안창호 등 181명 지식인 검거)

1938 신사 참배를 거부한 숭실학교 폐교
지원병·제3차 조선 교육령·국가 총동원령 공포

1939 징용령 시행
전국 연합 진선 협회 결성(중국 국민당 주도, 좌우 합작)
제2차 세계 대전 시작(~1945)

1940 일본식 성명 강요, 「조선일보」·「동아일보」 폐간
충칭의 임시 정부, 한국 독립당 창당, 한국 광복군 창설
임시 정부, 주석 체제 전환(주석-김구)
일본, 독일·이탈리아와 3국 군사 동맹 결성

1941 임시 정부, 대한민국 건국 강령·대일 선전 포고 발표
재미 한족 연합회 결성-한인 국방 경위대(일명 맹호군) 조직
소학교 ⇨ 국민학교로 개칭

1942 화북 조선 독립 동맹 조직(김두봉, 연안), 조선 의용군 조직
조선어 학회 사건, 진단 학회 사건

1943 제4차 조선 교육령 발표, 징병제 시행
이탈리아의 항복, 카이로 회담(미·영·중, 1943. 11.)

1944 군 위안부 강제 동원 본격화, 미곡 강제 공출제 실시
여운형, 조선 건국 동맹 조직(국내)

1945 대한 애국 청년 단원 강윤국·조문기·유만수 등, 대의당 주최 아세아 민족 분격대회 장소인 부민관 폭파
얄타 회담(미·영·소, 1945. 2.), 독일 항복, 포츠담 회담(미·영·중+소, 1945. 7.)
미국의 원자 폭탄 투하, 일본-연합국에 무조건 항복
8·15 광복

애국지사·열사의 활동

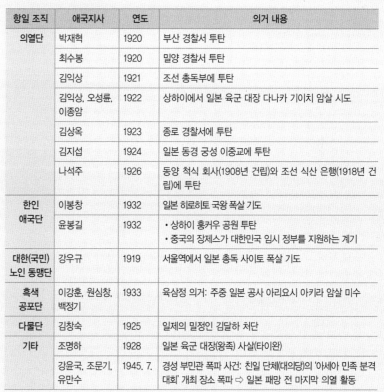

항일 조직	애국지사	연도	의거 내용
의열단	박재혁	1920	부산 경찰서 투탄
	최수봉	1920	밀양 경찰서 투탄
	김익상	1921	조선 총독부에 투탄
	김익상, 오성륜, 이종암	1922	상하이에서 일본 육군 대장 다나카 기이치 암살 시도
	김상옥	1923	종로 경찰서에 투탄
	김지섭	1924	일본 동경 궁성 이중교에 투탄
	나석주	1926	동양 척식 회사(1908년 건립)와 조선 식산 은행(1918년 건립)에 투탄
한인 애국단	이봉창	1932	일본 히로히토 국왕 폭살 기도
	윤봉길	1932	• 상하이 훙커우 공원 투탄 • 중국의 장제스가 대한민국 임시 정부를 지원하는 계기
대한(국민) 노인 동맹단	강우규	1919	서울역에서 일본 총독 사이토 폭살 기도
흑색 공포단	이강훈, 원심창, 백정기	1933	육삼정 의거: 주중 일본 공사 아리요시 아키라 암살 미수
다물단	김창숙	1925	일제의 밀정인 김달하 처단
기타	조명하	1928	일본 육군 대장(왕족) 사살(타이완)
	강윤국, 조문기, 유만수	1945. 7.	경성 부민관 폭파 사건: 친일 단체(대의당)의 '아세아 민족 분격대회' 개최 장소 폭파 ⇨ 일본 패망 전 마지막 의열 활동

의열단(1919)

- 1919년 만주 길림에서 김원봉·윤세주 등 조직
- 신채호의 조선 혁명 선언문(1923)
- 5파괴[조선 총독부, 동양 척식 주식회사, 매일신보사, 각지의 경찰서와 순사 주재소, 기타 왜적의 주요 기관], 7가살[조선 총독 이하 고관, 군부 수뇌, 타이완 총독, 매국노, 친일파 거두, 적탐(밀정), 반민족적 토호열신], 공약 10조 발표
- 1926년 중국 본토 이주, 중국 황포 군관 학교 입교 ⇨ 중국 국민당의 북벌에 참가
- 1928년 '일본 제국주의 타도', '조선 독립 만세', '전민족적 혁명적 통일 전선', '자치 운동 타도'의 4대 슬로건과 20대 강령 발표
- 조선 혁명 군사 간부 학교 조직(1932), 민족 혁명당 조직(1935), 조선 의용대 조직(1938)

현대 사회①

1945. 8. 15 해방

cf P.25 해방 공간의 주요 사건 총정리 도표 참고

주요 통일 정책

- 1970 • 8·15 선언
- 1972 • 7·4 남북 공동 선언
- 1973 • 6·23 선언
- 1985 • 남북 이산가족 고향 방문단 교환 방문
- 1988 • 7·7 선언
- 1989 • 한민족 공동체 통일 방안
- 1991 • 남북 UN 동시 가입 • 남북 기본 합의서
- 1992 • 한반도 비핵화 공동 선언
- 1994 • 민족 공동체 통일 방안
- 1998 • 금강산 관광 시작(해로)
- 2000 • 6·15 남북 공동 선언
- 2007 • 경의선 시험 운행 • 10·4 남북 공동 선언(남북 관계 발전과 평화 번영을 위한 선언)
- 2018 • 3차 남북 정상 회담

10대 대통령 최규하

미군정기 (1945~1948)

1945 ○ 미국의 원자 폭탄 투하, 일본-연합국에 무조건 항복
○ 8·15 광복
○ 여운형, 조선 건국 준비 위원회 결성, 건국 치안대 결성
cf 친일파 배제, 송진우, 김성수는 참여x
○ 소련의 평양 입성
○ 미국 맥아더, 북위 38도선을 경계로 미·소 양국의 한반도 분할 점령책 발표
○ 여운형, 조선 인민 공화국 수립 발표
cf 주석 이승만, 부주석 여운형
○ 미국 극동사령부, 남한 군정 선포
○ 모스크바 3국 외상 회의(5년간 신탁 통치 결정)
○ 신탁 통치 반대 운동 전개

1946 ○ 미군정, 신한 공사 설치(해체: 1948. 3.)
○ 1차 미·소 공동 위원회 개최(덕수궁 석조전), 결렬
○ 조선 정판사 위조지폐 사건(~1947)
○ 이승만의 정읍 발언(남한만 단독 정부 수립 주장), 한국 민주당 지지
○ 좌우 합작 운동(중도 좌파 여운형+중도 우파 안재홍·김규식), 좌우 합작 7원칙 발표(1946. 10.)
○ 미군정, 남조선 과도 입법 의원 개원(1946. 12. 의장-김규식)

1947 ○ 미군정, 한국인 기구를 남조선 과도 정부로 개칭(민정장관-안재홍)
○ 2차 미·소 공동 위원회 개최, 결렬
○ 여운형 피살
○ 미국, 유엔 총회에 한국 문제 상정
○ 유엔 총회, 한국 총선거안 가결, 한국 임시 위원단 설치
○ 김구, 남한 단독 정부 수립 반대 성명 발표

1948 ○ 유엔 임시 위원단 입국, 소련-입북 거부
○ 김구, '삼천만 동포에게 읍고함' 발표 ⇨ 남북 협상 제안
○ 유엔 소총회, 가능한 지역에서 총선거안 가결
○ 제주도 4·3 사건 발생
○ 김구·김규식, 남북 협상을 위해 입북(남북 제정당 연석회의 개최, 4. 19. ~ 4. 30.)
○ 5·10 총선거(선거권 21세 이상, 제헌 의원 선출, 임기 2년)
○ 국회, 헌법 공표, 초대 대통령 이승만, 부통령 이시영 선출
○ 대한민국 정부 수립(8. 15.)
○ 북한, 조선 민주주의 인민 공화국 수립(9. 9.)
○ 반민족 행위 특별 처벌법 공포(9. 22.)
○ 미군정, 행정권 완전 이양

이승만 정부 (1948~1960) 1대·2대·3대 대통령

1948 ○ 여수·순천 10·19 사건

1949 ○ 국회 프락치 사건, 반민 특위 습격 사건 ⇨ 해체
○ 귀속 재산 처리법 제정
○ 농지 개혁법 제정(1950, 부분 수정·실시): 유상 매수·유상 분배(3정보 한도)
○ 김구 암살

1950 ○ 2대 국회 의원 선거
○ 6·25 전쟁 발발
○ 유엔군, 인천 상륙 작전 개시(9. 15.)

1951 ○ 거창 양민 학살 사건
○ 국민 방위군 사건
○ 개성에서 휴전 회담 개최(7. 10.) ⇨ 판문점 재개
○ 자유당 조직

1952 ○ 평화선 선포(해안 60 마일까지 주권 선언)
○ 국제 구락부 사건
○ 발췌 개헌(1차 개헌, 대통령 직선제, 일명 부산 정치 파동)

1953 ○ 거제도 반공 포로 석방(6. 18.)
○ 휴전 조인(7. 27.)
○ 한·미 상호 방위 조약 체결(10. 1.)

1954 ○ 사사오입 개헌(2차 개헌, 중임 제한 철폐)
○ 정비석, 소설 『자유부인』 발간

1955 ○ 민주당 창당

1956 ○ 3대 대통령 선거

1957 ○ 『우리말 큰사전』 완간

1958 ○ 진보당 사건
cf 조봉암

1959 ○ 경향신문 폐간
○ 충주 비료 공장 설립

1960 ○ 2·28 대구 학생 의거
○ 3·15 부정 선거
cf 김주열
⇨ 4·19 혁명[이승만 대통령 하야, 허정 과도 정부 수립, 3차 개헌(내각 책임제)]

장면 내각 (1960~1961) 4대 윤보선 대통령

1960 ○ 7월 총선거 실시, 민주당 대승 ⇨ 국회에서 대통령 윤보선 당선, 장면 내각 성립

1961 ○ 중립화 통일 연맹
○ 남북 학생 회담 환영 및 통일 촉진 궐기 대회
○ 5·16 군사 정변 발생

5·16 군사 정권 (1961~1963)

1962 ○ 1차 경제 개발 5개년 계획 시작
○ 정치활동 정화법 제정
○ 윤보선 대통령 사임, 박정희 대통령 권한 대행
○ 2차 화폐 개혁
○ 헌법 개정안 국민 투표 실시, 대통령 중심제 채택(5차 개헌)
○ 김종필·오히라 메모

1963 ○ 민주 공화당 창당
○ 5대 대통령 선거, 민주 공화당 박정희 선출

박정희 정부 (1963~1972) 5대·6대·7대 대통령

1964 ○ 울산 정유 공장 설립
○ 6·3 시위
○ 베트남 파병(~1973)
○ 수출의 날 제정

1965 ○ 한·일 국교 정상화

1966 ○ 한국 과학 기술 연구소(KIST) 설립
○ 브라운 각서(베트남 추가 파병 – 기술 원조 및 차관 제공)
○ 한·미 행정 협정(SOFA)

1967 ○ 2차 경제 개발 계획
○ 동백림 사건
○ 혼분식 장려 운동(~1976)

1968 ○ 1·21 무장 공비의 청와대 기습 사건
○ 미국 푸에블로호 사건
○ 주민등록증 제도 도입
○ 국민 교육 헌장 발표
○ 향토 예비군 창설
○ 울진·삼척 무장 공비 침투 사건-한반도 긴장 고조
○ 경인 고속 도로 개통

1969 ○ 3선 개헌(6차 개헌, 대통령 3선 허용)

1970 ○ 새마을 운동
○ 와우아파트 붕괴 사건
○ 경부 고속 도로 개통
○ 전태일 분신

1971 ○ 7대 대통령 선거
○ 경기도 광주(성남) 대단지 사건
○ 실미도 사건
○ 학생 교련 반대 시위

1972 ○ 3차 경제 개발 계획
○ 마산 수출 자유 무역 지역 설정
○ 7·4 남북 공동 성명
○ 10월 유신 헌법[7차 개헌, 대통령 중심제(6년), 간선제(통일 주체 국민 회의 선출)]

> **cf 위수령**
> • 의미: 육군 부대가 한 지역에 계속 주둔하면서 그 지역의 경비, 군대의 질서 및 군기 감시와 시설물을 보호하기 위하여 제정된 대통령령
> • 발동 - 1965년 한·일 협정 체결 반대 시위
> - 1971년 학생 교련 반대 시위
> - 1979년 부·마 항쟁 시위

유신 정부 (1972~1979) 8대·9대 대통령

1972 ○ 북한, 사회주의 헌법 채택(1972. 12.)

1973 ○ 포항 제철 준공
○ 김대중 피랍 사건
○ 개헌 청원 100만 서명 운동 전개

1974 ○ 긴급 조치 1호
○ 민청학련 사건
○ 인혁당(재건위) 사건
○ 육영수 여사 피격
○ 서울 지하철 개통
○ 평화 통일 3대 원칙
○ 천주교 정의 사회 구현 사제단 결성
○ 동아일보의 언론 자유 실천 결의문 발표

1975 ○ 학도 호국단, 민방위단 결성
○ 베트남 전쟁 종식

1976 ○ 3·1 민주 구국 선언(명동 성당)
○ 판문점 도끼 만행 사건
○ 신안 앞바다 유물 발견

1977 ○ 4차 경제 개발 계획
○ 100억 달러 수출 달성

1978 ○ 고리 원자력 1호 발전기 준공
○ 박정희 9대 대통령 취임

1979 ○ 2차 석유 파동
○ YH 사건
○ 국회, 김영삼 의원 제명
○ 부·마 항쟁
○ 10·26 사태
○ 12·12 사태
○ 최규하 대통령 취임

1980 ○ 5·18 광주 민주화 운동
○ 김대중 사형 선고
○ 대학 교육 개혁안 발표(졸업 정원제)
○ 국가안전기획부 설치, 언론 통폐합
○ 대통령 단임제(7년) 발표(8차 개헌)

> **cf 학도 호국단**
> • 1949년 설치 ⇨ 1960년 폐지
> • 1975년 설치 ⇨ 대학교(1985)·고등학교(1986) 폐지

전두환 정부 (1981~1988) 11대·12대 대통령

1981 ○ 해외여행 자유화

1982 ○ 야간 통금 전면 해제

1983 ○ 공직자 윤리법 발표
○ KBS 이산가족 찾기 생방송
○ 소련 전투기의 KAL기 격추
○ 미얀마 아웅산 사건

1984 ○ 첫 남북 경제 회담

1985 ○ 신한 민주당 창당
○ 남북 이산가족 방문단 및 예술 공연단의 교환 방문

1986 ○ 부천 경찰서 성고문 사건
○ 국제 그룹 해체 사건
○ 북한 금강산 댐 건설(금강산댐 사건)

1987 ○ 박종철 고문치사 사건
○ 4·13 호헌 조치
○ 6월 민주 항쟁
cf 이한열
○ 6·29 선언(대통령 직선제), 9차 개헌
○ 대한항공 858편 폭발 사건

노태우 정부 (1988~1993) 13대 대통령

1988 ○ 7·7 선언
○ 서울 올림픽 개최
○ 5공 청문회

1989 ○ 헝가리 수교
○ 전교조 결성 ⇨ 불법 단체 규정
○ 한민족 공동체 통일 방안
○ 아시아 태평양 경제 협력체(APEC) 가입

1990 ○ 3당 합당
○ 소련 수교

1991 ○ 남북 탁구 단일팀, 일본에서 열린 제41회 세계 탁구 선수권 대회 출전
○ 남북한 UN 동시 가입
○ 남북 기본 합의서
cf 국제 노동 기구(ILO) 가입

1992 ○ 한반도 비핵화 공동 선언
○ 중국 수교
○ 우리별 1호 발사 성공

김영삼 정부 (1993~1998) 14대 대통령

1993 ○ 공직자 윤리법(공직자 재산 등록제) 개정
○ 금융 실명제 실시
○ 우루과이 라운드(UR) 협정 타결
○ 북한, 핵확산 금지 조약(NPT) 탈퇴 선언

1994 ○ 김일성 사망
○ 성수대교 붕괴

1995 ○ 한반도 에너지 개발 기구(KEDO) 발족
○ 지방 자치제 전면 실시(자치 단체장 선거)
○ 부동산 실명제 시행
○ 역사 바로 세우기: 구 조선 총독부 청사 철거, 경복궁 복원, 12·12 사태와 5·18 광주 민주화 운동 재평가 등

1996 ○ 경제 협력 개발 기구(OECD) 가입

1997 ○ 국제 통화 기금(IMF) 구제 사태 발생
○ 전두환·노태우 특별 사면

김대중 정부 (1998~2003) 15대 대통령

1998 ○ 금 모으기 운동
○ 금강산 관광 사업 시행[해로 ⇨ 육로(2003)]

1999 ○ 서해 교전
○ 전교조 합법화
○ 동티모르 파병

2000 ○ 6·15 남북 공동 선언
○ 1차 남북 이산가족 상봉 실시(서울과 평양에 각 100명씩 방문)
○ 미전향 장기수 63명, 북한 송환
○ 경의선 철도 복원 기공식
○ 남북한 선수단, 시드니 올림픽 개회식 공동 입장
○ 김대중 노벨 평화상 수상
○ 아시아·유럽 정상 회담(ASEM) 서울에서 개최
○ 서해대교 개통

2001 ○ 충북 청원군 소로리 출토 볍씨, 세계에서 가장 오래된 것으로 인정
○ 남북 이산가족 최초 서신 교환
○ 국제 통화 기금(IMF) 구제 탈퇴

2002 ○ 개성 공업 지구 제정
○ 이산가족 방문단 교환
○ 한·일 공동 월드컵 개최
○ 서해 교전

노무현 정부(16대) · 이명박 정부(17대) · 박근혜 정부(18대) · 문재인 정부(19대) · 윤석열 정부(20대)

2003 ○ 노무현 정부 수립
○ 대구 유니버시아드 대회 개최

2007 ○ 경의선 시범 운행 실시(5. 17.)
○ 10·4 남북 정상 회담
cf 2009년 서해 교전

2008 ○ 이명박 정부 수립

2013 ○ 박근혜 정부 수립

2017 ○ 문재인 정부 수립

2018 ○ 평창 동계 올림픽
○ 3차 남북 정상 회담

우리나라 헌법 개헌 과정

구분	내용	
제헌 헌법(1948)	• 대통령 중심제(4년)	• 대통령 간선제(국회 선출)
제1차(1952, 발췌 개헌)	• 대통령 직선제	• 국회 양원제 채택
제2차(1954, 사사오입 개헌)	초대 대통령에 대한 중임 제한 철폐	
제3차(1960)	내각 책임제, 국회 양원제(민 · 참의원), 대통령 간선제	
제4차(1960)	3 · 15 부정 선거 관련자와 반(反)민주 행위자 처벌을 위한 개헌 실시	
제5차(1962)	• 대통령 중심제(4년) · 직선제	• 국회 단원제 및 무소속 금지
제6차(1969)	대통령 3선 개헌	
제7차(1972, 유신 헌법)	• 대통령 중심제(6년, 종신 집권 가능) • 대통령에게 강력한 권한 부여: 긴급 조치, 국회 해산권 등	• 대통령 간선제(통일 주체 국민 회의 선출)
제8차(1980)	• 대통령 중심제(7년 단임)	• 대통령 간선제(선거인단 선출)
제9차(1987)	• 6월 민주 항쟁 계기 • 대통령 직선제	• 대통령 중심제(5년 단임)

현대 사회②

I 해방 공간의 주요 사건 총정리

1945	1948	1950	1953
광복	정부 수립	6·25 전쟁	휴전

<table>
<tr>
<td>[우리의 건국 준비 활동]
〈국외〉
① 대한민국 임시 정부
② 조선 독립 동맹: 조선 의용군

〈국내〉
③ 조선 건국 동맹(여운형): 민족 연합 전선

∴ 공통 강령: 민주 공화국 표방</td>
<td>건국 준비 위원회(여운형): 민족 연합 노력(박헌영·안재홍 등) ⇨ 조선 인민 공화국(1945. 9.)

미군정기(1945~1948)
┌ 1기(1945~1947): 직접 통치기
└ 2기(1947~1948): 남조선 과도 입법의원(⇨ 남조선 과도 정부, 의장 김규식, 민정장관 안재홍)

• 조선 공산당(박헌영)
• 한국 민주당(송진우·김성수): 군정 연결
• 독립 촉성 중앙 협의회: 이승만 회장 추대, 초기–각 정당 및 200여 개 단체 참여, 공동 투쟁·공동 노선 결의 ⇨ 친일파 문제 갈등 야기 ⇨ 박헌영(조선 공산당) 이탈
• 한국 독립당(김구): 남북한 통일 정부 수립 운동
• 남조선 신민당(백남운): 연합성 신민주주의
• 조선 국민당(안재홍·김규식): 신민주주의와 신민족주의
• 조선 인민당(여운형): 조선 인민 공화국에서 탈퇴한 여운형 등 중도 좌파 조직, 좌우 합작 운동 추진

1차 미·소 공동 위원회 결렬 직후
⇨ 이승만의 정읍 발언(1946. 6.)
⇨ 좌우 합작 운동(1946. 7.), 좌우 합작 7원칙(1946. 10.) cf 여운형 암살(1947)</td>
<td rowspan="2">① 1947. 11. UN 한국 임시 위원단 구성 – 남북 총선거를 통한 통일 정부 수립 결정 ⇨ 소련 반대 ⇨ 1948. 2. UN 소총회 최종 결정(남한만 총선)
② 1948. 4. 김구·김규식 등의 남북 협상
cf 남북 지도자 연석회의 개최 (1948. 4. 19.~4. 30.)
③ 1948. 4. 제주도 4·3 사건
④ 1948. 5. 5·10 총선
⑤ 1948. 8. 15. 대한민국 정부 수립
⑥ 1948. 9. 반민족 행위 처벌법 제정 ⇨ 반민족 행위 특별 조사 위원회 구성 cf 1949. 중단
⑦ 1948. 10. 여수·순천 10·19 사건
⑧ 1948. 12. UN 총회에서 대한민국 정부 승인
cf 김구 암살(1949)</td>
</tr>
<tr>
<td>[국제 회담]
• 1943. 11. 카이로 회담(미·영·중): 최초로 독립 확인
• 1945. 2. 얄타 회담(미·영·소): 소련의 대일전 참가 결정
• 1945. 7. 포츠담 회담(미·영·중+소련): 독립 재확인</td>
<td>[국제 회담]
• 1945. 12. 모스크바 3국 외상 회의: 최고 5년간 신탁 통치 결정 ⇔ 반탁 운동 전개: 처음에는 좌익 반탁, 이후 찬탁으로 변화
• 1946, 1947. 미·소 공동 위원회: 정부 수립 논의 ⇨ 미·소의 의견 대립으로 결렬(소련: 찬탁 단체들로만 정부 수립 주장)</td>
</tr>
<tr>
<td></td>
<td>[북한]
❶ 평남 건국 준비 위원회 결성(조만식) ⇨ 소련군 진주 ⇨ 평남 건국 준비 위원회 해체

소군정기(1945~1948): 간접 통치

❷ 1945. 10. 조선 공산당 북조선 분국 조직
❸ 1945. 11. 북조선 5도 행정국 설치
❹ 1946. 2. 북조선 임시 인민 위원회 구성(김일성)
├ 토지 개혁(1946. 3.)
└ 남녀평등법(1946. 7.)
중요 산업 국유화법(1946. 8.)
❺ 1946. 8. 북조선 노동당 창당</td>
<td>❻ 1948. 2. 조선 인민군 창설
❼ 1948. 6. 최고 인민 회의 대의원 선거 실시
❽ 1948. 9. 조선 민주주의 인민 공화국 수립
❾ 1949 조선 노동당 창설</td>
</tr>
</table>

6·25 전쟁 연대표

연도	주요 사항
1949. 6. 30.	주한 미군 철수
1950. 1. 10.	애치슨 미 국무 장관, 애치슨 라인 발표
6. 25.	6·25 전쟁 발발
6. 28.	북한군 서울 점령, 한강 인도교 폭파
7. 1.	유엔 지상군 부산으로 상륙
7. 16.	한국 작전 지휘권, 유엔군 총사령관(맥아더)에 위임
8. 13.	다부동 전투
9. 15.	유엔군 인천 상륙 작전 감행
9. 28.	서울 수복
10. 1.	국군, 38도선 돌파
10. 19.	국군, 평양 탈환
10. 25.	중국 인민 지원군, 한국 전쟁에 개입
12. 15.	흥남 철수 cf 장진호 전투
1951. 1. 4.	서울 다시 함락됨.
2. 11.	거창 양민 학살 사건
4. 12.	맥아더 장군 해임
6. 30.	유엔군 총사령관, 북한 측에 정전 회담 제의
7. 10.	휴전 회담 본회의 개성에서 시작
1952. 5. 7.	거제도 공산 포로 폭동 발생
6. 22.	유엔기, 수풍 발전소 폭격
1953. 6. 8.	포로 교환 협정 조인
6. 18.	정부, 반공 포로 2만 7천여 명 석방
7. 27.	판문점에서 휴전 협정 조인
10. 1.	한·미 상호 방위 조약 체결

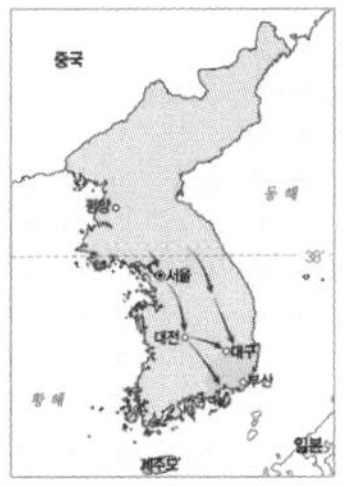

북한군 남침 (1950. 6.~9.)

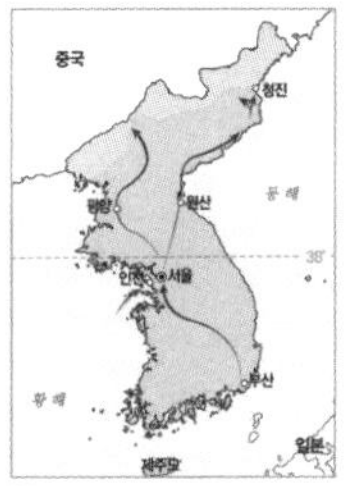

국군·유엔군 반격 (1950. 9.~10.)

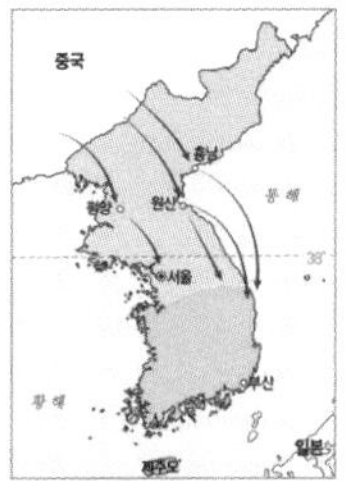

중국군 개입 (1950. 10.~1951. 1.)

전선 고착·휴전 (1951. 1.~1953. 7.)

휴전 쟁점

쟁점 \ 구분	유엔군	공산군
휴전 방식	선휴전 후협상	선협상 후휴전
군사 분계선	38선 북방의 어느 선	38선 기준
포로 송환	개별 자유 송환	전원 강제 송환

I 현대의 경제

<table>
<tr><th>시기</th><th>내용</th><th>비고</th></tr>
<tr>
<td>해방 직후</td>
<td>• 일제에 의한 비정상적 경제 발달, 국토의 분단과 경제 혼란
• 미군정의 미곡 자유화 정책: 쌀값 및 물가 폭등 ⇨ 미곡 수집령(1946. 1.) 발표 ⇨ 파업 발생(1946. 10.)</td>
<td>극심한 인플레이션, 원자재와 소비재의 부족, 실업률 증가</td>
</tr>
<tr>
<td>이승만 정부</td>
<td>1. 6·25 전쟁 이후 경제 복구–미국 원조 경제
• 군사 원조: 직접 군사 원조
• 경제 원조 ┌ 초기: 무상 원조–생활필수품, 소비재 원료(면방직, 설탕, 밀가루), 농산물 원조
└ 후기: 1958년 미국 경제 불황으로 원조 감소, 유상 차관으로 전환
2. 농지 개혁(1949년 법 제정, 1950년 부분 수정, 실시)
• 목적: 농민에게 토지 배분
• 내용: 3정보를 상한으로 하여 그 이상의 농지를 국가가 유상 매수하고, 농민에게 3정보 한도 내에서 유상 분배</td>
<td>1. 원조 경제의 문제점
• 공업 부분의 불균형: 생산재 산업 부진, 높은 수입 의존도
• 농업 분야의 미복구: 국내 농산물 가격 하락, 밀과 면화 생산 타격
2. 농지 개혁의 문제점
• 농지만 대상(산림·임야 등 비경지 제외)
• 반민족 행위자의 막대한 토지 소유권 인정
• 토지 자본의 산업 자본화 실패[6·25 전쟁으로 인한 격심한 인플레이션 아래에서 현금이 필요해진 지가(地價) 증권 소유자들이 그것을 헐값에 팔아 생계 비용을 충당함으로써 일부 대지주를 제외한 중소 지주층이 근대 산업 자본가로 전환하는 데 실패]</td>
</tr>
<tr>
<td>박정희 정부</td>
<td>[경제 개발 5개년 계획의 추진과 성공]
<table>
<tr><td>계획의 수립</td><td colspan="3">이승만 정부: 경제 개발 7개년 계획 수립(전반부 3년, 후반부 4년 중 전반부 3개년 계획안 완성)
⇨ 장면 내각: 5개년 계획 수정
⇨ 5·16 군사 정권 실시(1962)</td></tr>
<tr><td rowspan="5">과정</td><th>구분</th><th>주요 산업</th><th>비고</th></tr>
<tr><td>제1차 경제 개발 5개년 계획 (1962~1966)</td><td>• 전력, 석탄 등의 에너지원 확충
• 노동 집약적 경공업 육성
• 도로·항만·철도·통신·전력·수도 등의 사회 간접 자본과 기간산업 확충</td><td>• 베트남 파병
• 발전소 건설
• 고속 도로 건설</td></tr>
<tr><td>제2차 경제 개발 5개년 계획 (1967~1971)</td><td>• 식량 자급자족과 공업화 추진
• 사회 간접 자본과 기간산업 확충</td><td>• 산업 단지 건설
• 경부 고속 도로 개통(1970)</td></tr>
<tr><td>제3차 경제 개발 5개년 계획 (1972~1976)</td><td>경제 자립과 중화학 공장 건설</td><td>• 1973년 1차 석유 파동
• 근로자 해외 파견</td></tr>
<tr><td>제4차 경제 개발 5개년 계획 (1977~1981)</td><td>• 물자·자산 등을 낼 수 있는 경제 능력의 성장과 기술 혁신
• 방위 산업 육성</td><td>• 1977년 100억 달러 수출 달성
• 1977년 쌀의 자급자족(다수확 품종 개발)
• 1979년 2차 석유 파동</td></tr>
</table>
</td>
<td>1. 경제 개발 5개년 계획의 문제점
<table>
<tr><td>차관 경제</td><td>• 한·일 국교 정상화의 대가 차관: 총 8억 달러 규모의 유·무상 차관
• 베트남 파병 대가 차관: 2억 달러의 원조와 차관
• 차관의 성격 변화: 공공 차관 ⇨ 상업 차관</td></tr>
<tr><td>성과</td><td>고도의 경제 성장, 경제력의 해외 확대, 전국의 일일생활권, 식량 생산의 증대 등</td></tr>
<tr><td>문제점</td><td>• 정부 주도형: 재벌 형성 ⇨ 빈부 격차 극심
• 선성장 후분배: 저임금·저곡가 정책, 노동 운동 위축(1987년 이후 활성화)
• 수출 위주의 정책으로 무역 의존도가 높은 점
• 원자재와 기술의 외국 의존도가 높아 외화 가득률이 낮은 점
• 일본, 미국에 편중된 무역</td></tr>
</table>
2. 새마을 운동: 상대적으로 낙후된 농촌 사회의 소득을 올리고, 생활 환경을 개선하기 위하여 1970년부터 새마을 운동을 전개, 근면·자조·협동 정신을 바탕으로 한 이 운동은 이후 도시에도 확대되어 총체적인 국가 발전 전략으로 발전
cf 새마을 운동 기록물(2013년 유네스코 세계 기록 문화유산 등재)</td>
</tr>
<tr>
<td>전두환 정부</td>
<td>1. 경제 위기: 중화학 공업의 과잉 투자, 제2차 석유 파동, 정치 불안 등 ⇨ 마이너스 경제 성장, 국제 수지 악화, 물가 상승
2. 경제 안정화 정책: 구조조정 적극 개입 ⇨ 중화학 과잉 투자 조정, 부실기업 정리, 재정·금융의 긴축 정책 실시
3. 3저(저금리, 저유가, 저달러) 호황: 자동차·가전제품·기계·철강 등의 중화학 분야 주력 ⇨ 무역 흑자 기록
4. 자본·금융 시장 개방: 우루과이 라운드(UR, 다자간 무역 협상 개시를 위한 각료 선언, 1986) 협상 시작 ⇨ 우리나라는 공산품 수출이 확대된 대신 쌀과 서비스 시장 개방 ⇨ 농업 등 1차 산업에 큰 타격</td>
<td rowspan="3"></td>
</tr>
<tr>
<td>김영삼 정부</td>
<td>1. 세계 무역 기구(WTO) 설립: 1993년 우루과이 라운드 협상(1986~1993) 타결, 1995년 발효 ⇨ 상품·금융·건설·유통·서비스 등 모든 분야 개방
cf 1995년 외국 농산물 개방 시작, 쌀 시장 부분 개방(관세화 개방은 10년 유예 ⇨ 2005년 다시 10년 유예 연장)
2. 경제 협력 개발 기구(OECD) 가입(1996)
3. 국제 통화 기금(IMF) 금융 위기 초래(1997)</td>
</tr>
<tr>
<td>김대중 정부</td>
<td>국제 통화 기금(IMF) 금융 위기 극복 과정: 금 모으기 운동, 구조조정, 노사정 위원회 구성(1998), 신자유주의 경제 정책(기업·금융·공공·노동 4대 부분 개혁 추진) ⇨ 수출과 무역 흑자 증가, 벤처 기업의 창업
⇨ 2001년 IMF 관리 체제 극복</td>
</tr>
</table>

시기별 인구 정책 구호

• 1960년대: 덮어 놓고 낳다 보면 거지꼴을 못면한다.
• 1970년대: 딸아들 구별 말고 둘만 낳아 잘 기르자.
• 1980년대: 잘 키운 딸 하나 열 아들 부럽지 않다.
• 1990년대: 자녀에게 물려줄 최고의 유산은 형제입니다.

단편적 역사 지식
흐름으로 잡아라!!

『한국사 연결고리』 수험생 수강 후기 中

'한 페이지'에 다 있습니다!

한국사 연결고리의 가장 큰 장점은 '한 페이지' 안에 한 파트의 흐름과 내용이 담겨 있게 구성되었다는 점입니다.
선생님은 요약서에서도 흐름을 강조해서 제시해주시기 때문에 '가독성'을 늘 지켜 가시는 점이 정말 좋습니다. 공무원 한국사는 결국 전체의 내용을 '빠르게 여러 번' 반복하는 것이 핵심입니다. 그렇기 때문에 무엇보다도 가독성이 굉장히 중요하다고 생각합니다.
공부하는 학생들이 가독성 있게 한 페이지 안에 정리된 각각의 일목요연한 내용을 익힐 수 있는 최고의 교재입니다. (유*수)

선우쌤 강의 중 가장 사랑하는 강의는 연결고리입니다!

한국사 연결고리는 너무나 요약이 잘된 교재이기 때문에 처음 연결고리를 완벽하게 소화하는데 어려웠습니다. 하지만 연결고리는 기출 수업, 동형 수업, 심지어 간추린 수업까지 모든 수업에 같이 활용되기 때문에 결국 가장 편안하고 좋은 교재가 되었습니다.
저는 처음에 연결고리를 그대로 옮겨 적으면서 공부했고, 중간에는 눈으로 빨리 훑으며 공부했습니다. 눈으로만 보다보니 잘못 알고 있는 부분들이 생겨나서 다시 처음처럼 그대로 옮겨 적으면서 달달달 외웠습니다. 시험보기 직전에는 그대로 적는 것이 부담스럽지 않았고 잘 알고 있나 검토하는 수준까지 외웠습니다.
또 연결고리는 무엇보다 얇고 알차기 때문에 요약노트로도 활용했습니다. 공부하면서 내가 약한 부분들과 헷갈리는 부분들을 적어두고 시험에 들고 들어갔습니다.
저는 여러분이 연결고리만 잘 소화하셔도 합격하시는데 무리는 없을 거라고 생각합니다. (김*현)

한국사 과목에 있어 가장 좋은 책!

제가 선생님 수업을 처음 들은 것은 연결고리 수업이었습니다.
연결고리로 공부하고 수업을 들으며 느낀 점은 한국사 과목에 있어 가장 좋은 책이라는 생각이 들었습니다.
저도 그렇지만 학생들은 요약되어 있고 적은 분량으로 효율적인 책을 좋아합니다. (정*승)

테마별 흐름 잡기

(정치 제도, 군사 제도, 교육·관리 임용 제도, 사회 신분 제도, 토지 제도, 조세 제도, 경제 활동, 사학사, 예술사, 사상사)

정치 제도

구분	삼국			남북국			고려	조선
	고구려	백제	신라(상대) (박혁거세~진덕 여왕)	통일 신라 중대 (무열왕~혜공왕)	통일 신라 하대 (선덕왕~경순왕)	발해		
수상	대대로 cf 비상시 대막리지 (세습, 7세기 연개소문)	상좌평 (=내신좌평)	상대등 [화백 회의 장(長)]	시중(집사부의 장, 왕이 임명)	상대등	대내상(정당성의 장)	문하시중(중서문하성의 장)	영의정(의정부의 장)
관등	14관등 (~형, ~사자)	16관등(자색·비색·청색 복색, ~솔, ~덕) cf 6품 나솔 이상: 은화 관식	17관등(자색·비색·청색·황색 복색, ~찬, 골품 제도와 관련) cf 2원적 관등제 • 경위제(17관등, 왕경인 대상) • 외위제(11관등, 지방 촌주 대상) ⇨ 삼국 통일 과정 소멸				문무 18품(광종: 자색·단색·비색·녹색 복색) cf 현종: 향리의 공복 제정 cf 성종: 당의 문산계·무산계 도입, 향리 제도 정비	문무 18품(총 30단계) cf 당상관, 당하관 (참상관, 참하관)
중앙 관제	• 확실하지 않음(독자적 체제로 추정). • 평양 천도 이후 정비: 주부(재정), 내평(내무), 외평(외무)	6좌평(고이왕) ⇨ 22부(성왕)	• 병부(법흥왕) • 위화부, 조부, 예부(진평왕) • 좌이방부, 집사부(진덕 여왕) cf 법흥왕 때 병부 장관 3인 겸임 cf 진덕 여왕: 품주를 집사부(국가 기밀)와 창부(재정)로 분리	예작부, 공장부 등 14(13)개 관청 완비(신문왕)		3성 6부 정당성 – 좌사정 – 충부·인부·의부 / 우사정 – 지부·예부·신부 선조성 중대성	2성 6부 ▸ 원 간섭기: 1부 4사 중서문하성 cf 성종: 내사문하성 ⇨ 문종: 중서문하성 상서성 — 6부 – 이부·병부·호부·형부·예부·공부 중서문하성·상서성 → 첨의부 6부: 이부·예부 → 전리사, 호부 → 판도사, 병부 → 군부사, 형부 → 전법사, 공부 → 폐지	의정부(⇨ 후기: 비변사) 6조 – 이조·호조·예조·병조·형조·공조
합의제 기구	제가 회의	정사암 회의 (다수결)	화백 회의(만장일치)			정당성	도병마사 ▸ 원 간섭기 도평의사사 (재신+추밀) (재신+추밀+삼사)	의정부 ⇨ 비변사
감찰 기구			사정부(지방, 외사정)			중정대	어사대	사헌부
왕명 출납				집사부			중추원	승정원
왕권 견제 (서경 제도)							대간(중서문하성의 낭사, 어사대) – 서경 대상: 모든 관리	대간(사간원, 사헌부) – 서경 대상: 5품 이하 당하관
기타 관청							삼사(화폐·곡식 출납 담당), 식목도감(입법 기구)	의금부, 한성부, 포도청, 장례원
지방 제도 – 수도	5부	5부	6부	• 9주 — 군 — 현 — 촌 / 향·부곡 (도독) (태수) (현령) • 5소경(사신 파견) 금관경(김해) 서원경(청주) 남원경(남원) 북원경(원주) 중원경(충주, 최고)		• 15부 — 62주 — 현 — 촌 (도독) (자사) (현승) • 5경(수도 포함) 상경(용천부) 중경(현덕부) 동경(용원부) 서경(압록부) 남경(남해부)	경기 5도 – 8목·5도호부·경 – 주(지사)·주군(지사)·주현(현령) – 속군·속현 – 촌·향·소·부곡(특수 행정 집단) 양계 — 진(진장) 지방관 파견 → 향리 담당 cf 태조~경종: 지방 자치 허용 ⇨ 성종: 12목 → 10도 ⇨ 현종: 4도호부 8목 → 5도 양계, 경기	8도 — 부·목·군·현 — 면·리(통) (관찰사 종2품) (부윤 종2품)(목사 정3품)(군수 종4품)(현령·현감 종5품 종6품) (권농, 통주, 이정 – 5가작통법) → 수령 — 향리(6방) 유향소 통제, 향리 규찰 경재소 → 유향소(⇨ 향청) cf 2차 갑오개혁: 23부 ⇨ 대한 제국: 13도
지방 제도 – 지방	5부(욕살) – 성(처려근지) – 촌	5방(방령) – 군(군장) – 촌	5주(군주) – 군(태수) – 현(현령) – 촌					
지방 제도 – 특수	3경 (국내성·한성·평양성)	22담로(왕족 파견)	2소경(사신 파견) [국원소경(충주), 북소경(강릉)] 통일 신라 때 폐지 cf 지증왕: 아시촌소경 일시 설치(경남 함안)					
향리							• 속군·속현 다수 존재: 실제 행정 업무 담당, 외역전 지급 • 과거 응시 가능	• 모든 군현에 수령 파견 • 수령 밑에 예속(6방), 무보수 • 과거 응시 가능(현실: 주로 잡과 응시)
지방 세력 견제		22담로	2소경(사신)	5소경(사신), 외사정, 상수리 제도			기인 제도, 사심관 제도	경저리(경주인) 제도

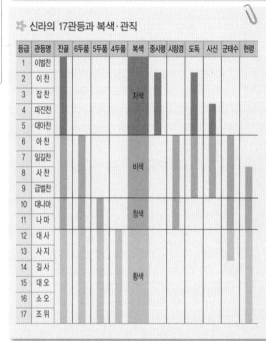

[개화기 관제 개편]

의정부 – 6조
통리기무아문(1880~1882) – 12사(개화 업무 관장)

[갑오개혁 때 중앙 행정 조직표]

국왕 – 궁내부, 의정부

1차 (8아문)	2차 (7부)
내무아문	내부
외무아문	외부
탁지아문	탁지부
군무아문	군부
법무아문	법부
학무아문	학부
공무아문	농상공부
농상아문	농상공부

cf 2차 갑오개혁: 궁내부에 내장원 설치
cf 대한 제국: 양지아문(1898), 지계아문(1901) 설치

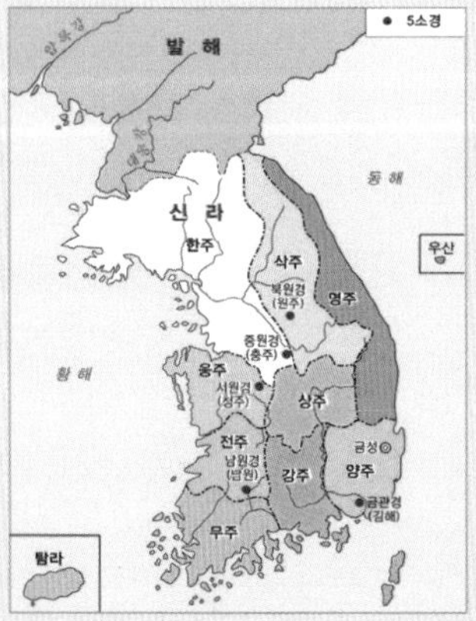

◤ 신라의 9주 5소경

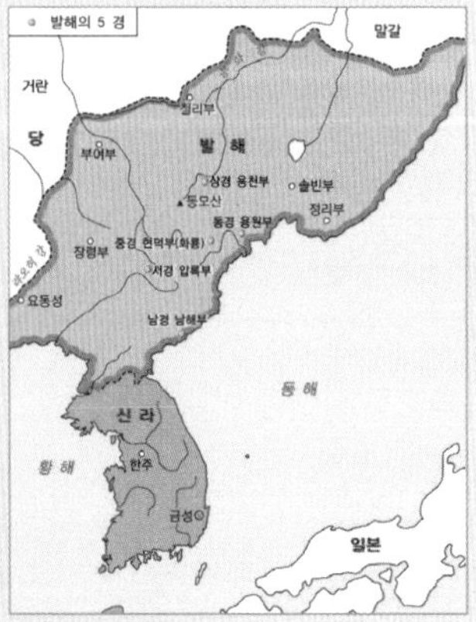

◤ 발해의 5경

◤ 고려의 5도 양계

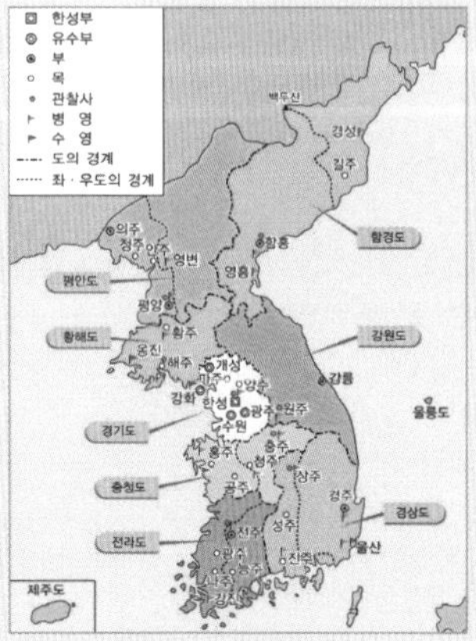

◤ 조선의 8도

6전 조직 비교

cf 주-6전 제도, 당-3성 6부 제도

백제	통일 신라	발해	고려	조선	업무
내신좌평	위화부	충부	이부	이조	문관 인사·왕실 사무·훈봉·고과 등
내두좌평	조부·창부	인부	호부	호조	호구·조세·어염·광산·조운 등
내법좌평	예부	의부	예부	예조	제사·의식·학교·과거·외교 등
위사·병관좌평	병부	지부	병부	병조	무관 인사·국방·우역·봉수 등
조정좌평	좌·우 이방부	예부	형부	형조	법률·소송·노비 등
	예작부·공장부	신부	공부	공조	토목·산림·영선·도량형·파발 등

신라의 17관등과 복색·관직

등급	관등명	진골	6두품	5두품	4두품	복색	중시령	시랑경	도독	사신	군태수	현령
1	이벌찬					자색						
2	이찬											
3	잡찬											
4	파진찬											
5	대아찬											
6	아찬					비색						
7	일길찬											
8	사찬											
9	급벌찬											
10	대나마					청색						
11	나마											
12	대사					황색						
13	사지											
14	길사											
15	대오											
16	소오											
17	조위											

조선 시대의 중앙 관제

경직
- 의정부 – 영의정(정1품), 좌의정(정1품), 우의정(정1품) – 6조(판서, 정2품)
  - **이조:** 문관의 인사 및 행정(인사혁신처)
  - **호조:** 호구, 조세, 공부(기획재정부)
  - **예조:** 교육, 문과 과거, 외교(교육부, 외교부)
  - **병조:** 국방, 무관의 인사 및 무과 과거(국방부)
  - **형조:** 법률 소송과 노비 문서 관장(법무부)
  - **공조:** 토목, 건축, 파발(국토교통부)
- **승정원(도승지, 정3품):** 국왕의 비서 기관(고려의 중추원)
  - **도승지** – 승지(비서관), 주서(행정관)
  - **『은대』 조례:** 업무 규정집
- **의금부(판사, 종1품):** 왕명에 의한 특별 재판소, 사법 기관(고려의 순마소)
- **사헌부(대사헌, 종2품):** 풍기 단속, 백관 규찰 등의 감찰 기관(탄핵 기관), 서경권(고려의 어사대)
- **사간원(대사간, 정3품):** 간쟁과 서경 담당(감사 기구, 고려 중서문하성의 낭사)
- **홍문관(대제학, 정2품):** 문필 기관, 왕의 고문 역할(학술 기관)
- **춘추관(지사, 정2품):** 역사 편찬
- **포도청(대장, 종2품):** 치안과 상민의 치죄
- **한성부(판윤, 정2품):** 수도의 행정·사법권 관장

군사 제도(cf p.11~13 대외 관계 참고)

- 삼국: •국왕: 군사 지휘권 •지방 조직과 군사 조직 연결 •국민 개병제(부병제)
- 고려: •무신 최고 합의 기구: 중방 •최씨 무신 최고 기구: 교정도감
- 조선 전기: •원칙: 양인 개병제, 병농 일치의 부병제 •대상: 16세 이상 60세 이하의 양인 남자 •면제 대상: 현직 관리, 학생

구분	삼국			남북국		고려	조선		개화기	을미개혁	대한 제국
	고구려	백제	신라	통일 신라	발해		전기	후기			
중앙	• 성 단위 편제 • 군관 제도: 비상시 대모달·말객 등 군관 파견 • 왕당(王幢): 국왕 직속 부대 증거 광개토 대왕비	각 부: 500명 배치	• 대당(大幢)·서당(모병) • 수도 방위: 시위부, 사자대	9서당(신문왕, 모병 ⇨ 옷깃 구별, 민족 융합)	10위	• 2군(목종, 친위대-응양군, 용호군) • 6위[성종, 좌우위·신호위·흥위위(개경 수비), 금오위(경찰), 천우위(의장), 감문위(궁성 수비)] cf 중앙군(군반씨족): 군인전 지급	5위 ─ 고급 특수병 / 갑사(직업 군인) / 정병(의무 군역자) ─ 품계 + 녹봉 cf 중앙군: 품계+녹봉 지급(군인전 X) cf 유향품관(한량): 군전 지급	5군영(훈련도감, 어영청, 총융청, 수어청, 금위영)	• 구식 군대: 5군영 ⇨ 2영으로 축소(무위영, 장어영) • 신식 군대: 별기군 설치(1881, 양반 자제 100명, 일본 교관 훈련)	친위대	친위대·시위대(황제 호위) cf 원수부(1899) 설치: 황제가 군대 직접 관할 cf 통감부 시기: 군대 해산(1907)
지방	경당: 사학(교육+군사, 5C 장수왕)	지방관이 군대 지휘	6정(군주 지휘) cf 3년 복무(『삼국사기』 설씨녀 열전)	10정(한주-2정 설치)		• 주현군(5도) ─ 보승군, 정용군 ─ 치안 방위 / 일품군 ─ 노역 부대, 향리 지휘 • 주진군(양계) ─ 초군, 좌군, 우군 ─ 상비군	영진군: 정병 cf 지방군: 품계만 지급	속오군(양반, 농민, 노비 ⇨ 현실: 양반은 기피): 평상시 본업 종사, 유사시 향토 방위	속오군	진위대	진위대 증강
특수				사자대, 시위부		• 광군(거란, 정종) • 별무반(여진, 신기군·신보군·항마군, 숙종) • 삼별초[몽골, 야별초 ⇨ 좌·우별초, 신의군(몽골 포로)] (최우의 사병 but 공적 역할) • 연호군(왜구, 우왕)	잡색군(일종의 예비군, 전직 관리, 서리, 노비): 평상시 본업 종사, 유사시 향토 방위	X			
방어 체제							• 15C: 진관 체제(지역 단위 방위 체제) • 16C: 제승방략 체제(유사시 각 지방의 군사들이 미리 정해진 지역으로 집결 ⇨ 중앙에서 파견된 장수가 지휘)	임진왜란 계기: 진관 체제 복구+속오군 체제			

조선 군사 제도의 변화

구분	전기	후기
군역의 원칙	양인개병, 병농 일치의 부병제	모병제·용병제·상비군화

군역 제도의 변천

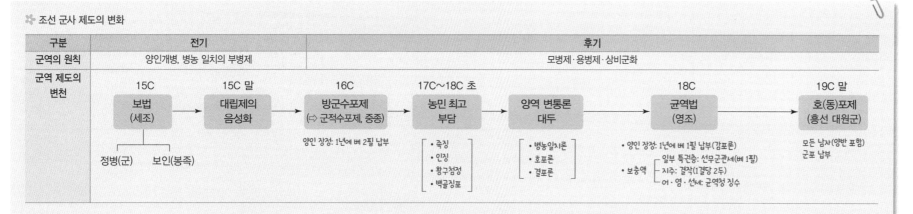

15C 보법(세조) → 15C 말 대립제의 음성화 → 16C 방군수포제(⇨ 군적수포제, 중종) → 17C~18C 初 농민 최고 부담 → 양역 변통론 대두 → 18C 균역법(영조) → 19C 말 호(동)포제(흥선 대원군)

- 보법(세조): 정병(군), 보인(봉족)
- 방군수포제: 양인 장정: 1년에 베 2필 납부
- 농민 최고 부담: • 족징 • 인징 • 황구첨정 • 백골징포
- 양역 변통론 대두: • 병농일치론 • 호포론 • 결포론
- 균역법:
  - • 양인 장정: 1년에 베 1필 납부(감포론)
  - • 보충액 ─ 일부 특권층: 선무군관세(베 1필) / 지주: 결작(1결당 2두) / 어·염·선세: 균역청 징수
- 호(동)포제: 모든 남자(양반 포함) 군포 납부

M/E/M/O

조선의 교통과 통신

역(驛)	출장 관리의 숙박 및 관물의 운송 편의를 위해 주요 도로 30리마다 설치 – 병조 담당, 역전(驛田) 지급, 찰방·역승 감독 (→ 지방관x)
원(院)	교통의 요충지에 둔 국립 여관
조운제	강, 바다에서 선박 이용, 주로 세금 징수 때 사용 cf p.33 조선의 조운 제도 참고
봉수제	군사적인 위급 사태 대처(낮-연기, 밤-불빛)
파발제	선조 때 설치된 변방의 소식을 중앙에 직접 전달하는 통신 방법

cf 봉수제
평상시에는 횃불 1개, 적이 나타나면 2개, 국경에 접근하면 3개, 국경을 넘어오면 4개, 접전을 하면 5개를 올림.

cf 기발제
1583년(선조 16)부터 사람이 뛰어서 전달하는 보발(步撥) 시행, 1592년 말을 타고 전달하는 기발(騎撥)이 경상도에 설치됨. 보발은 30리마다 1참(站)을, 기발은 25리마다 1참(站)을 둠. 한편 일의 완급에 따라 방울을 달았는데, 방울 셋을 달면 3급(級: 초비상), 둘은 2급, 하나는 1급을 표시(담당 부서-공조)

조선 후기 5군영

구분	설치 시기	임무	특징	편제	경제 기반
훈련도감	임진왜란 중(선조, 1593)	수도 방어	• 중앙군의 핵심 군영 • 유성룡의 건의로 설치 • 장번 급료병(직업 군인, 용병제)	삼수병[포수(총), 사수(활), 살수(창)]	• 삼수미세(1결당 2.2두) • 보(군포)
어영청	인조반정 이후(인조, 1623)	수도 방어	북벌의 본영(효종 때)	지방군의 번상(기·보병)	보(군포)
총융청	이괄의 난 이후(인조, 1624)	경기 일대 방어	북한산성에 설치	경기 속오군	경비 자담
수어청	정묘호란 이후(인조, 1626)	남한산성과 주변 방어	남한산성에 설치	경기 속오군	경비 자담
금위영	숙종(1682)	수도 방어	5군영 체제 완성	지방군의 번상(기·보병)	보(군포)

교육·관리 임용 제도

구분	삼국: 고구려	삼국: 백제	삼국: 신라	남북국: 통일 신라	남북국: 발해	고려	조선
교육 제도 - 중앙	태학(소수림왕)	박사 제도(5경 박사, 의박사, 역박사)	화랑도 제도 (진흥왕) cf 임신서기석: 화랑도들이 유교 경전을 공부했음을 확인	• 신문왕: 국학 설립 – 박사·조교가 교육, 9년간 3분과로 구분, 『논어』·『효경』(필수 과목)+5경, 문선 등(선택 과목) – 15~30세 대사(12관등) 이하 귀족의 자제만 입학 • 성덕왕: 국학 內 문묘 설치(공자와 제자들 화상 배치) • 경덕왕: 국학 ⇨ 태학감으로 개칭	주자감	• 성종: 국자감 • 충렬왕: 성균관 • 공민왕: 국자감 ⇨ 성균관[공민왕 11년(1362) 개칭 ⇨ 16년(1367) 중영]	성균관
교육 제도 - 지방 - 관학						• 초기: 지방 관리 자제 ⇨ 개경에서 교육 • 성종: 12목에 경학박사·의학박사 파견 • 향교 설치: 지방 관리와 서민 자제 교육	향교
교육 제도 - 지방 - 사립	경당(장수왕, 학문·무술)					중기: 9재 학당(최충, 개경) ⇨ 사학 12도(개경) 융성, 관학 위축 ⇨ 관학 진흥책 실시	서당, 서원[최초: 주세붕의 백운동 서원(중종) ⇨ 명종 때 소수 서원으로 사액]
관리 임용 제도			골품 제도와 관련	독서삼품과[독서출신과, 원성왕(788)] – 국학 안에 설치, 최초의 관리 임용 제도 – 진골 귀족의 반대로 점차 쇠퇴 – 학문 보급에 기여		• 과거제(광종, 쌍기의 건의) ┌ 문과 ┌ 제술과(한문학 ⇨ 우대) │ └ 명경과(유교 경전) ├ 무과 ⇨ 미실시 ├ 잡과 └ 승과(선종시, 교종시) • 음서(5품 이상), 천거 등	• 과거제 ┌ 문과[소과(생진과) ⇨ 대과] ├ 무과 ├ 잡과(역과, 율과, 의과, 음양과) └ 승과(폐지) • 문음(2품 이상), 취재, 천거 등

cf 고려 관학 진흥책
- 숙종: 국자감 내 서적포 설치
- 예종: 국학 내 7재 설치, 양현고(장학 재단) 설치, 청연각·보문각(도서관 겸 학문 연구소) 설치
- 인종: 경사 6학 정비
- 충렬왕: 섬학전(장학 재단) 설치, 성균관 개칭, 문묘 새로 건립, 경사교수도감 설치
- 공민왕: 성균관 부흥, 과거제 정비

cf 서원
선조 때에는 사액 서원만 100개가 넘었으며, 18C에는 서원이 700여 개소, 고종 때는 1,000여 개소나 되었는데, 그중 사액 서원이 약 1/3을 차지
⇨ 영조와 흥선 대원군 때 정리

cf 고려 성종의 문신월과법
중앙 문신에게 매달 시 3편과 부 1편, 지방 관리에게 1년에 한 번씩 글을 짓게 함.
⇨ 관리의 질적 향상 도모

고려의 기술 교육 담당 관청

태의감(의학), 통문관(외국어), 사천대(천문, 역법, 지리 ⇨ 충렬왕 때 서운관으로 개칭), 태사국(음양, 도참)

조선의 기술 교육 담당 관청

해당 관청	내용
전의감·혜민서	의학
사역원	외국어
관상감	천문, 지리학
형조	율학(법률)
호조	산학(수학)
도화서	그림
소격서	도학(도교)
장악원	악학(음악)

cf 고구려의 태학과 경당

태학	경당
소수림왕 때 설치(4세기)	장수왕 때 평양 천도 후 설치(5세기)
중앙의 관학	지방의 사학
귀족 자제 교육	평민 자제 교육
경전·문예 교육	경전·무술 교육
최초의 국립 대학	화랑도와 유사

cf 통일 신라 시대 국학의 교과 내용

구분	전공 과목	필수 과목	교수
1과(철학)	『예기』, 『주역』	『논어』, 『효경』	박사, 조교
2과(역사)	『좌전』, 『모시』		
3과(문학)	『상서』, 『문선』		

cf 통일 신라 시대 독서삼품과

구분	응시 과목
상품	『좌전』·『문선』·『예기』에 능하고, 『논어』·『효경』을 이해하는 자
중품	『곡례』·『논어』·『효경』을 읽은 자
하품	『곡례』·『효경』을 읽은 자
특품	5경, 삼사[三史: 『사기(史記)』·『한서(漢書)』·『후한서(後漢書)』], 『제자백가서』에 능통한 자로 특품 합격자는 서열에 관계없이 등용

cf 고려의 국자감

교육 내용	3학(유학과): 국자학(3품 이상), 태 학(5품 이상), 사문학(7품 이상) 잡학: 율학(법률), 산학(회계), 서학(문서) (8품 이하~서민까지)
특징	• 신분별 입학 ⇨ 교과 내용 차이 • 잡학 교육(율학, 산학, 서학) 실시

고려와 조선의 과거 제도 비교

구분	고려	조선
문과	○	○
무과	×	○
잡과	○	○
승과	○	× cf 명종 때 일시 실시
시험 시기	식년시(3년마다)	
부정기 시험	격년시	증광시, 별시, 정시, 알성시, 백일장
과거 응시 대상	양인 이상 가능(⇨ 실제로 농민은 어려웠음.)	
문과 응시 제한	천민, 승려의 자손 등	천민, 승려, 재가한 여자의 자손, 서얼 등
시험관(지공거)	시험관과 합격자: 좌주와 문생의 관계 성립 ⇨ 문벌을 강화하는 결과	아무 관계 아님.
특별 채용 제도	음서(5품 이상 고관의 자제 등) ⇨ 요직 진출 가능	문음(음서, 2품 이상) ⇨ 요직 진출 불가능

cf 『국조방목(國朝榜目)』
조선 시대의 문과 급제자를 수록한 명부. 이 기록에 의하면 영조 이후 문과 합격자 가운데 한양 출신이 가장 많았고 그 다음이 바로 평안도 출신이나, 서북인으로서 당상관에 오른 사람은 한 사람도 없었다.

cf 조선의 부정기 시험
- 증광시: 즉위 축하·태자 탄생·궁궐 낙성 등 특별한 경사가 있을 때 보는 시험
- 별시·정시: 국가적인 보통 경사가 있을 때 보는 시험
- 알성시: 왕이 성균관의 문묘에 배알할 때 그곳에서 보는 특별 시험
- 백일장: 시골 유생의 학업 권장을 위한 임시 시험

조선의 유학 교육과 과거 제도

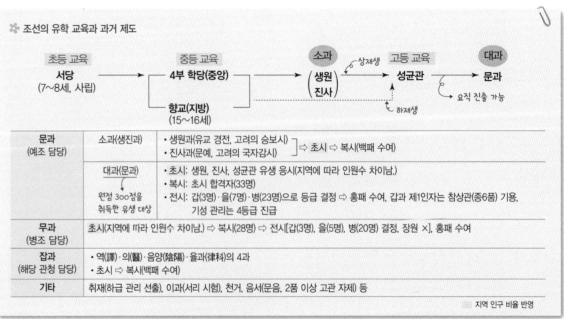

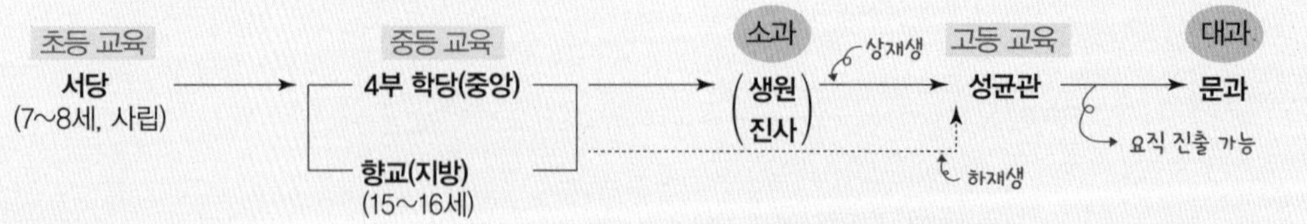

구분		내용
문과 (예조 담당)	소과(생진과)	• 생원과(유교 경전, 고려의 승보시) • 진사과(문예, 고려의 국자감시) ⇨ 초시 ⇨ 복시(백패 수여)
	대과(문과) ↓ 원점 300점을 취득한 유생 대상	• 초시: 생원, 진사, 성균관 유생 응시(지역에 따라 인원수 차이남.) • 복시: 초시 합격자(33명) • 전시: 갑(3명)·을(7명)·병(23명)으로 등급 결정 ⇨ 홍패 수여, 갑과 제1인자는 참상관(종6품) 기용, 기성 관리는 4등급 진급
무과 (병조 담당)	초시(지역에 따라 인원수 차이남.) ⇨ 복시(28명) ⇨ 전시[갑(3명), 을(5명), 병(20명) 결정, 장원 ×], 홍패 수여	
잡과 (해당 관청 담당)	• 역(譯)·의(醫)·음양(陰陽)·율과(律科)의 4과 • 초시 ⇨ 복시(백패 수여)	
기타	취재(하급 관리 선출), 이과(서리 시험), 천거, 음서(문음, 2품 이상 고관 자제) 등	

지역 인구 비율 반영

사회 신분 제도

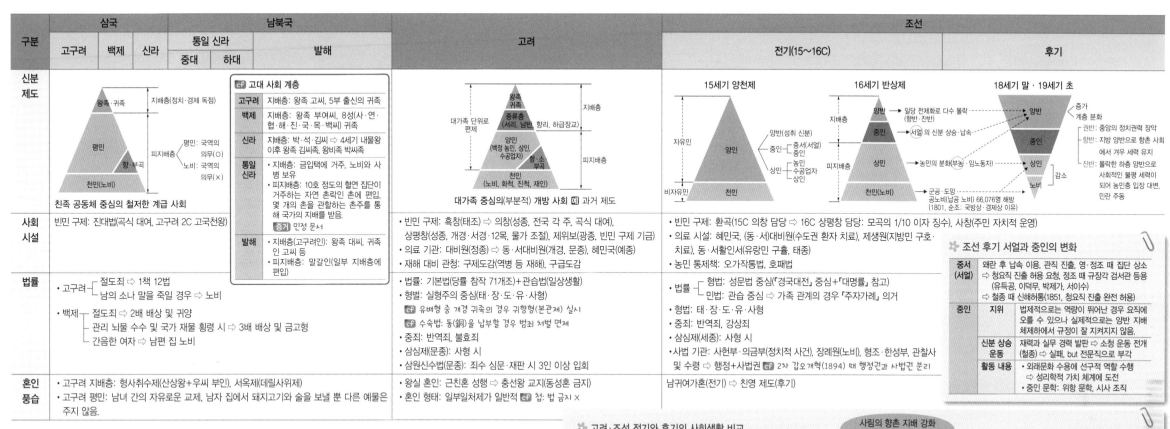

구분	삼국			남북국			고려	조선	
	고구려	백제	신라	통일 신라		발해		전기(15~16C)	후기
				중대	하대				
신분 제도	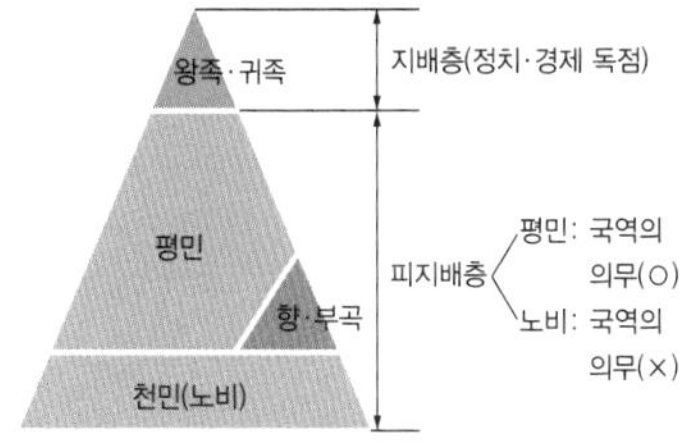 친족 공동체 중심의 철저한 계급 사회						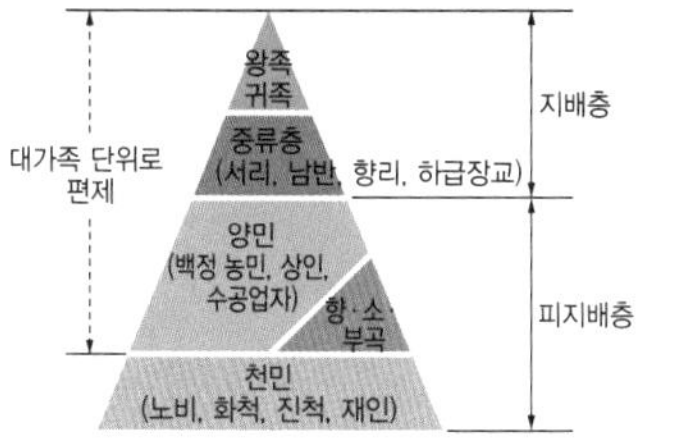 대가족 중심의(부분적) 개방 사회 예 과거 제도	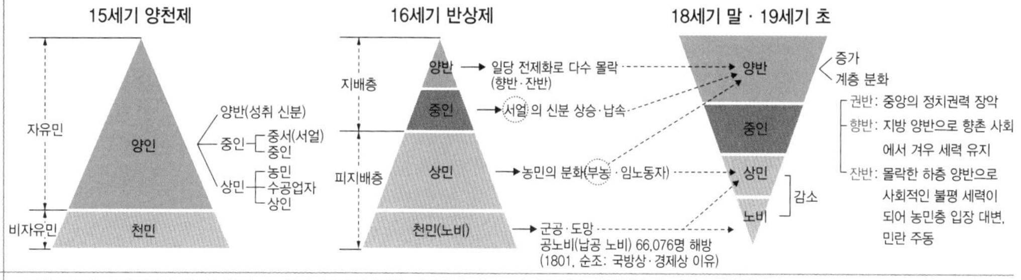	
사회 시설	빈민 구제: 진대법(곡식 대여, 고구려 2C 고국천왕)						• 빈민 구제: 흑창(태조) ⇨ 의창(성종, 전국 각 주, 곡식 대여), 상평창(성종, 개경·서경·12목, 물가 조절), 제위보(광종, 빈민 구제 기금) • 의료 기관: 대비원(정종) ⇨ 동·서대비원(개경, 문종), 혜민국(예종) • 재해 대비 관청: 구제도감(역병 등 재해), 구급도감	• 빈민 구제: 환곡(15C 의창 담당 ⇨ 16C 상평창 담당: 모곡의 1/10 이자 징수), 사창(주민 자치적 운영) • 의료 시설: 혜민국, (동·서)대비원(수도권 환자 치료), 제생원(지방민 구호·치료), 동·서활인서(유랑민 구휼, 태종) • 농민 통제책: 오가작통법, 호패법	
법률	• 고구려 ┬ 절도죄 ⇨ 1책 12법 └ 남의 소나 말을 죽일 경우 ⇨ 노비 • 백제 ┬ 절도죄 ⇨ 2배 배상 및 귀양 ├ 관리 뇌물 수수 및 국가 재물 횡령 시 ⇨ 3배 배상 및 금고형 └ 간음한 여자 ⇨ 남편 집 노비						• 법률: 기본법(당률 참작 71개조)+관습법(일상생활) • 형벌: 실형주의 중심(태·장·도·유·사형) cf 유배형 중 개경 귀족의 경우 귀향형(본관제) 실시 cf 수속법: 동(銅)을 납부할 경우 범죄 처벌 면제 • 중죄: 반역죄, 불효죄 • 삼심제(문종): 사형 시 • 삼원신수법(문종): 죄수 심문·재판 시 3인 이상 입회	• 법률 ┬ 형법: 성문법 중심(『경국대전』 중심+『대명률』 참고) └ 민법: 관습 중심 ⇨ 가족 관계의 경우 『주자가례』 의거 • 형법: 태·장·도·유·사형 • 중죄: 반역죄, 강상죄 • 삼심제(세종): 사형 시 • 사법 기관: 사헌부·의금부(정치적 사건), 장례원(노비), 형조·한성부, 관찰사 및 수령 ⇨ 행정+사법권 cf 2차 갑오개혁(1894) 때 행정권과 사법권 분리	
혼인 풍습	• 고구려 지배층: 형사취수제(산상왕+우씨 부인), 서옥제(데릴사위제) • 고구려 평민: 남녀 간의 자유로운 교제, 남자 집에서 돼지고기와 술을 보낼 뿐 다른 예물은 주지 않음.						• 왕실 혼인: 근친혼 성행 ⇨ 충선왕 교지(동성혼 금지) • 혼인 형태: 일부일처제가 일반적 cf 첩: 법 금지 ×	남귀여가혼(전기) ⇨ 친영 제도(후기)	

cf 고대 사회 계층

고구려	지배층: 왕족 고씨, 5부 출신의 귀족
백제	지배층: 왕족 부여씨, 8성(사·연·협·해·진·국·목·백씨) 귀족
신라	지배층: 박·석·김씨 ⇨ 4세기 내물왕 이후 왕족 김씨족, 왕비족 박씨족
통일 신라	• 지배층: 금입택에 거주, 노비와 사병 보유 • 피지배층: 10호 정도의 혈연 집단이 거주하는 자연 촌락인 촌에 편입, 몇 개의 촌을 관할하는 촌주를 통해 국가의 지배를 받음. 증거 민정 문서
발해	• 지배층(고구려인): 왕족 대씨, 귀족인 고씨 등 • 피지배층: 말갈인(일부 지배층에 편입)

조선 후기 서얼과 중인의 변화

중서(서얼)	왜란 후 납속 이용, 관직 진출, 영·정조 때 집단 상소 ⇨ 청요직 진출 허용 요청, 정조 때 규장각 검서관 등용(유득공, 이덕무, 박제가, 서이수) ⇨ 철종 때 신해허통(1851, 청요직 진출 완전 허용)	
중인	지위	법제적으로는 역량이 뛰어난 경우 요직에 오를 수 있으나 실제적으로는 양반 지배 체제하에서 규정이 잘 지켜지지 않음.
	신분 상승 운동	재력과 실무 경력 발판 ⇨ 소청 운동 전개(철종) ⇨ 실패, but 전문직으로 부각
	활동 내용	• 외래문화 수용에 선구적 역할 수행 ⇨ 성리학적 가치 체계에 도전 • 중인 문학: 위항 문학, 시사 조직

고려·조선 전기와 후기의 사회생활 비교

사림의 향촌 지배 강화
⇨ 『주자가례』와 향약 보급 계기

구분	고려~조선 전기	조선 후기
생활윤리	전통적 생활윤리(불교·민간 신앙)	성리학적 생활윤리 보급(민간 신앙·풍습을 음사로 규정)
가족 제도	양측적 방계 사회(부계·모계가 함께 영향)	부계 위주 형태
혼인 형태	남귀여가혼(=데릴사위제, 서류부가혼, 솔거혼)	친영 제도
재산 상속	남녀 균분 상속 cf 조선 전기 장자 1/5 더 줌.	장자 중심 상속
제사 담당	자녀 윤회 봉사	장자 봉사 cf 아들이 없으면 양자 입양
여성 지위	가정 내 지위가 비교적 높음. cf 조선 태종: 여성 재가 금지, 서얼 차별	남존여비
족보	출생 순 자녀 기록 cf 현존 최고 족보: 안동 권씨 성화보(15C)	아들 먼저 기록

신라의 골품 제도

개념	혈연에 따라 사회적 제약이 가해지는 신분 제도	
시기	중앙 집권 국가로 발전하는 과정	
내용	각 지방의 족장 세력을 왕 밑에 통합·편제하기 위해서 그 세력의 정도에 따라 신분 규정	
	성골	부모가 모두 왕족으로 왕이 될 자격이 있는 최고 신분, 진덕여왕을 마지막으로 성골 단절
	진골	• 정치·군사권 장악, 5관등 이상 요직 독점 • 금관가야 왕족 김유신계와 고구려 왕족 안승 등을 진골로 편입 • 무열왕 이후 진골에서 왕위 계승
	6두품	• 대족장에게 부여, 득난이라고도 불림. • 학문·종교 분야에서 활동(원효, 설총, 최치원 등) • 도당유학생의 주류 형성 • 중대 – 전제 왕권과 연결, 왕의 정치적 조언자 역할(⇨ 집사부 시랑) • 하대 – 지방 호족·선종과 연결, 신라 비판 세력 형성
	5·4두품	소족장에게 부여
	3~1두품	통일 이후 3~1두품의 신분 구별이 차츰 사라져 일반 백성과 비슷하게 됨.
운영	2원적 운영	왕경인을 대상으로 한 경위제(17관등)와 지방 촌주들을 대상으로 한 외위제(11관등)의 2원적 운영 ⇨ 삼국 통일 이후 외위제 소멸
	중위제(重位制)	• 6두품 – 아찬(4중 아찬) • 5두품 – 대나마(9중 나마)
성격	개인의 신분뿐만 아니라 그 친족의 등급 표시, 개인의 사회·정치 활동 제한(관등 조직은 골품 제도와 밀접한 관련)	

cf 형벌 제도 정리

1. 도둑질한 경우
   - 고조선: 노비가 되거나 돈으로 지불
   - 부여·고구려: 1책 12법
   - 백제: 귀양+2배 배상
2. 노비가 되는 경우
   - 고조선: 도둑질한 경우
   - 고구려: 반역자의 가족, 남의 소나 말을 죽인 경우
   - 백제: 살인자·반역자·전쟁에서 패한 자의 가족, 간음한 여자는 남편집의 노비로 삼음.

고려·조선 시대 노비의 종류

공노비	솔거 노비(입역 노비)	궁궐, 중앙 관청, 지방 관아에서 잡역에 종사하면서 급료를 받고 생활	60세에 역 면제(정로제)
	외거 노비(납공 노비)	• 독자적 생활 기반 소유: 가족, 집, 토지 소유 가능 • 농경을 통해 얻은 수입 중 규정된 액수를 소속 관청에 납부	
사노비	솔거 노비(입역 노비)	귀족이나 사원이 직접 부리는 노비, 주인집에 거주	
	외거 노비(납공 노비)	• 주인과 따로 살면서 농업에 종사, 일정량의 신공(身貢) 납부 • 독자적 생활 기반 소유: 가족, 집, 토지 소유 가능 • 신분적 ⇨ 주인에게 예속, 경제적 ⇨ 양인 백정과 비슷	

cf 노비의 발생 및 변천
- 청동기: 전쟁 노비(고조선의 8조 금법: 도둑질하면 노비 ⇨ 형벌 노비의 발생)
- 철기: 전쟁 노비(부여의 4조목: 남을 죽이면 본인은 사형, 가족은 노비 ⇨ 형벌 노비)
- 삼국 시대: 전쟁 노비, 형벌 노비, 부채 노비

cf 조선 후기 노비 완화책
- 영조 7년(1731): 노비종모법 확정(『속대전』에 명시)
- 정조 2년(1778): 노비추쇄법 폐지
- 순조 1년(1801): 공노비(납공 노비) 66,067명 해방
- 고종 23년(1886): 노비의 신분 세습제 폐지
- 고종 31년(1894): 갑오개혁 ⇨ 공·사노비제 완전 폐지

조선 후기 향전(鄕戰)

양반의 향촌 지배 약화	양반의 향촌 장악 기반	족보, 청금록과 향안(양반 명단, 양반 신분 확인)
	양반의 권위 약화	농촌 사회의 분화와 신분제의 붕괴 ⇨ 부농층과 몰락 양반 등장, 양반에 의한 군현 단위의 농민 지배 불가
	양반의 지위 유지 노력	거주지 중심으로 촌락 단위의 동약 실시, 족적 결합 강화 ⇨ 동족 마을 형성, 서원과 사우 건립
	정부의 향촌 직접 지배	관권과 부농층의 결탁 ⇨ 향회 약화(수령의 부세 자문 기구로 변질)
부농 계층의 대두	부농층 등장 ⇨ 납속이나 향직 매매를 통해 신분 상승 ┌ 향임직 진출 ⇨ 정부의 부세 제도 운영에 참여 └ 향임직 미진출자 ⇨ 수령이나 기존 향촌 세력과 타협하여 지위 확보	
향전(鄕戰)	• 구향(향반)과 신향(부농) 간의 향권을 놓고 전개된 대립 • 수령권과 연계되어 전개	

토지 제도

cf 전시과 · 과전법

1. 원칙: 토지 국유제
   - 수조권 ─ 국가·관청(⇨ 공전) / 개인·사원(⇨ 사전) ⇨ 전주
   - 경작권: 농민, 외거 노비 ⇨ 전객
2. 실제: 민전(개인 사유지) 존재

삼국

- 왕토 사상 ⇨ but 자영농 다수 존재
- 귀족: 녹읍(조세, 공납, 노동력 징발), 귀족들의 고리대업 성행, 부채 노비 증가(고구려–진대법 실시)

[삼국의 토지 측량 단위]

구분	측량법	측량 기준	단위
고구려	경무법	밭이랑	1경 ≒ 300평
백제	두락제	파종량	씨앗 1말의 파종 면적
신라	결부법	수확량	1결 ≒ 20섬의 소출 면적

통일 신라

- 신문왕: 관료전(조세) 지급 ⇨ 녹읍(조세·공납·역) 폐지
- 성덕왕: 정전(일반 백성) 지급
- 경덕왕: 녹읍 부활

cf 녹읍: 귀족에게 지급

cf 식읍: 왕족·공신에게 지급(⇨ 조선 세조 때 폐지)

고려

[토지 제도 정비 과정]

명칭	시기	개편 배경	지급 대상자	지급 기준	특징	지급 규모
역분전	태조		개국공신	성행(性行), 공로	논공행상적	경기 대상
시정 전시과	경종	광종 때의 4색 공복(자삼·단삼·비삼·녹삼) 제도 개편	문무 직산관	관품(官品)과 인품(人品)을 반영 cf 자삼의 경우 18등급으로 구분	• 역분전을 모체로 함. • 문반·무반·잡리(雜吏)로 나누어 지급액 규정	전국적 규모–전지+시지 지급
개정 전시과	목종	성종 때 실시된 중국식 문·무산계 제도의 개편	문무 직산관	관직	• 18품 전시과 • 산직 지급 액수 감소 • 군인전 명시 • 한외과(限外科) 명시	
경정 전시과	문종	관리에게 지급할 수조지의 부족	문무 현직 관리	관직	• 공음전시과의 법제화 • 무관 차별 개선 • 한외과 소멸 ⇨ 외역전, 별사과 등 설치	

[전시과의 토지 지급 액수]

시대		구분	1	2	3	4	5	6	7	8	9	10	11	12	13	14	15	16	17	18
경종 (976)	시정 전시과	전지	110	105	100	95	90	85	80	75	70	65	60	55	50	45	42	39	36	33
		시지	110	105	100	95	90	85	80	75	70	65	60	55	50	45	40	35	30	25
목종 (998)	개정 전시과	전지	100	95	90	85	80	75	70	65	60	55	50	45	40	35	30	27	23	20
		시지	70	65	60	55	50	45	40	35	33	30	25	22	20	15	10			
문종 (1076)	경정 전시과	전지	100	90	85	80	75	70	65	60	55	50	45	40	35	30	25	22	20	17
		시지	50	45	40	35	30	27	24	21	18	15	12	10	8	5				

[전시과의 토지 종류]

전시과 (과전)	문무 현직 관료 – 18등급 지급	공음전	5품 이상 고급 관리에게 지급(⇨ 세습)
한인전	6품 이하 하급 관리의 자제로서 관직에 오르지 못한 사람에게 지급	구분전	하급 관리나 군인의 유가족에게 지급
내장전	왕실에 지급(세습)	군인전	중앙군에게 지급(전정연립)
외역전	향리에게 지급(전정연립)	별사전	승려, 지리업 종사자에게 지급
공해전	각 관청에 지급	사원전	사원에 지급
민전	조상 대대로 내려오는 일반 백성들의 사유지, 매매·상속·임대 가능		

cf 영업전(세습): 공신전, 공음전, 내장전, 군인전, 외역전

cf 전정연립(田丁連立): 군인전, 외역전

- 무신 집권기: 전시과 붕괴 ⇨ 농장 확대
- 권문세족 집권기: 농장 확대(cf 녹과전(1271, 원종): 경기 8현의 땅을 녹이 적은 관리에게 별도 지급, 사패전(개간 허가)) ⇨ 토지 겸병 성행

조선

[토지 제도 변천 과정]

명칭	시기	개편 배경	내용	결과 (제도 자체의 결과)	영향 (시간상 결과)
과전법 (급전도감)	고려 말 공양왕 (1391)	관료의 경제 기반 부족	• 문무 직산관에게 지급(1대 제한) • 유가족: 수신전, 휼양전 지급(1대 세습) • 경기 대상	• 관료의 경제 기반 마련 • 국가 재정 확보 • 농민 경제 안정	
직전법	세조 (1466)	관료에게 줄 수조지 부족	• 문무 현직 관료에게만 지급 • 수신전, 휼양전 폐지	국가의 토지 지배력 강화	현직 관료의 위기의식 초래 ⇨ 가혹한 수취, 겸병, 농장 확대
관수 관급제	성종 (1470)	관료의 수취 문란	국가의 수조권 대행	국가의 토지 지배력 강화	현직 관료의 위기의식 초래 ⇨ 농장 확대

16세기 중엽(명종): 직전법 폐지, 녹봉 지급 ⇨ 지주 전호제 강화, 병작반수 강화

[과전법 지급 액수]

등급	1과	2과	3과	4과	5과	6과	7과	8과	9과
지급 결수	150결	130결	125결	115결	106결	97결	89결	81결	73결
등급	10과	11과	12과	13과	14과	15과	16과	17과	18과
지급 결수	65결	57결	50결	43결	35결	25결	20결	15결	10결

일제 강점기

[토지 조사 사업(1910~1918)]

목적	토지 약탈, 지주층 회유	
방법	조사 방법	• 임시 토지 조사국 설치(1910) • 토지 조사령(1912) 발표: 토지 소유권·토지 가격·지형과 지목 등 조사
	신고 방식	기한부 신고제, 증거주의 ⇨ 절차 복잡
결과	• 전 농토의 40% 탈취: 미신고 토지, 공공기관 소유 토지, 소유권자가 불분명한 토지 ⇨ 조선 총독부에 귀속 ⇨ 동양 척식 주식회사(1908) 담당, 일본인에게 싼값에 불하 • 농민 몰락: 토지 소유권 및 영구 경작권(도지권) 상실 ⇨ 기한부 계약 소작농으로 전락, 화전민화, 만주·연해주로 이주	

현대 사회

[농지 개혁]

(1949년 제정 ⇨ 1950년 부분 수정, 실시)

목적	농민에게 토지 배분
내용	3정보를 상한으로 하여 그 이상의 농지를 정부가 연평균 생산량의 1.5배로 가격을 책정, 유상 매수 ⇨ 농민에게 3정보 한도 내에서 유상 분배, 농민은 5년간 현물(수확량의 30%)로 땅값을 상환
한계	• 농지만 대상: 산림·임야 등 비경지 제외 • 반민족 행위자의 막대한 토지 소유권 인정 • 토지 자본의 산업 자본화 실패: 6·25 전쟁으로 인한 격심한 인플레이션으로 일부 대지주를 제외한 중소 지주층이 근대 산업 자본가로 전환하는 데는 실패

고려 전시과와 조선 과전법의 비교

구분		고려의 전시과	조선의 과전법
유사점		• 토지 국유제 원칙 • 관등에 따라 차등 지급	• 직산관에게 수조권 지급 • 과전 세습 불가
차이점		• 전지(과전)와 시지 지급 • 전국적 규모	• 전지(과전)만 지급 • 경기에 한하여 지급(중앙 집권과 재정 확보책)
토지 분급의 차이	중앙군	군인전 지급	토지 지급 없고 녹봉만 지급
	한량	한인전 지급(6품 이하)	군전(軍田) 지급 cf 유향품관
	향리	외역전 지급	토지 지급 없고, 무보수 세습식

cf 조선 후기 실학자의 토지 개혁론

중농학파		중상학파	
유형원	균전제: 사·농·공·상의 차등 토지 분배	홍대용	균전제: 성인 남자에게 토지 2결 지급
이익	한전제: 농민에게 영업전 지급, 영업전 매매 금지, 기타 토지는 자유 매매	박지원	한전제: 토지 소유 상한선 설정
정약용	• 여전제: 노동량에 따라 분배 ⇨ 일종의 공동 농장 제도 • 징전제: 국가가 장기적으로 토지 매입 ⇨ 농민에게 지급, 지주의 토지는 골고루 소작	서유구	한전제: 대토지 소유의 폐단 해결 주장 ⇨ 둔전제: 19C 지주 전호제 인정, 일부 지역에 한정된 규모로 둔전(일종의 국영 협동 농장) 설치 주장

M/E/M/O

조세 제도

삼국

- 기본 세금
  - 토지세(조세, 전세, 租)
  - 공납(현물, 調)
  - 역(군역과 부역, 庸)
- 고구려: 조(호구세), 인두세, 역
- 백제: 조, 인두세, 역
- 신라: 조세, 공물, 역

통일 신라

- 조세(생산량의 1/10)
- 수취 체제 정비
  - 공물(촌락 단위로 특산물 징수)
  - 역(16~60세 남자-군역, 요역 동원)
- 민정 문서: 조세·공물을 위한 기초 자료(촌주, 3년마다 작성)

고려

조세(토지세, 租)	부과 기준	• 비옥도 정도에 따라 3등급으로 부과 • 민전: 생산량의 1/10 징수 cf 지대 ┌ 공전 소작-1/4 징수 └ 사전 소작-1/2 징수
	운반 방법	조창(조운할 곡식을 모아 보관하는 창고) ⇨ 조운을 통해 개경의 좌·우창으로 운반·보관(양계 제외), 13개 조창 설치
공물(調)	방법	중앙 관청에서 주현에 공물 종류와 액수 할당 부과 ⇨ 호구(민호)를 9등급으로 구별, 공물 징수
	종류	상공(매년 징수), 별공(필요에 따라 수시로 징수) ⇨ 조세보다 큰 부담
역(庸)	대상	16~60세 남자(정남)의 노동력을 무상 동원
	종류	군역, 요역(노동력)
잡세		어염세(어민), 상세(상인) 등

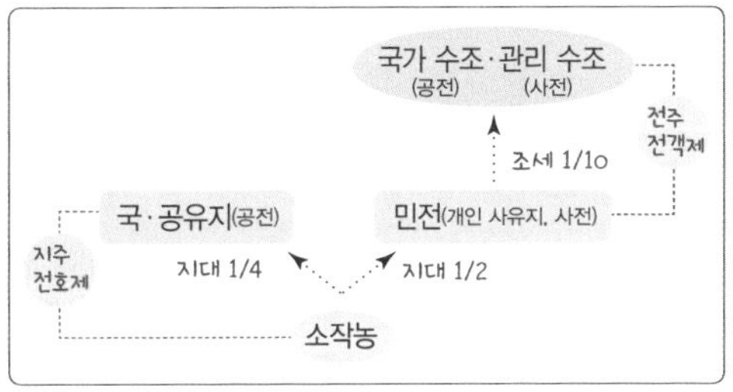

조선

구분		전기	중기	후기
전세		• 태조: 과전법, 수확량의 1/10(1결당 30두) cf 답험손실법: 수조권자가 풍흉 고려, 세금 조절 징수 • 세종: 공법 – 전분 6등법: 땅의 비옥도에 따라 6등급 구분(양안 기록) – 연분 9등법: 매년 풍흉에 따라 1결당 20두~4두로 결정	최저율 적용 관행(1결당 4두~6두)	인조 : 영정법 실시(풍흉에 관계없이 1결당 4두로 고정) 〈결과〉 • 전세율 인하 • 농민에게는 큰 도움 못됨(대다수가 소작농). • 부가세 징수 cf 대동법 실시 과정 • 광해군 때: 이원익 주장, 한백겸 확대 실시 주장 • 효종 때: 김육의 양호(충청도·전라도) 실시 주장 • 숙종 때: 전국 실시(잉류 지역 제외)
공납		• 민호를 기준으로 현물로 부과 • 종류: 상공, 별공, 진상	방납의 폐단 ⇨ 이이, 조광조, 유성룡 등 수미법 주장	대동법 실시(선혜청 담당) • 토지를 기준으로 세금 징수[공납(상공)의 전세화] • 토지 1결당 대동미 12두 징수(포나 돈으로 걷기도 함.) • 공인에게 관수품의 조달 맡김. ※ 별공과 진상(현물 징수) 존속 〈결과〉 • 농민 부담 감소, 지주 부담 증대, 국가의 재정 수입 증대 • 화폐 사용의 증대, 공인의 대두 ⇨ 상공업 발달 촉진 • 새로운 상업 도시(삼랑진, 강경, 원산 등) 출현 〈변질〉 • 지주가 소작농에게 대동세 전가 • 상납미 비율 증가, 유치미 비율 감소 ⇨ 수령, 아전들의 수탈 강화
역	군역	보법(세조)·정군(현역 복무), 보인(경비 부담)의 형태로 군역 수행	군역의 요역화 ⇨ 대립제의 음성화 ⇨ 불법적 방군 수포 현상 ⇨ 군적수포제 시행(양인 장정, 12개월마다 군포 2필 징수)	균역법 시행(균역청 담당) • 양인: 12개월마다 군포 1필 징수(감포론) • 부족분 보충: 선무군관세(일부 특권층 군포 1필 징수), 결작(지주 1결당 2두 징수, 잉류 지역 제외), 잡세(어·염·선세)의 국고 환수 〈결과〉 농민의 부담 절감 〈변질〉 • 결작의 부담을 소작농에게 전가 • 군적 문란으로 농민 부담 다시 가중
	부역	성종: 토지 8결마다 한 사람씩 차출, 1년 중 동원 일수 6일 이내로 규정		

19C 초 세도 정치

[삼정의 문란(총액제)]
- 전정(비총제): 진결(경작하지 않는 땅에 징세), 도결(정액 이상의 세금 징수) 등
- 군정(군총제): 인징, 족징, 백골징포(죽은 사람 징수), 황구첨정(어린이 징수) 등
- 환곡(환총제): 가장 문란, 늑대(勒貸, 필요 이상의 미곡 강제 대여, 이자 징수), 허류(虛留, 허위 장부), 반작(反作, 출납 관계 허위 문서) 등

흥선 대원군 집정기

[삼정의 개혁]
- 전정: 양전 사업 실시
- 군정: 호(동)포제 실시(모든 신분의 남자에게 군포 징수)
- 환곡: 환곡제 폐지, 사창제 실시

대한 제국

- 지계 발급(1901~1904): 근대적 토지 소유권 제도라 할 수 있는 전토지계(田土地契, 대한 제국 전답 관계) 발급(일부 지역)
- 개항장 밖 외국인 토지 소유 제한

일제 강점기

지세령(1914) 제정: 결부법(제) 전면 개편, 근대적 토지 소유권에 근거한 지세 납부 규정

미군정기

신한 공사 설치(1946~1948): 일제의 귀속 재산을 소유·관리, 소작료 3·1제 징수

민정 문서(신라 장적, 신라 촌락 문서)

1. 발견 장소: 일본 동대사(東大寺) 정창원(正倉院)
2. 조사 지역: 서원경(청주) 지방의 4개 촌락
3. 작성 시기: 8C 중엽 경덕왕 때로 추정
4. 작성자: 3년마다 촌주(토착민)가 작성
5. 작성 목적: 조세 징수와 부역 징발의 자료 파악
6. 내용: 마을 면적, 토지 결수, 인구수, 호구 수, 마전(麻田), 가축 수(소·말), 유실수(뽕나무·잣나무·호두나무) 등
   ① 호구 조사 방법: 9등급[기준-인정(사람)의 다과]
   ② 인구(인정) 조사 방법: 6등급[기준-남녀 구별(노비 포함), 연령별]
7. 민정 문서에 나오는 토지 종류-촌주위답, 연수유답, 관모답, 내시령답, 마전
   ① 촌주위답(村主位畓): 촌주에게 할당된 토지
   ② 연수유답[烟受有畓, 정전(丁田)]: 농민들이 호별로 경작하는 토지
   ③ 관모답(官謨畓): 그 소출이 국가에 들어가는 관유지
   ④ 내시령답(內視令畓): 내시령이라는 관료에게 할당된 관료전
   ⑤ 마전(麻田): 마(삼베)를 공동으로 경작하여 국가에 바치는 토지

cf 고려의 조운(漕運) 제도

- 시행 시기: 당해년의 것을 일단 조창에 보관 ⇨ 다음해 2월부터 수송을 시작, 경창에 가까운 곳이면 4월까지, 먼 지역은 5월까지 완료하게 함.
- 조세미를 생산지에서 조창까지 운반하는 것은 일반 군현민이, 다시 조창에서 개경 조창까지는 조창민이 운반함.

cf 조선의 조운(漕運) 제도

- 세금 운송(조운): 쌀·콩으로 납부, 군현에서 납부 ⇨ 9개 조창 설치(전라도·충청도·황해도-바닷길, 강원도-한강, 경상도-낙동강·남한강) ⇨ 경창으로 운송, 호조 담당
- 잉류 지역: 평안도·함경도(그 지역의 군사비와 사신 접대비로 사용), 제주도

cf 17세기에 대동법 실시로 조운량이 증가하자 조창에 소속되지 않은 각 읍의 지방선인 지토선, 국왕이 행차할 때 사용되던 주교선, 훈련도감에 속해 있던 훈국선, 개인 소유인 경강사선까지도 조운에 크게 이용됨.

▼ 조선 시대의 조운로 및 9조창

근대적 개혁 중 조세 관련 개혁안

1. **갑신정변**: 지조법(地租法) 개혁(토지에 부과하는 세금을 생산량 기준이 아니라 토지 가격에 따라 부과하는 방식), 각 도의 환상미(환곡) 폐지, 재정의 일원화(호조)
2. **동학 농민 운동**: 무명의 잡세 폐지, 공사채 무효, 토지의 평균 분작
3. **갑오개혁**: 납세는 법으로 정하고 함부로 세금을 걷지 않는다. 조세의 일원화(1차 탁지아문 ⇨ 2차 탁지부), 왕실의 경비 절약
4. **독립 협회**: 국가 재정을 탁지부에서 전관하고 예산과 결산을 국민에게 공포할 것

M/E/M/O

경제 활동 ① [농업·상업·수공업]

구분	선사	삼국	남북국		고려		조선		개화기(제국주의의 경제적 침략)
			통일 신라	발해	전기	후기	전기	후기	
농업	• 신석기(후기): 농경의 시작 – 조·피·수수 등 잡곡류 • 청동기: 벼농사(시작, 일부 저습지) • 철기: 철제 농기구 사용, 삼한 – 저수지 축조 ⇨ 벼농사(발달) cf 신석기 농경 관련 증거 • 잡곡(탄화 조·피·수수) 출토 유적지: 황해도 봉산 지탑리, 평양 남경 등 • 농기구 출토: 돌괭이, 돌삽, 돌보습, 돌낫 등 • 동아시아 최초 밭 유적지 출토(2012): 강원도 고성군 문암리 cf 청동기 벼농사 관련 유적지 • 탄화미: 평양 남경, 여주 흔암리, 나주 다시면 • 볍씨 자국 토기 발견: 부안군 소산리·토산리·반곡리, 부산 아치섬	• 일반 농민: 철제 농기구 보급 • 신라(6C, 지증왕): 우경 보급	농경·목축 발달 ⇨ 차 도입	• 밭농사 중심, 철제 농기구·수리 시설 확충 ⇨ 일부 지방 벼농사 보급 • 목축·수렵 발달: 솔빈부(말 생산, 모피·녹용·사향 등 생산)	• 우경에 의한 심경법(밭 깊이갈이)의 일반화 • 시비법의 발달 (녹비 ⇨ 퇴비) ⇨ 휴경지 감소 • 밭농사: 2년 3작의 윤작(돌려짓기) 시작 ⇨ but 휴경 방식 존속(불역전 소수, 일역전·재역전 다수)	• 해안 간척 사업(강화도 시절) • 문익점의 목화씨 전래(1364, 공민왕) • 논농사: 직파법 ⇨ 이앙법(모내기법, 남부 일부 지방) • 『농상집요』 소개(원의 농서)	• 밭농사: 2년 3작의 윤작법 일반화, 농종법(이앙에 씨앗 뿌림) 보급 • 논농사: 남부 일부 지방에 모내기법 보급 ⇨ 벼·보리의 이모작 가능 cf 국가: 이앙법 금지 • 시비법 발달: 밑거름, 뒷거름 ⇨ 휴경지 감소, 연작 가능(일부) • 『농사직설』: 세종 때 정초가 우리 농민들의 실제 경험(모내기법 등)을 토대로 쓴 농서 • 『금양잡록』: 성종 때 강희맹이 금양(지금의 시흥) 지방에서 저자가 직접 경험하고 들은 농경 방법을 기술한 농서	• 이앙법(모내기법)의 확대 ⇨ 벼·보리의 이모작으로 생산량 증대, 보리 재배의 확대(보리는 소작료 수취 대상에서 제외), 노동력 절감 • 밭농사: 견종법(고랑에 씨앗 뿌림) 보급 • 이앙법·견종법 보급 ⇨ 광작 유행 ⇨ 농민층의 분화 ┌ 경영형 부농(일부) └ 몰락 농민(다수) ⇨ 소작지 상실, 이농화(도시, 광산) ⇨ 임노동자화 • 국가: 이앙법 금지, but 저수지 확보책[제언사 설치(현종), 제언절목 반포(정조)] • 상품 작물의 재배: 쌀의 상품화(밭을 논으로 바꿈), 면화·채소·담배 등 • 새 구황 작물의 재배: 고구마(18C, 일본 도입), 감자(19C, 청 도입) • 지대의 변화: 타조법(수확량의 1/2 지대, 관행, 지주에게 유리) ⇨ 도조법의 출현[일부, 풍흉에 관계없이 일정 액수(1/3) 지대, 계약 지대, 소작농에게 유리, 일부 도지권자에게만 적용] • 『농가집성』(17C, 신속): 수전(이앙법) 농업의 성리학적 농서 • 18C 다양한 농법 제시: 박세당의 『색경』, 홍만선의 『산림경제』, 서유구의 『임원경제지』 등 cf p.37 참고	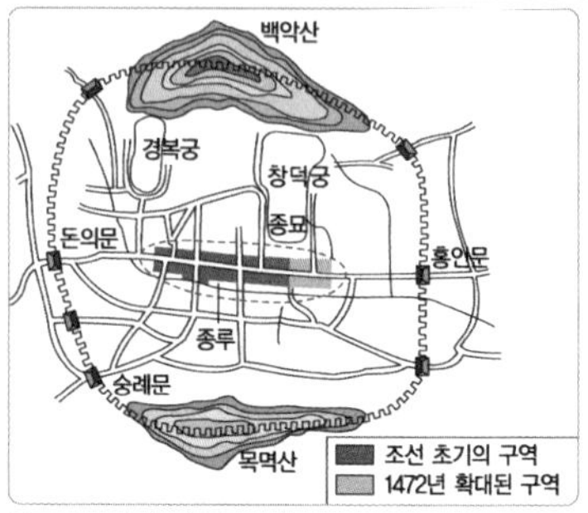 ◤ 조선 전기 상업 구역 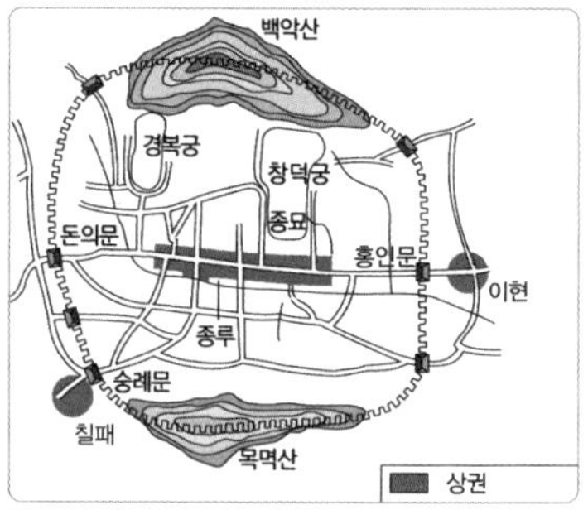 ◤ 조선 후기 상업 구역
상업		• 신라(5C, 소지왕): 경주에 시장(시사) 설치 • 신라(6C, 지증왕): 경주에 동시 및 동시전(시장 감독 관청) 설치	시장 증가: 동시+서시·남시 증설(효소왕)	• 수도(상경 용천부) 등 도시·교통 요충지 발달 • 화폐 사용: 주로 현물 사용, 외국 화폐도 통용	• 시전[관영 상점] 설치(개경, 관청과 귀족 이용) • 관영 상점 설치 [개경, 서경(평양), 동경(경주) 등 대도시] • 비정기적 시장 (도시 거주민 이용) • 경시서 설치: 시전 상인 감독	• 시전 규모 확대 • 상업 활동 지역의 확대: 예성강 하구의 벽란도 등 – 교통과 산업의 중심지로 부각 • 충선왕: 소금 전매제 실시(의염창 설치)	• 상업 활동에 대한 국가 통제 강화, 종로 거리에 상점가 조성, 개경의 시전 상인 이주(⇨ 점포세와 상세 징수) cf 우측 화보 확인 • 시전 상인(관허 상인): 왕실·관청에 물품 공급 ⇨ 독점 판매권 부여(조선 전기): 한 시전에서 한 가지 물품을 독점적·전문적으로 판매 cf 금난전권(조선 후기) 부여 cf 육의전: 시전 중 비단, 무명, 삼베, 모시, 종이, 어물 취급 상인 • 경시서: 시전 감독 기구로서 도량형 검사, 물가 조절(⇨ 평시서로 개칭) • 장시: 15C 후반 등장(전라도), 일부는 정기 시장화(5일장) ⇨ 16C 중엽 전국적 확대, 보부상(관허 상인) 활동	• 관상 – 중앙: 시전 상인, 공인 – 지방: 보부상 • 사상 – 지역 ┌ 중앙: 난전[이현(동대문)·칠패(남대문)·종루] cf 우측 화보 확인 └ 지방: 장시 ⇨ 상설 시장화 ⇨ 상업 도시로 성장 ⇨ 객주·여각·거간 등 활동 – 전국: 경강상인(한강 중심), 만상(의주), 송상(개성), 내상(동래) 등 활발한 활동 ⇨ 18C 말 육의전을 제외한 시전의 금난전권 철폐(정조의 신해통공, 1791) • 도고(독점적 도매업자)의 출현 • 포구 상업 발달(객주·여각): 상품의 매매·중개·운송·보관·숙박·금융업 등에 종사, 지방의 큰 장시에도 존재, 선상(선박 이용)의 활동 • 장시: 전국 1,000개 확대, 보부상(관허 상인)이 유통망 형성 cf 경강상인: 운송업에 종사, 한강을 근거지로 서남해안에서 활동, 미곡·소금·어물 등의 운송과 판매 장악, 선박의 건조 및 생산 cf 송상(개성): 송방이라는 지점, 인삼 재배 및 판매, 대외 무역에 깊이 관여	• 토착 상인의 변모 – 서울의 시전 상인: 근대적 상인으로 변모, 황국 중앙 총상회 조직(1898), 독립 협회와 더불어 상권 수호 운동 전개 – 경강상인: 증기선 구입, 세곡 수송 ⇨ 실패 – 개성상인(송상): 일본 상인에 의해 몰락 – 객주, 여각, 보부상: 개항 초기 외국 상인의 활동 범위를 개항장 10리 이내 제한(거류지 무역) ⇨ 1880년대 내륙 통상으로 대부분 몰락, 일부만 상회사 설립 • 산업 자본: 조선 유기 상회, 직조 공장 설립 • 금융 자본: 일제의 금융 침투에 대항 ⇨ but 메가타의 화폐 정리 사업(1905)으로 일제가 장악 [대한 제국기 은행] 구분 / 시기 / 내용 조선은행 / 1896~1901 / 최초의 은행(관료 자본 중심) 한성은행 / 1897 / 민간 은행(현재, 신한은행) 대한 천일 은행 / 1899 / 민간 은행(서울 거상들 출자, 현재, 우리은행)
수공업	• 신석기: 가락바퀴, 뼈바늘 ⇨ 원시 수공업 시작 • 철기: 산누에 재배 ⇨ 비단 생산(동예, 마한)		• 수공업 발달 • 금·은 세공, 나전칠기(당에서 도입) 발달	• 수공업, 제철업 발달 • 자기 ⇨ 당에 수출	• 관청 수공업: 왕실, 국가 수요품 생산(공장안 작성) • 소(所) 수공업: 별공(금, 은, 철, 구리, 실, 옷감, 종이, 먹, 차 등) 생산 • 사원 수공업 • 민간 수공업 cf 전기: 관청·소 수공업 중심 ⇨ 후기: 사원·민간 수공업 중심		관장제 수공업 중시: 전문적 기술자를 공장안(관장이 등록된 대장)에 등록 – 각 관청에 소속, 관영 필수품 생산, 녹봉 지급(X), 납품량 초과분은 판매 가능 ⇨ 16C 부역제의 해이, 상업의 발달로 쇠퇴	• 도시 인구 증가 ⇨ 제품 수요 증가, 대동법 실시 ⇨ 관수품 수요 증가 • 관장제 수공업 약화, 사장제 수공업 발달(납포장 증가) • 선대제 수공업 대두: 상업 자본이 수공업자 지배(종이·화폐·철물 분야) ⇨ 17~18C 보편적 현상 • 기타: 독립 수공업자, 가내 수공업 cf 정조의 공장안 폐지	

경제 활동 ②(광업·화폐·무역)

역대 주요 무역항
1. 신라: 당항성(경기도 남양)
2. 통일 신라: 영암, 울산(국제항), 당항성
3. 고려: 벽란도(국제항, 예성강 입구), 합포
4. 조선 전기: 3포[부산포, 제포(진해), 염포(울산)]
5. 조선 후기: 부산포
6. 강화도 조약(1876): 부산, 원산, 인천
7. 대한 제국: 목포(1897), 마산·군산(1899)–자발적 개항

<table>
<tr><th rowspan="2">구분</th><th rowspan="2">선사</th><th rowspan="2">삼국</th><th colspan="2">남북국</th><th colspan="2">고려</th><th colspan="2">조선</th><th rowspan="2">개화기(제국주의의 경제적 침략)</th></tr>
<tr><th>통일 신라</th><th>발해</th><th>전기</th><th>후기</th><th>전기</th><th>후기</th></tr>
<tr><td>광업</td><td></td><td></td><td></td><td></td><td colspan="2"></td><td>건국 초: 명의 과다한 금·은 요구 ⇨ 폐광, 국가 직영 ⇨ 16C 부역제 해이
cf 1503년(연산군 9) 연은분리법 개발 ⇨ 일본에 전파</td><td>• 17C 사채 허용 대신 세금 징수[설점수세제: 17C 채은관제 ⇨ 별장제(수세 청부업자) ⇨ 18C 수령 수세제]
• 청과의 무역으로 은의 수요 증가: 은광 개발 성행(17C 말), 상업 자본 참여, 금광 개발 성행(18C 말) ⇨ 국가의 공개적 채취 금지, 높은 세금 부여 but 잠채(몰래 광산 개발) 유행 ⇨ 분업화, 협업화[덕대(경영 전문가), 물주(상인, 자본 조달), 채굴업자(혈주), 채굴·제련 노동자]</td><td>[개화기 열강의 광산 이권 탈취] cf 최혜국 조관 근거
• 러시아: 경원·종성 광산 채굴권
• 미국: 운산 금광 채굴권
• 독일: 당현 금광 채굴권
• 영국: 은산 금광 채굴권
• 일본: 직산 금광 채굴권</td></tr>
<tr><td>화폐</td><td>철기: 중국 돈(명도전, 오수전, 반량전, 왕망전) 일부 사용
cf 한반도 남부의 중국 화폐 출토 유적지
해남 군곡리 패총, 사천 늑도 패총, 고흥 거문도 패총, 창원 성산 패총 등</td><td>무령왕릉: 양나라 오수전 발견</td><td></td><td></td><td colspan="2">• 성종: 건원중보(최초의 철전)
• 숙종: 해동통보(중보), 삼한통보(중보), 활구(은병) ⇨ 대각국사 의천의 주전론 주장, 주전도감 설치
• 공양왕: 저화(최초 지폐)
• 화폐 강제 유통 시도 ⇨ 실패, 일부 관영 상점(주점, 다점 등)에서만 사용
cf 보의 유행
• 학보(태조, 학교 기금)
• 광학보(정종, 승려 면학 기금)
• 제위보(광종, 빈민 구제 기금)
• 팔관보 등</td><td>• 태종: 저화
• 세종: 조선통보
• 세조: 팔방통보</td><td>• 인조(17C): 상평통보 처음 주조 ⇨ 실패
• 효종(17C): 상평통보 재주조 ⇨ 실패
• 숙종(18C): 상평통보의 전국적 유통
– 재산 축적 수단, 고리대로 이용 ⇨ 전황(유통 화폐의 부족 현상) 초래, 화폐 가치 상승, 현물 가치 하락, 민생 경제 불안 ⇨ 폐전론(이익), 용전론(박지원) 주장
– 어음 등 신용 화폐의 대두
• 흥선 대원군(19C): 당백전(고액 화폐, 경복궁 중건 비용) ⇨ 화폐 가치 하락, 물가 상승, 경제 혼란
• 대동폐[1882년(고종 19) 최초의 근대적 은화로 일시 사용]
• 당오전(1883~1894)

상평통보</td><td>[개화기 화폐 정책]
전환국 설치 / 1883 / 은화를 본위화로, 동화를 보조화로 채택한 화폐 제도 시도
(2차) 신식 화폐 발행 장정 발표 / 1894 (1차 갑오개혁) / • 일본의 화폐 제도를 본떠 은 본위제를 채택 • 백동화 인플레이션 발생 ⇨ 실패
(3차) 신식 화폐 조례 발표(칙령 4호) / 1901 (대한 제국) / 금 본위제 채택 ⇨ 미실시
(4차) 메가타의 화폐 개혁 / 1905 / • 금 본위제 채택 • 일본 제일은행권 화폐 사용, 기존 화폐의 액면가 교환 안됨. ⇨ 자주성 상실</td></tr>
<tr><td>무역</td><td>• 흑요석(화산석) 출토: 선사인의 원거리 이동 추정
– 구석기: 양구 상무룡리, 단양 수양개[백두산 산지(産地)]
– 신석기: 양양 오산리(백두산 산지), 부산 동삼동(일본 북부 규슈 산지)
• 철기: 중국과의 교류 활발
증거 중국 돈 오수전, 반량전, 명도전 등, 한자의 도입(창원 다호리 유적의 붓 출토)
• 위만 조선: 진(辰)과 한(漢) 사이의 중계 무역
• 변한: 낙랑, 대방, 왜에 철 수출</td><td>• 3세기 김해의 금관가야: 해상 교통을 이용해 중국, 왜와 연결하는 중계 무역 활발
• 4세기 미천왕의 한사군(낙랑, 대방) 축출 ⇨ 중국과 무역 활발
• 백제(4C, 근초고왕): 요서(일시) 차지–동진의 산둥–왜 ⇨ 고대 상업권 형성
• 고구려(5C, 장수왕): 북위, 송, 유연 연결
• 신라(6C, 진흥왕): 한강 하류 확보 이후 당항성(경기도 남양) 구축–중국과 직접 교류</td><td>• 대당 무역 활발: 공·사무역 발달
– 산둥반도~양쯔강 하류: 신라방(신라인 집단 거주지)·신라소(관청), 신라관(유숙소), 신라원(사원), 법화원(장보고가 세운 사원) 설치
– 무역항: 당항성, 영암, 울산항(국제항), 이슬람 상인 교류
– 장보고의 활약(하대): 청해진(완도) 설치 ⇨ 남·황해 해상 무역 장악
• 대일 무역: 8C 이후 활발</td><td>• 대당 무역
– 해·육로 이용
– 당이 덩저우에 발해관 설치
– 수출품: 모피, 인삼, 불상, 자기 등
– 수입품: 귀족의 수요품(비단, 책)
• 대일 무역: 활발(외교 관계 중시, 일본도–신라 견제 의도)
• 대신라 무역: 신라도(발해에서 신라로 통하는 교역로)</td><td colspan="2">• 송(벽란도): 광종 때 시작, 가장 활발
– 수출품: 나전칠기, 화문석, 인삼, 종이(청오지), 먹, 붓 등
– 수입품: 비단, 책, 약재 등(왕실·귀족의 수요품)
• 거란·여진
– 수출품: 농기구, 식량 등
– 수입품: 은, 모피 등
• 일본(합포): 가장 미비
– 수출품: 문방구, 서적, 식량 등
– 수입품: 감귤, 진주, 수은 등
• 아라비아: 수은, 향료, 산호 등 수입
• 원: 고려 후기, 공·사무역 활발 but 금·은·소·말 등의 유출 심각</td><td>• 명: 조공 무역
• 일본: 3포 개항(1426, 세종 8년, 부산포·제포·염포), 왜관 설치 ⇨ 계해약조(1443, 세종 25년, 세사미두 200석, 세견선 50척, 거류 왜인 60명으로 제한 무역)
cf 일본과의 교린 정책의 이원화
• 대등 교린: 조선 국왕과 일본 국왕(막부)과의 외교
• 기미 교린: 대마도주를 매개로 한 무역
• 여진: 조공 무역, 국경 무역
• 동남아시아(류큐, 시암, 자바 등)</td><td>• 청: 국경 무역
[개시: 중강·회령·경원 / 후시: 중강·책문] ⇨ [수출품: 은, 종이, 무명, 인삼 등 / 수입품: 비단, 약재, 문방구 등]
• 일본: 왜관 개시·후시(부산) ⇨ [수출품: 인삼·쌀·무명, 청으로부터의 수입품 / 수입품: 은, 구리, 황, 후추]
cf 임진왜란 이후 1607년(선조 40) 국교 재개 ⇨ 1609년(광해군) 기유약조 체결, 무역 재개[제한 무역(세사미두 100석, 세견선 20척), 부산포에 왜관 설치]</td><td>• 일본
– 조·일 수호 조규(강화도 조약, 1876): 부산(1876, 경제적 목적), 원산(1880, 군사적 목적), 인천(1883, 정치적 목적) 개항
– 조·일 수호 조규 부록(1876): 거류지 무역(개항장 밖 10리 이내 교역), 일본 화폐의 유통 허용
– 조·일 수호 조규 (부록) 속약(1882): 내륙 통상 허용[50리 ⇨ 2(1)년 뒤 양화진 개시]
– 조·일 통상 장정(1876): 일본 수출입 상품에 대한 무관세·무항세, 양곡의 무제한 유출 ⇨ 1883년 부분 수정: 수출입 상품의 관세 규정(10%의 수입세·선박세), 최혜국 대우 규정, 방곡령 조항 제시
• 미국
– 조·미 수호 통상 조약(1882): 협정 관세, 최혜국 조관 최초 허용
• 청
– 조·청 상민 수륙 무역 장정(1882): 내륙 통상 최초 허용
– 조·청 통상 조약(1899): 청과 불평등한 통상 장정 수정</td></tr>
</table>

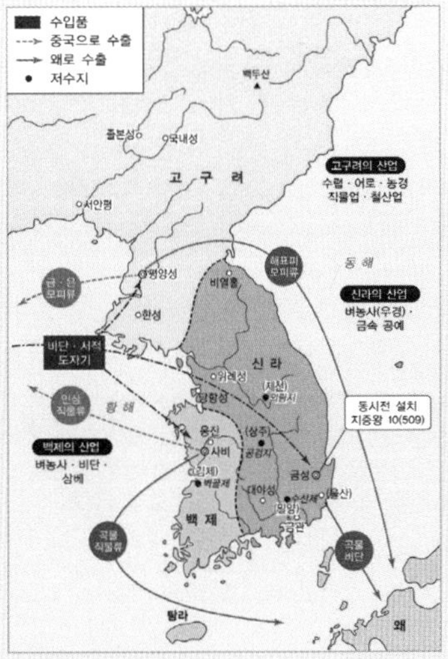

삼국의 경제 활동

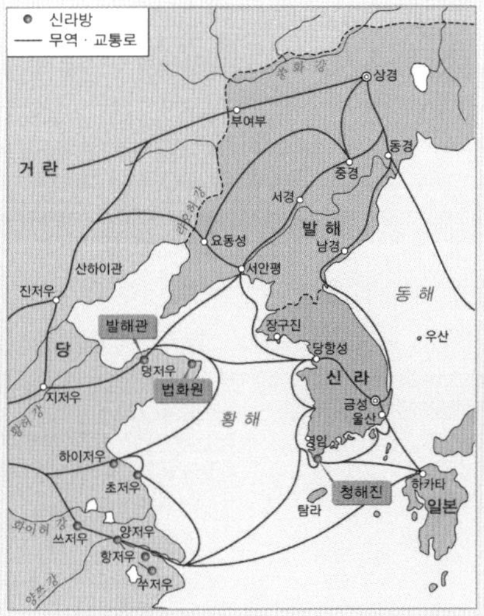

남북국 시대의 무역로

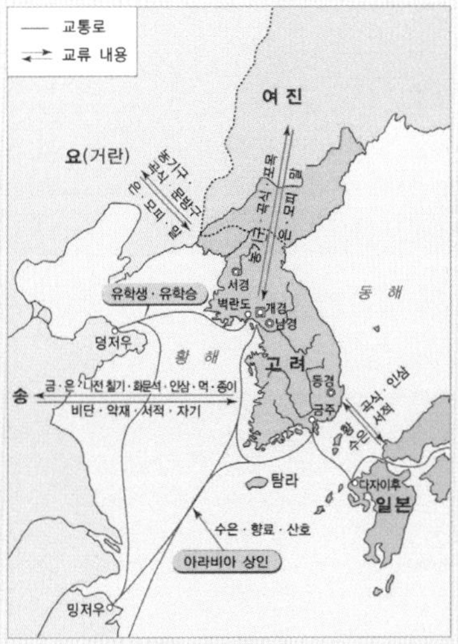

고려의 대외 무역

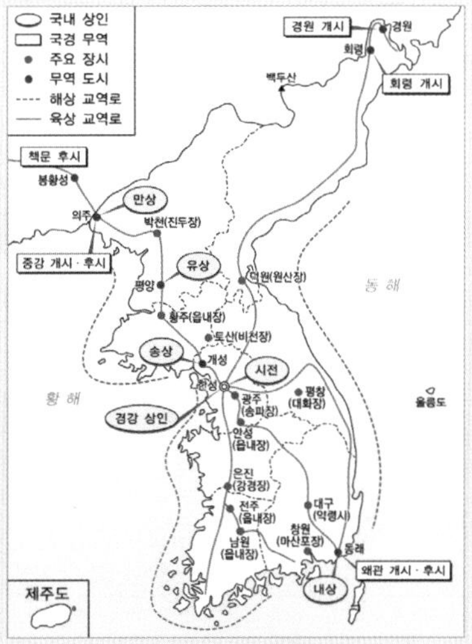

조선 후기의 상업과 무역 활동

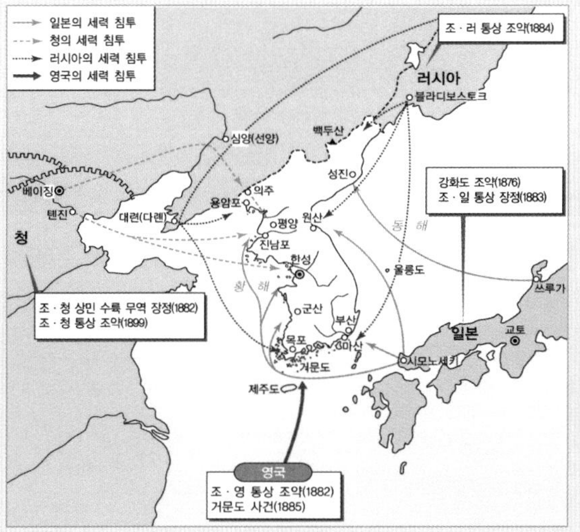

개항 당시 한반도를 둘러싼 외세의 각축

사학사①

시대	시기	사서	내용	비고
삼국	고구려	유기(시기·작자 미상) ⇨ 신집(이문진, 7C 영양왕)	현존 X	
	백제	서기(고흥, 4C 근초고왕)		
	신라	국사(거칠부, 6C 진흥왕)		
통일신라 p.56	최치원	『계원필경』, 『제왕연대력』 등 4산비명, 난랑비문		
	김대문	『계림잡전』, 『화랑세기』, 『한산기』, 『고승전』 등		
고려	전기	7대 실록(황주량, 현종)	1대 태조~7대 목종까지 기록 cf 거란 침입 이후 기록	현존 X
		가락국기(김양감, 문종)	가야 지방사 기록	
		고금록(박인량, 문종)	편년체	
		속편년통재(홍관, 예종)	삼국 시대 역사 기록	
	중기	삼국사기(김부식, 인종, 1145)	• 삼국, 통일신라, 후삼국 시대 역사 기록 ⇨ 현존 최고(最古)의 사서 • 기전체의 정사, 인종의 지시로 『구삼국사』를 기본으로 유교의 도덕적 합리사관에 입각하여 서술 • 본기 28권, 연표 3권, 지 9권, 열전 10권 (cf 열전은 신라인 중심으로 기록 ⇨ 신라 계승 의식)	
		상정고금예문(최윤의, 인종)	이규보의 『동국이상국집』에 13세기 최우 정권 때 『상정고금예문』을 금속 활자로 다시 인쇄했다는 기사 수록 ⇨ 현존 X	
		편년통록(김관의, 의종)	고려 왕실의 권위 확보(왕건의 가계 제시)와 고려 왕실의 중흥을 기원하는 유교적 사관 제시 ⇨ 현존 X	
	후기: 자주적 역사의식	동명왕편(이규보, 명종, 1193)	고구려 건국 영웅인 동명왕의 업적을 칭송한 일종의 민족 서사시 ⇨ 고구려 계승 의식	
		해동고승전(각훈, 고종, 1215)	• 교종의 입장에서 저술(순도, 마라난타, 원광 등 삼국 시대 승려의 전기 수록) • 현재 2권 현존 cf 고려 승려도 기록했을 것으로 추측되나 현재는 삼국 승려 기록만 남음, 원효 전기 발견 X	
		삼국유사(일연, 충렬왕, 1281?)	• 고조선 계승 의식(단군 건국 이야기 최초 수록) • 불교사 중심(경주 중심의 신라 불교를 주로 소개), 고대의 설화나 야사, 향가 등 수록 • 전체 5권 2책으로 구성, 「왕력」·「기이」·「흥법」·「탑상」·「의해」·「신주」·「감통」·「피은」·「효선」 9편목으로 구성	
		제왕운기(이승휴, 충렬왕, 1287)	• 고조선 계승 의식(단군 건국 이야기 수록), 삼척 두타산에서 저술 • 상권은 중국 역사를, 하권은 단군 이야기에서부터 우리나라 역대 왕의 업적을 칠언시로 기록 ⇨ 우리 역사를 단군에서부터 서술하면서 중국사와 대등하게 파악 • 발해를 우리 역사로 최초 인식	
	말기	천추금경록(정가신, 충렬왕)	유교 사관 부활, 현존 X	
		세대편년절요(민지, 충렬왕)		
		본조편년강목(민지, 충숙왕)	→ 편년체+강목체 서술	
		세대편년(이제현, 충숙왕)		
		사략(이제현, 공민왕)	태조~숙종까지 역사 기록, 성리학적 사관(정통 의식과 대의명분 강조), 현존 X	
조선 전기	건국 초	고려국사(정도전, 태조)	• 재상 중심의 정치 체제를 지향 • 제후국으로서의 지위를 강조, 고려 국왕의 칭호였던 '종(宗)'을 '왕(王)'으로 변경 • 고려 말 사실 왜곡(우왕, 창왕)	
		동국사략(권근, 태종)	단군 조선~삼국까지의 역사 정리	
	15세기 중엽: 고려사 자주적 정리	고려사(정인지, 세종~문종)	• 고려 왕조의 역사를 자주적 입장에서 재정리 ⇨ 『고려국사』에서 사용했던 제후국의 칭호를 '조(祖)'·'종(宗)'으로 환원 • 군주 중심의 사서 • 고려 말 사실 왜곡(우왕, 창왕) • 기전체[본기 대신 세가로 기록 ⇨ 세가 부분 확대, 열전 축소(우왕·창왕-열전에 수록)]	
		고려사절요(김종서, 문종)	편년체, 신권(재상) 중심의 사서	
		응제시주(권근, 세조)	• 권람의 조부 권근이 명에 표전 문제로 사신으로 갔을 때 지은 응제시와 명제의 시에 권람이 주석을 붙인 책 (표전 문제: 조선 초기 정도전이 명나라에 보낸 외교문서가 예의에 어긋났다고 명이 트집을 잡은 사건) • 특히 단군 건국 이야기를 비롯한 역대 개국시조에 얽힌 설화를 빠짐없이 수록	
		삼국사절요(서거정, 성종)	고조선에서 삼국까지의 역사 정리	
		동국통감(서거정, 성종)	• 단군 조선에서 고려까지의 역사 정리[최초의 통사(通史)] • 3조선(단군·기자·위만)-삼한-삼국-통일 신라-고려를 정통으로 인식 • 외기(삼국 이전)-삼국기-신라기-고려기로 서술	
	16세기: 존화주의적·왕도주의적 입장 ⇨ 기자 중시	동국사략(박상, 16세기 초)	단군~고려까지 역사 정리(통사)	
		동몽선습(박세무, 중종)	삼강오륜 소개, 중국사와 한국사(단군~조선) 축약 소개	
		표제음주동국사략(유희령, 중종)	단군 조선에서 고려까지의 역사 정리(통사)	
		기자실기(이이, 선조)	기자를 공자와 맹자에 버금가는 성인으로 추앙하고 우리나라 왕도 정치의 기원을 기자에서 찾음.	
		동사찬요(오운, 선조)	기자 조선을 강조하고 신라 위주로 삼국 시대 서술	

역사 서술의 체제

구분	서술 방법	대표 사서	기원(중국 사서)
기전체(紀傳體)	본기(本紀), 세가(世家), 지(志), 열전(列傳) 등으로 구분하는 정사체	『삼국사기』, 『고려사』, 『동사(東事)』, 『동사(東史)』, 『해동역사』 등	사마천의 『사기』
편년체(編年體)	연·월·일별로 서술	『삼국사절요』, 『고려사절요』, 『동국통감』, 『조선왕조실록』 등	사마광의 『자치통감』
기사본말체(紀事本末體)	사건의 발단과 결과를 실증적으로 기술	이긍익의 『연려실기술』	원추의 『통감기사본말』
강목체(綱目體)	강(綱: 대의), 목(目: 세목)으로 나누어 서술	안정복의 『동사강목』	주희의 『자치통감강목』

『삼국사기』와 『삼국유사』의 비교

구분	『삼국사기』	『삼국유사』
시기	고려 중기 인종(1145)	고려 후기 충렬왕(1281?)
저자	김부식(문벌 귀족)	일연(승려)
서술 시대	삼국~후삼국까지 기록	고조선, 삼한, 부여, 삼국~고려까지 기록
사관	유교 사관(보수적·합리적·사대적)	신이(神異)적 불교 사관(주체적)
체제	기전체	기사본말체와 유사
의미	현존하는 최고(最古)의 사서	단군 신화, 설화, 야사, 향가 수록 (단군 이야기 최초 수록)

『조선왕조실록』

구분		내용
의의		태종 때 『태조실록』 편찬, 태조~철종 때까지 25대 역대 왕들의 실록을 편찬 ⇨ 조선 시대 연구의 1차 자료[유네스코 지정 세계 기록유산(1997년 지정)]
방법		• 왕 사후 춘추관에 실록청 설치 • 날짜별로 그날의 중요한 사건들을 기록하는 편년체 • 기본 자료: 사관의 사초(史草)와 시정기(時政記)+보조 자료(일성록, 승정원일기, 의정부등록, 비변사등록 등)
보관		세종 때 4대 사고 설치(서울 춘추관·충주·성주·전주) ⇨ 임진왜란 때 소실(전주 사고 제외) ⇨ 광해군 때 5대 사고 정비 ⇨ 현존: 태백산 사고·정족산 사고·오대산 사고·적상산 사고
기타	일제 강점기	고종·순종실록 작성
	일기	연산군, 광해군
	부분 수정·삭제	개수실록: 선조, 현종, 경종
	국조보감	• 실록 중 역대 왕들의 선정과 훌륭한 언행만을 발췌하여 간행한 사서로 국왕들의 정치 교본서로 사용 • 세종 때 『국조보감』 편찬 구상 ⇨ 세조 때 태조·태종·세종·문종의 4조(祖) 보감 완성
	세종실록지리지	『세종실록』 총 163권 중 127권만 실록이고, 나머지는 『세종실록지리지』, 『국조오례의』, 『아악보』, 『칠정산』을 모아 부록으로 삽입·수록

사학사②

시기	구분	사서/인물	내용
조선 후기	**17세기 후반:** 특정 붕당의 입장 반영, 강목체 서술 강조	휘찬여사(홍여하, 인조)	기전체(남인계) 기자–마한–신라를 정통으로 인식 (단군 조선은 정통에서 제외)
		동국통감제강(홍여하, 현종)	• 강목체(남인계) • 왕권 강화를 강조하고 붕당 정치의 폐지를 역설
		여사제강(유계, 현종)	• 강목체(서인계) • 고려사만 서술: 고려가 자치자강(自治自强)에 힘쓰고 북방족에 항거한 것과 재상이 정치적 주도권을 잡은 것을 강조 ⇨ 북벌 운동 강조
		동사(東事)(허목, 현종)	• 기전체(남인계) ⇨ 북벌 운동과 붕당 정치 비판 • 단군에서 삼국까지 서술: 단군조선–기자조선–신라를 이상적 시대로 인식
	18세기 초	동국역대총목(홍만종, 숙종)	• 강목체 • 단기 정통론 제시: 단군 조선–기자 조선–마한–신라를 정통으로 인식 • 이익의 역사관, 안정복의 『동사강목』, 이종휘의 『동사』에 영향
		동사회강(임상덕, 숙종)	• 강목체 • 삼국 무통론(無統論) 제시, 발해 제외 ⇨ 통일 신라부터 고려까지만 정통으로 인정 • 안정복의 『동사강목』에 영향
	18세기·19세기 초: 현실성 중시 ⇨ 단군–고구려–발해에 대한 새로운 시각 대두	동사(東史)(이종휘, 영조)	• 기전체: 최초로 '단군 본기'를 설정, 열전이나 지는 고구려 중심 서술 • 단군 조선~고려까지 기록(통사): 단군 조선–기자 조선–삼한–부여–고구려–발해(『발해세가』 편성) ⇨ 고대사의 연구 시야를 만주 지방으로 확대, 반도 중심의 협소한 사관 극복
		동사강목(안정복, 영조~정조)	• 강목체, 편년체, 단군 조선~고려까지 기록(통사) • 명분론에 의한 역사의식과 문헌 고증에 의한 실증적 역사 연구를 집대성한 조선 후기의 대표적 통사 ⇨ 고증 사학의 토대 마련 • 삼한 정통론 제시: 단군 조선–기자 조선–삼한(마한)–(통일) 신라–고려를 정통으로 인식(삼국 무통론) ⇨ 중국 중심의 역사관 탈피 cf 삼국무통론
		열조통기(안정복, 영조~?)	조선사(태조~영조)를 다룬 편년체 사서
		발해고(유득공, 정조) ↳ 규장각 검서관, 서얼	• 고대사 연구의 시야를 만주 지방으로 확대 • 신라와 발해를 남북국 시대로 최초 규정
		연려실기술(이긍익, 영조~순조)	• 기사본말체 • 조선의 정치와 문화를 실증적·객관적으로 서술
		해동역사(한치윤, 순조)	• 기전체: 단군 조선~고려까지 기록(통사) • 500여 종의 외국 자료를 인용하여 국사 인식의 폭 확대
		만기요람(서영보, 순조)	18~19세기 초 조선 왕조의 재정과 군정 정리
개화기	**근대 계몽 사학:** 위인전, 외국 흥망사 소개	장지연	『황성신문』을 통하여 조국 정신과 민족의 주체성을 강조. 『백두산정계비고』, 『대한 강역지』 등
		신채호	• 「독사신론」(1908): 민족주의 사학으로의 방향 제시, 시간·공간·인간을 역사의 3요소로 지적 • 기타: 『이순신전』(1908), 『을지문덕전』, 『이태리 건국 삼걸전』, 『최도통(최영)전』 등
		박은식	• 『왕양명실기』, 『천개소문전』, 『안중근전』(1914) 등 cf 『이순신전』(1923) • 「유교구신론」(1909): 仁 강조, 대동교, 대동사상 주창, 상하이 대동 보국단(1915) 조직
		황현	『매천야록』에서 한말 비운의 역사를 다루었고, 일제에 의해 합방이 되자 이를 개탄하여 자살
		현채	• 『동국사략』, 『월남망국사』, 『유년필독』 등 저술 • 특히 『유년필독』은 아동용 교과서로 1909년 일본의 출판법에 의해 압수된 책 중 가장 많은 부수를 차지
일제 강점기	**민족주의 사학:** 우리 문화의 우수성과 한국사의 주체적 발전 등을 강조	박은식 cf 인물사 참고(p.63)	• 『황성신문』, 『대한매일신보』, 『서북학회보』의 주필 • 『한국통사』(1915): 근대 이후 일본의 한국 침략 과정 서술, 서문에 '역사는 신(神)이요, 나라는 형(形)이다.' ⇨ 민족혼 강조 • 『한국독립운동지혈사』(1920): 일제의 침략에 대항하여 투쟁한 한민족의 독립운동 저술
		신채호 cf 인물사 참고(p.63)	• 고대사 연구 중심 • 의열단의 '조선 혁명 선언' 작성(1923): 민중에 의한 직접 무장 투쟁 강조('… 대저 혁명의 길은 파괴에서 있을지니 …') • 『조선사연구초』(1925): 묘청의 난을 '조선 1천년래의 제일대 사건'으로 평가 ⇨ 낭가 사상 강조 • 『조선상고사』(1931): 역사를 '아(我)와 비아(非我)의 투쟁의 기록'으로 정의
	1930년대 (신)민족주의 사학 (조선학 운동–정약용 연구)	안재홍 cf 인물사 참고(p.64)	• 신채호의 고대사 연구를 계승·발전 ⇨ 『조선상고사감』(계급보다 민족 강조) • 해방 후 '신민족주의와 신민주주의'라는 독창적 이론을 제시
		정인보 cf 인물사 참고(p.64)	• 신채호의 민족 사관 계승·발전 • 「5천 년간 조선의 얼」을 『동아일보』에 연재 ⇨ 『조선사연구』로 간행, 얼 사상 강조 • 광개토 대왕비문을 연구하여 일본의 잘못된 고대사 연구를 수정
		문일평	• 세종과 실학자들의 민족 지향·민중 지향·실용 지향을 높이 평가하여 세종을 대표자로 하는 조선심, 조선 사상을 민족 문화의 근본으로 강조 • 『호암전집』, 『대미 관계 50년사』 등
	사회 경제 사학 (일제의 정체성론에 대항, 한국사의 역사 발전을 경제사적인 역사 발전 법칙과 동일한 범주에서 파악)	백남운	• 『조선사회경제사』, 『조선봉건사회경제사』 등 • 해방 후 양심적 지주·자본가들과 손잡고 새 나라를 건설해야 한다는 '연합성 신민주주의'를 제창
	실증주의 사학		문헌 고증을 통해 있었던 사실 그대로를 밝혀내는 것에 목적을 두고 연구, 진단 학회(1934) 조직, 이병도, 손진태(『조선민족사개론』, 『국사대요』) 등

농서

농상집요(고려 말)	이암이 원에서 수입한 농서
농사직설(정초, 세종)	• 우리나라 풍토에 맞는 농법으로 편찬된 농서(이앙법 소개) • 권농관의 지침서(한문 편찬)
금양잡록(강희맹, 성종)	경기도 금양현(지금의 경기도 시흥, 과천)에서 문신 강희맹이 직접 경험하고 들은 농경 방법을 기술 cf 『양화소록』(강희안): 최초 화초 재배법
농가집성(신속, 효종)	• 『농사직설』, 『금양잡록』, 『사시찬요초』 외에 『구황촬요』까지 합편으로 구성 • 17세기 최고의 종합 농업서
산림경제(홍만선, 숙종)	농업과 일상생활에 관한 광범위한 사항을 기술
색경(박세당, 숙종)	곡물 재배법 외에 채소, 과수 등 다양한 농경법 제시
과농소초(박지원, 정조)	기존 농법을 비판하며 농업 기술과 농업 정책을 아울러 논하고, 그 개혁책으로 한전법 제시
해동농서(서호수, 정조)	우리나라 농학을 기본으로 중국 농학 수용
임원경제지(서유구, 순조)	『산림경제』를 토대로 한국과 중국의 저서 900여 종을 참고·인용하여 엮어낸 농업 백과전서

약학서

향약구급방(고려 고종, 1236~1251)	현존 최고의 독자적 의서 ⇨ 대장도감에서 간행
향약채취월령(유효통 등, 세종)	향약의 분포 실태 조사(12개월에 따른 토산 약재 기록)
향약집성방(유효통 등, 세종)	향약(우리나라 향토에서 생산되는 약재)에 관한 의약서 cf 기초 자료: 향약제생집성방(정종 때 간행)
의방유취(전순의 등, 세종)	의학 백과사전
벽온신방(안경창, 효종)	전염병 치료서
동의보감(허준, 광해군)	우리의 의학을 체계적으로 정리 ⇨ 중국, 일본에 간행(유네스코 기록 문화유산)
침구경험방(허임, 인조)	침구술 집대성
성호사설(이익, 영조)	서양 의학의 생리학 분야와 혈액·호흡·신경계 등에 관해 기술(백과사전)
(증수)무원록(영조)	세종 때 편찬한 『(신주)무원록』을 보완한 법의학서
마과회통(정약용, 정조)	박제가와 함께 마진(홍역) 연구
동의수세보원(이제마, 19세기 고종)	사상 체질 의학 확립

병서

진도(정도전, 태조)	요동 수복 계획의 일환으로 편찬 ⇨ 독특한 전술(전법)과 부대 편성 방법 창안
역대병요(집현전, 세종)	역대의 병법과 전쟁 일화 수록
총통등록(집현전, 세종)	화포의 제작·사용법을 그림과 함께 한글로 자세히 기록
동국병감(김종서, 문종)	고조선에서 고려 말까지의 전쟁사 수록
병장도설(유자광, 성종)	군사 훈련 지침서 ⇨ 화포의 제작·사용법 개발
무예제보(한교, 선조)	군사 훈련 지침서
무예도보통지(이덕무·박제가 등, 정조)	24기의 전투 기술을 중심으로 한 실전 훈련서로 도보(圖譜) 제시

조선 후기 백과사전

『대동운부군옥』(권문해, 선조) ⇨ 『지봉유설』(이수광, 광해군) ⇨ 『유원총보』(김육, 인조) ⇨ 『성호사설』(이익, 영조) ⇨ 『동국문헌비고』(홍봉한, 영조) ⇨ 『청장관전서』(이덕무, 정조) ⇨ 『임원경제지』(서유구, 순조) ⇨ 『오주연문장전산고』(이규경, 헌종)

일제의 역사 왜곡 부서 cf p.4

조선 고적 조사 위원회	『조선고적도보』 간행
조선사 편수회	『조선사』 37권, 『조선사료총간』, 『조선사료집』 간행
청구 학회(1930)	『청구 학총』 발간
기타	중추원 등

예술사①(그림·음악)

cf 조선 후기 대표 화가
- 3원: 김홍도(단원), 신윤복(혜원), 장승업(오원)
- 3재: 정선(겸재), 조영석(관아재), 심사정(현재)

<table>
<tr><th rowspan="2">구분</th><th rowspan="2">삼국</th><th colspan="2">남북국</th><th colspan="3">고려</th><th colspan="2">조선 전기</th><th colspan="2">조선 후기</th></tr>
<tr><th>통일 신라</th><th>발해</th><th>전기</th><th>중기</th><th>후기</th><th>15세기</th><th>16세기</th><th>17~18세기</th><th>19세기</th></tr>
<tr><td rowspan="2">그림</td><td rowspan="2">[고구려 고분 벽화]
• 만주 집안
– 무용총: 수렵도, 무용도, 행렬도 등
– 각저총: 씨름도, 별자리 그림 등
• 평안도
– 강서 수산리 고분: 높은 나무다리 위에서 교예를 하는 모습, 여인도(⇨ 일본 다카마쓰 고분의 여인도에 영향)
– 강서 고분: 사신도(청룡·백호·주작·현무) ⇨ 도교 영향
– 덕흥리 고분: 13명의 태수에게 보고를 받고 있는 유주자사 진(鎭)의 모습, 무예를 겨루는 사람, 견우직녀도 등
– 쌍영총: 무사, 우차, 여인의 모습 등
• 황해도
– 안악 3호분: 대행렬 그림, 귀족의 모습, 부엌·우물가·고깃간 그림 등
[백제 고분 벽화]
– 공주 송산리 고분: 6호분(사신도 등)
– 부여 능산리 고분: 1호 동하총(사신도 등)
[신라 그림]
천마총의 천마도[말 안장 양쪽 다래(가리개)에 그린 그림, 벽화 X]</td><td rowspan="2">김충의(당에서 활동)</td><td rowspan="2">정효 공주 묘 벽화(인물도)</td><td colspan="2" rowspan="2">• 이령의 예성강도, 이광필 ⇨ 현존 X
• 중기 이후 문인화 성행 ⇨ 현존 X</td><td rowspan="2">• 공민왕의 천산대렵도(원대 북화 영향 문인화, 국립 중앙 박물관 소장)
• 불화: 왕실과 권문세족의 구복 요구[혜허의 양류관음도(관음보살도, 일본 소장)]
• 벽화: 거창 둔마리 고분 벽화, 부석사 사천왕상과 보살상, 박익 묘 벽화</td><td rowspan="2">• 중국 화풍(남종화) 수용 ⇨ 독자적·진취적·발랄한 시대 분위기를 반영, 인물과 산수를 씩씩하고 낭만적으로 묘사
• 안견의 몽유도원도: 도화서 출신, 신선이 산다는 이상 세계 표현(일본 소장)
• 강희안의 고사관수도: 문인화가, 사색에 빠진 인간의 내면세계를 표현
• 이수문, 문청 등: 일본 무로마치 화단에 영향</td><td rowspan="2">• 자연 속에서 아름다움 추구
• 4군자 유행
• 이상좌의 송하보월도: 도화서 출신(노비), 바위틈에 뿌리박고 모진 비바람을 이겨 내는 늙은 소나무 표현
• 신사임당의 초충도
• 3절: 이정(대나무), 황집중(포도), 어몽룡(매화)</td><td>• 실학적 화풍 도입
• 정선의 진경산수화 개척: 명·청 화풍(남종화) 바탕+뚜렷한 자아의식 반영, '인왕제색도', '금강전도'
• 풍속화의 유행: 후기 사회·경제적 변화 반영
<table><tr><th>구분</th><th>김홍도</th><th>신윤복</th></tr><tr><td>출신</td><td>도화서 출신, 정조의 기록화 그림</td><td>문인 화원</td></tr><tr><td>대상</td><td>서민</td><td>양반, 부녀자</td></tr><tr><td>특징</td><td>간결, 배경 생략</td><td>섬세, 배경 有</td></tr><tr><td>작품</td><td>서당도, 무동, 밭갈이, 추수, 집짓기, 대장간</td><td>단오풍정, 여인도, 선유도</td></tr></table>• 서양 화법의 도입(원근법, 명암법): 강세황의 영통골 입구도, 김수철의 투견도, 김홍도의 용주사(경기 화성) 탱화</td><td>• 궁궐도: 세도 정치하 국가 차원에서 제작, 동궐도(창덕궁), 서궐도(경희궁), 북궐도(경복궁), 경기 감영도 등
• 실학적 화풍 쇠퇴 ⇨ 복고적 화풍(남종화) 유행
• 김정희의 세한도: 선비의 이념 세계 표현(1844)
• 신위의 대나무 그림
• 장승업의 군마도, 삼인문년도 등</td></tr>
<tr><td colspan="2">민화 유행: 해·달·꽃·동물·물고기, 농경·무속의 풍속 그림, 서민 의식 반영, 작자 미상</td></tr>
<tr><td>음악</td><td>• 신라: 향가(진성 여왕 때 『삼대목』 편찬 ⇨ but 현존x cf 『삼국유사』 14수 전함), 거문고의 옥보고, 백결(방아타령)
• 고구려: 왕산악(거문고)
• 대가야: 우륵(신라로 귀화, 가야금, 충주 탄금대)</td><td></td><td></td><td colspan="3">• 향가: 고려 전기 균여의 보현십원가 11수 ⇨ 후기 경기체가로 변화
• 향악(속악): 우리의 고유 음악, 노래의 가사[창사(唱詞)]가 우리말, '동동', '한림별곡', '대동강', '오관산', '진작', '정과정' 등
• 당악(당의 음악): 주로 궁중 연회에서 사용
• 아악: 송의 대성악 ⇨ 궁중 제례(祭禮)에서 사용
• 가면극: 산대놀이, 처용무</td><td colspan="2">• 세종: 관습도감에서 음악 연구[아악(동양에서 가장 오래된 궁중 음악) 체계화], '여민락' 작곡, 정간보(악보) 창안
• 성종: 『악학궤범』(성현, 음악 이론서), 합자보(연주 방법 창안)</td><td colspan="2">• 다양화
• 양반: 가곡(유네스코 세계 무형 문화유산), 시조
• 서민: 민요, 잡가
• 기타: 판소리(유네스코 세계 무형 문화유산), 산조 등 유행</td></tr>
</table>

고대 고분

구분	내용
고구려	초기: 돌무지무덤(장군총 등) ⇨ 후기: 굴식 돌방무덤[강서 고분(사신도) 등]
백제	• 한성 시대: 돌무지무덤(서울 석촌동 고분) • 웅진 시대(공주 송산리 고분군): 굴식 돌방무덤, 벽돌무덤[무령왕릉, 6호분(사신도)] • 사비 시대(부여 능산리 고분군): 굴식 돌방무덤[1호 동하총(사신도) 등]
신라	돌무지덧널무덤 ⇨ 통일 직전: 굴식 돌방무덤 2기
통일 신라	• 화장법 유행 • 굴식 돌방무덤 본격 – 둘레돌에 12지 신상 조각(⇨ 고려, 조선 계승)
발해	• 정혜 공주 무덤(육정산 고분군): 굴식 돌방무덤과 모줄임 천장 구조(고구려 영향) • 정효 공주 무덤(용두산 고분군): 벽돌무덤(당 영향), 평행고임 천장 구조(고구려 영향)

돌무지무덤

벽돌무덤

돌무지덧널무덤

투시도를 통해 본 굴식 돌방무덤의 구조(고구려 덕흥리 고분)

장군총(고구려, 집안)

무령왕릉 현실(백제, 공주)

김유신 묘(통일 신라, 경주)

김유신 묘 둘레돌 중 일부

회화

무용총 무용도(고구려, 중국 집안)

강서 수산리 고분 벽화(고구려)

강서대묘의 현무도(고구려) | 사신도의 하나로, 북쪽 방위신

천마도(신라, 국립 중앙 박물관) | 말 안장 안쪽의 다래(가리개)에 그린 그림

정효 공주 무덤 벽화(발해, 중국 중경 현덕부) | 당의 영향을 받은 벽돌무덤으로, 내부에 12명의 인물도(벽화)가 있음.

천산대렵도(공민왕, 고려)

박익 묘 벽화(고려)

양류관음도(고려, 현재 일본 소장)

몽유도원도(안견, 15세기) | 안평 대군(세종의 셋째 아들)이 꿈속에서 본 도원을 그리게 한 그림(일본 덴리 대학 소장)

고사관수도(강희안, 15세기)

송하보월도(이상좌, 16세기)

초충도(신사임당, 16세기)

인왕제색도(정선, 18세기)

서당도(김홍도, 18세기)

단오풍정(신윤복, 18세기)

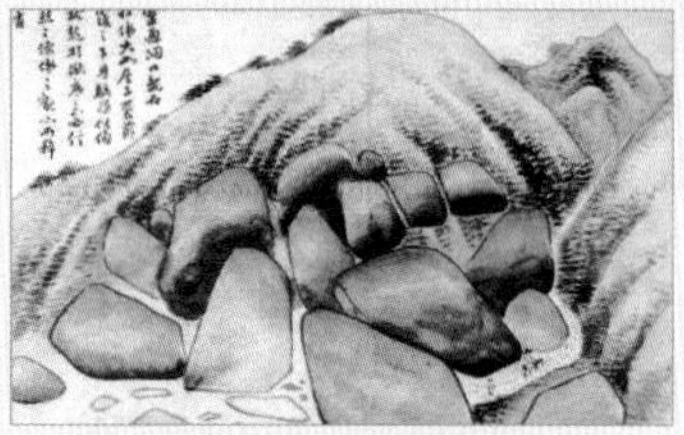
영통골 입구도(강세황, 18세기)

까치 호랑이(민화, 작가 미상, 조선 후기)

세한도(김정희, 19세기)

예술사②(불상·탑·건축)

cf 경운궁
- 성종의 형 월산대군의 사저, 왜란 직후 선조의 임시 거처(정릉동 행궁)
- 광해군: 경운궁으로 개칭
- 대한제국: 덕수궁으로 개칭, 덕수궁 중명전(을사조약 체결 장소), 덕수궁 석조전(1910, 르네상스 건축) 등

구분	삼국			남북국		고려		조선 전기		조선 후기	
	고구려	백제	신라	통일 신라	발해	전기	후기	15세기	16세기	17~18세기	19세기
불상	연가 7년명 금동 여래 입상: 중국 북조 영향(경남 의령 출토)	서산 마애 삼존 불상(7C): 온화한 미소, 일명 '백제인의 미소'	경주 배동 석조 여래 삼존 입상(배리 석불 입상, 경주 남산): 푸근한 자태와 부드러운 미소	중대: 석굴암 본존불상 하대: 철불 대두(신라 말·고려 전기)	이불병좌상(동경 출토): 고구려 양식	• 석불·금동불이 주류, 9C 말 철불 제작 유행 ⇨ 형식에 구애받지 않고 자유분방 • 대표 불상: 부석사 소조 아미타여래 좌상(신라 양식 계승) • 거대한 불상 대두: 논산 관촉사 석조 미륵보살 입상(18m의 불상, 광종 때), 안동 이천동 석불, 파주 용미리 석불 입상 등 ⇨ 지역 특색 반영 • 철불: 하남 하사창동 철불(구 광주 춘궁리 철불, 대형 철불)					
	공통: 금동 미륵보살 반가 사유상										
탑	목탑 건립(현존 X)	• 익산 미륵사지 석탑[서탑, 사택적덕의 딸(무왕의 부인) 건립]: 현존 최고의 석탑 ⇨ 목조탑 양식 • 부여 정림사지 5층 석탑: 배흘림(엔타시스) 기법 반영, 당 소정방의 '평제탑(平濟塔)' 수모 겪음.	• 분황사 (모전) 석탑(선덕 여왕): 벽돌 모양의 석탑, 현재 3층까지 남음. • 황룡사 9층 목탑(선덕 여왕): 자장 건의, 호국 불교, 몽골 침입 때 소실(13C)	중대: • 통일 신라 탑의 특징: 이중 기단에 3층 석탑 양식 • 감은사지 3층 석탑(신문왕): 호국 불교 • 불국사 3층 석탑(석가탑): 무구 정광 대다라니경 발견 • 화엄사 4사자 3층 석탑 cf 충주 탑평리 7층 석탑(일명 '중앙탑') 하대: • 진전사지 3층 석탑: 기단·탑신에 부조로 불상 조각 • 부도: 선종 영향 ⇨ 진전사지 승탑(강원도 양양), 쌍봉사 철감선사 승탑(전남 화순, 8각 원당형)	영광탑: 5층 벽돌탑, 당이나 통일 신라 건축 기법과 유사, 탑 아래 묘실[地宮] 발견	• 월정사 8각 9층 석탑: 송의 영향(⇨ 다각 다층탑) • 승탑 – 8각 원당형: 여주 고달사지 원종대사 혜진탑 – 특수 형태: 정토사 홍법국사 실상탑(국립 중앙 박물관), 법천사 지광국사 현묘탑(사각형, 원주 ⇨ 경복궁) 등	경천사지 10층 석탑: 원의 영향(대리석)	원각사지 10층 석탑(세조, 서울 탑골 공원): 경천사지 10층 석탑의 영향(대리석)		• 17C: 법주사 팔상전(현존 최고의 목조 5층탑)	
건축	• 졸본: 오녀산성 내부 건물지 발견 • 국내성: 평지성인 국내성과 배후산성인 환도산성이 궁궐지로 추정 • 평양: 장수왕이 평지성인 안학궁과 배후산성인 대성산성 축조 ⇨ 평원왕 때(586) 평지성과 산성이 결합된 평양성(장안성) 건립 → 북성, 내성, 중성, 외성의 4개의 성으로 구성	• 한성 시대: 풍납토성(북성), 몽촌토성(남성), 이성산성(경기 하남시) • 웅진 시대: 공산성(공주) • 사비 시대: 부소산성·나성 축조, 무왕 때 별궁 연못 궁남지 축조, 왕흥사·미륵사(7C 무왕)	황룡사(6C 진흥왕)	• 당의 장안성을 본떠 수도 금성을 구획, 월성 지구(궁궐지로 추정) • 불국사: 경덕왕 때 김대성(진골) 창건 시작 ⇨ 혜공왕 때 완성 • 석굴암(인공 석굴): 경덕왕 때 김대성(진골) 창건 시작 ⇨ 혜공왕 때 완성 • 안압지(인공 연못): 당의 양식	• 지상 건물: 현존 X • 상경: 당의 장안성 모방, 외성(나성)–토성을 두르고 중앙 북방에 황성(皇城)을 쌓음, 황성 남문에서 외성 남문까지 일직선의 주작대로 배치 ⇨ 좌경·우경으로 구분, 다시 여러 조방(條坊) 구성	개경 – 만월대 등의 궁전, 현화사·흥왕사 등의 사찰 건립 ⇨ 현존 X – 나성 축조(현종 때 거란의 침입 결과) 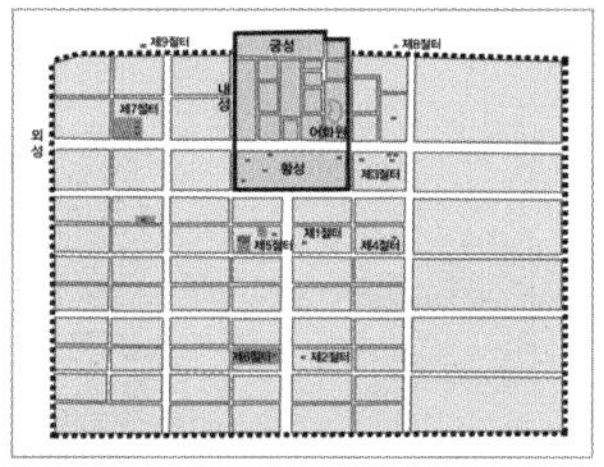 ◤ 발해의 주작대로	주심포식 • 봉정사 극락전(공민왕 12년, 1363, 안동): 현존하는 가장 오래된 목조 건축물, 맞배지붕 • 부석사 무량수전(우왕 2년, 1376, 영주): 배흘림기둥 양식, 팔작지붕 • 수덕사 대웅전 다포식 • 원의 영향 • 성불사 응진전, 석왕사 응진전, 심원사 보광전 ⇨ 조선 시대 건축에 영향	• 건물 크기를 법적으로 규제(신분 질서 유지, 사치 방지) • 자연미 중시: 주위 환경과의 조화 • 경복궁(정문: 광화문, 태조), 창덕궁(정문: 돈화문, 태종), 창경궁(정문: 홍화문, 세종 때 수강궁 ⇨ 성종 때 창경궁 명칭), 숭례문, 개성의 남대문, 평양의 보통문 등 • 해인사 장경판전(고려의 팔만대장경 보관): 통풍을 위해 창 크기를 서로 다르게 함. • 사직단(토지신 제단), 종묘 등 건축 cf 사직단: 삼국부터 설치 ⇨ 일제: 공원으로 만듦.	서원 건축(주택+사원+정자 건축 양식 결합): 백운동 서원(최초, 중종 때 주세붕 건립) ⇨ 소수서원(명종, 이황의 건의로 사액)	• 17C: 금산사 미륵전·화엄사 각황전 ⇨ 규모가 큰 다층 건물로 내부는 하나로 통하는 구조 • 18C: 수원 화성(정조) – 정약용 설계, 거중기 이용, 공격용 성곽, 종합적 도시 계획으로 건립, 2년만에 완공, 유네스코 세계 문화유산	19C: 흥선 대원군의 경복궁(근정전, 경회루 등) 중건 ⇨ 전제 왕권 강화 의도 cf 당백전 발행

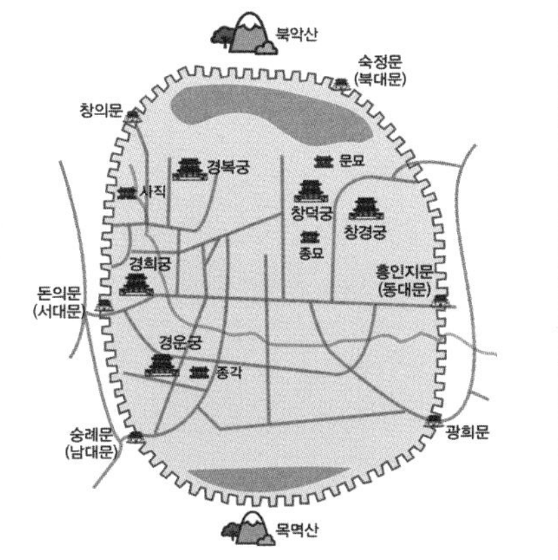

◤ 조선의 궁궐 배치도 | 좌묘우사(左廟右社), 전조후시(前朝後市) 배치(중국 『주례』 입각)

cf 경복궁 배치

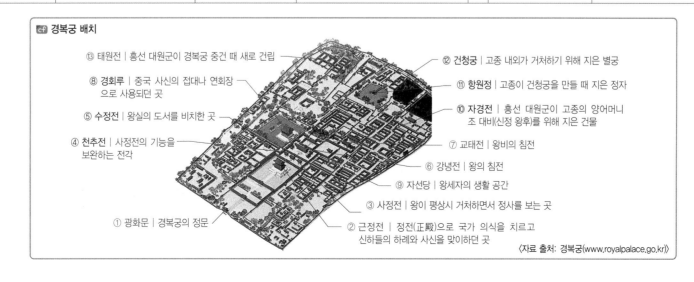

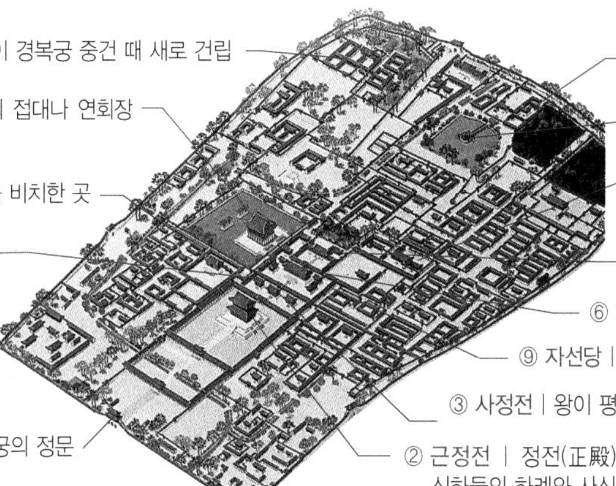

〈자료 출처: 경복궁(www.royalpalace.go.kr)〉

cf 창덕궁 배치
- 돈화문: 창덕궁의 정문
- 인정전: 창덕궁의 중심 건물로서 조정의 각종 의식과 외국 사신 접견 장소로 사용되던 곳
- 선정전: 왕의 집무실(편전), 청기와 건물
- **희정당**: 조선 후기에 왕이 평상시에 거처하던 곳
- **대조전**: 왕비의 침전
- **성정각**: 세자의 동궁
- 선원전: 역대 왕과 왕비의 초상화를 모시던 건물
- 후원(**비원**): 창덕궁 북쪽에 창경궁과 붙어 있는 우리나라 최대의 궁중 정원. 부용지·주합루(규장각 설치)·애련지·의두합·연경당[효명 세자가 1828년 아버지 순조에게 존호(尊號)를 올리는 의례를 행하기 위해 창건한 건물로, 사대부 집을 본떠 사랑채와 안채를 중심으로 구성되어 있으며 단청을 하지 않음]·존덕정[정조의 『홍재전서』에 실려 있는 시 '만천명월주인옹자서(萬川明月主人翁自序)'가 걸려 있음.]

불상

연가 7년명 금동 여래 입상(고구려)

서산 마애 삼존 불상(백제)

경주 배동 석조 여래 삼존 입상(신라)

삼산관 금동 미륵 보살 반가상(삼국)

석굴암 본존 불상(통일 신라, 경주)

이불병좌상(발해)

부석사 소조 아미타여래 좌상(고려, 경북 영주)

관촉사 석조 미륵 보살 입상(고려, 충남 논산)

파주 용미리 석불 입상(고려, 경기 파주)

하남 하사창동(광주 춘궁리) 철불(고려, 국립 중앙 박물관)

운주사 와불(고려, 전남 화순)

고려의 불교 문화

탑·부도

미륵사지 석탑(백제, 익산)

정림사지 5층 석탑(백제, 부여)

분황사 (모전) 석탑(신라, 경주)

감은사지 3층 석탑(통일 신라, 경주)

불국사 3층 석탑(통일 신라, 경주)

불국사 다보탑(통일 신라, 경주)

진전사지 3층 석탑(통일 신라 하대, 양양)

쌍봉사 철감선사 승탑(통일 신라 하대, 전남 화순)

영광탑(발해, 중국 지린성 창바이현)

석등(발해, 상경)

월정사 8각 9층 석탑(고려, 강원 평창)

고달사지 원종대사 혜진탑(고려, 경기 여주)

정토사 홍법국사 실상탑(고려, 국립 중앙 박물관)

법천사 지광국사 현묘탑(고려, 원주 ⇨ 경복궁)

경천사지 10층 석탑(고려, 국립 중앙 박물관)

원각사지 10층 석탑(조선, 세조)

건축

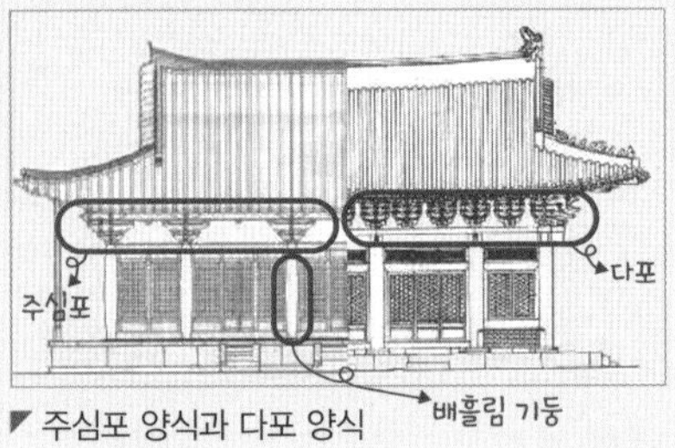

주심포 양식과 다포 양식

부석사 무량수전(고려 후기, 경북 영주)

숭례문(조선, 15C)

해인사 장경판전(조선, 15C)

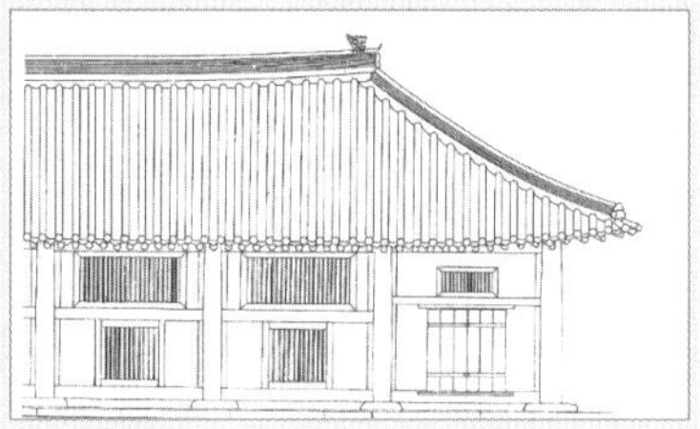
해인사 장경판고 수다라장전 입면 상세도

사직단

한국의 지붕 양식

종묘 정전(조선, 15C)

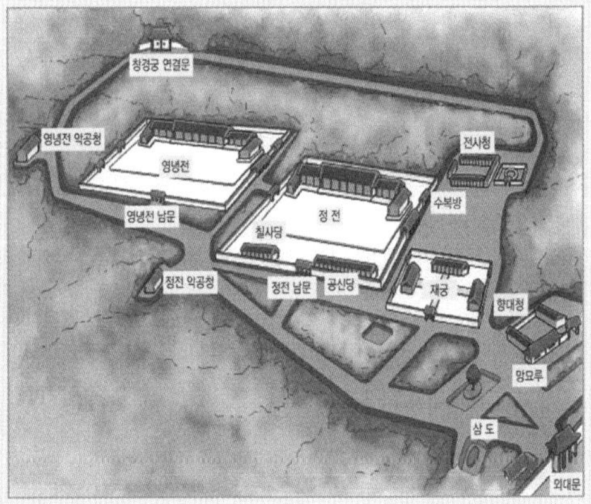

종묘 배치도

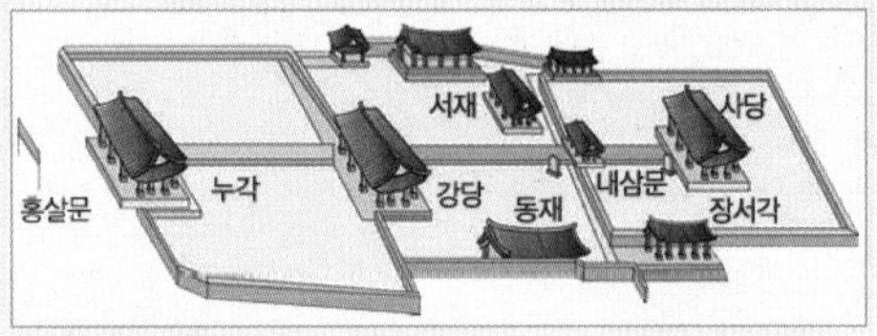

조선 서원의 구조

법주사 팔상전(조선, 17C, 충북 보은)

수원 화성(조선, 18C)

동궐도(東闕圖, 창덕궁 대조전 일대 그림, 19C)

예술사③(인쇄술·서예·토기·도자기·공예·기타)

인쇄술

구분	목판 인쇄술	활판 인쇄술
장점	한 종류의 책을 대량 생산	다양한 책 인쇄 가능
단점	다양한 책 인쇄 안 됨.	소량 생산 cf 금속 활자 단계 ⇨ 대량 생산 가능

인쇄술 · 서예

구분	삼국(고구려)	남북국(통일 신라)	고려		조선	
			전기	후기	전기	후기
인쇄술		무구 정광 대다라니경(8C 初): 현존 세계에서 가장 오래된 목판 인쇄물 ⇨ 불국사 3층 석탑(석가탑)에서 발견	• 목판 인쇄술(고정식): 대장경[불교의 교리를 집대성, 경(經)·율(律)·론(論) 3장으로 구성] – 초조대장경: 거란 침입 당시 조판, 대구 부인사 보관 ⇨ 13세기 몽골 2차 침입 때 소실 – 교장(속장경): 대각국사 의천, 국내·송·일본 등에서 불경 수집 ⇨ '신편제종교장총록'(불교 목록) 작성, 흥왕사에 교장도감 설치, 개경 흥왕사 보관 ⇨ 13세기 몽골 침입 때 소실 cf 정식 대장경 X • 활판 인쇄술(이동식): 한 글자씩 조립하여 만드는 것으로 활자의 종류는 목판과 금속판으로 구분 ⇨ 밀랍식 인쇄	• 목판 인쇄술(고정식) – 재조대장경(팔만대장경): 13세기 몽골 침략 때 최우가 강화도에 대장도감, 진주에 분사(대장)도감 설치·판각(유네스코 세계 기록 문화유산) • 활판 인쇄술 중 금속 활자 대두 – 『상정고금예문』(고종, 1234): 서양보다 216년 앞선 것이지만 현재 전해지지 않음. ⇨ 이규보의 『동국이상국집』에 『상정고금예문』을 금속 활자로 인쇄했다는 기사 수록 – 『직지심체요절』(우왕, 1377): 현존 세계 최고의 금속 활자본(유네스코 세계 기록유산, 프랑스 소장)	• 교서관(태종) 설치, 인쇄술 발달 • 계미자(태종) • 갑인자(세종) • 세종 때 식자판 조립: 인쇄 능률 두 배 향상	• 유교책판(册版): 조선 시대(1392~1910)에 718종의 서책을 간행하기 위해 판각한 책판으로, 305개 문중과 서원에서 기탁한 총 64,226장으로 구성(유네스코 세계 기록유산) • 한구자·생생자·정리자(정조)
서예	광개토 대왕릉비문: 선돌 형태의 자연석, 웅건한 서체(예서체)	• 김인문: 화엄사의 화엄경 석경 등 여러 사찰의 비문 작성 • 김생: 신라의 독자적인 서체 개발 ⇨ 고려 때 그의 글씨를 모아 새긴 『집자비문』이 현존 • 요극일: 구양순체로 유명	• 왕희지체, 구양순체 유행 • 신품 4현: 유신, 탄연, 최우, 김생(신라)	조맹부체(송설체)	• 안평 대군: 송설체의 대가, 몽유도원도의 서문 작성 • 한호(석봉)	• 동국진체(이광사) • 추사체(김정희)  김정희의 글씨 | '죽로지실(竹爐之室)'

토기 · 도자기 · 공예 · 기타

구분	신석기	청동기	철기	가야	삼국	남북국	고려			조선		
							전기~중기 (송의 자기 기술 도입)	후기(무신 집권기)	원 간섭기	15세기	16세기	후기
토기·도자기	• 이른 민무늬 토기 • 덧무늬 토기 • 눌러찍기무늬 토기 • 빗살무늬 토기(대표 토기)	• 덧띠새김무늬 토기 • 민무늬 토기(대표 토기) • 미송리식 토기(고조선 영역) • 붉은 간 토기	• 민무늬 토기 • 덧띠 토기 • 가지무늬 토기 • 붉은 간 토기 • 검은 간 토기 등 다양	일본 스에키 토기에 영향줌.	신라 토기	발해: 삼채 도자기 발달 ⇨ 당에 수출	순수(비색) 청자(⇨ 양·음각) cf 『고려도경』: 송나라 사신 서긍의 기록, 고려청자를 비색이라고 극찬, 단 상감법 언급 없음.	상감청자	상감청자 쇠퇴	분청사기	순백자	• 청화백자(철사, 진사) • 달항아리 cf 서민: 주로 옹기 사용
공예·기타	• 구석기 후기: 개 모양 석상 등(공주 석장리), 고래·물고기 조각 등(단양 수양개) • 신석기: 토우, 조개껍데기 가면, 조가비로 만든 치레걸이, 여인상(청진 농포동, 울산 신암리), 뼈바늘과 바늘집 등	• 토우, 청동제 의기(청동 방울 등) • 바위그림 – 울주 반구대: 300여 점이 넘는 사람과 짐승, 각종 생활 장면 등 사실적 그림 ⇨ 사냥과 고기잡이의 성공 및 풍요 기원 – 고령 장기리(구, 양전동): 동심원·삼각형·십자형 등의 기하학적 무늬			• 백제: 칠지도[369년 백제 근초고왕이 일본 후왕(侯王)에게 하사한 금으로 상감한 철제 칼(일본 왕실 소장)], 금동 대향로(부여), 창왕명 석조 사리감(부여), 왕흥사지 사리감(부여) • 신라: 금관, 황금 보검 • 대가야: 금관	통일 신라 – 상원사 동종(현존 최고, 성덕왕 때 주조) – 성덕 대왕 신종(봉덕사종, 일명 에밀레 종, 경덕왕 때 주조 시작 ⇨ 혜공왕 때 완성)		• 은 입사 공예, 나전 칠기(송에 수출) • 범종: 화성 용주사종, 해남 대흥사종(⇦ 신라 양식)		목공예, 돗자리 공예, 자개 공예 등		

토기·도자기

빗살무늬 토기

민무늬 토기

미송리식 토기

덧띠 토기

가야 토기

신라 토기

순수(비색) 청자

상감청자

분청사기

순백자

청화백자

달항아리

공예·기타

여인상(울산 신암리)

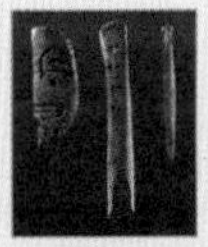
사람 얼굴 조각품(웅기 서포항)

얼굴 모양 토제품(경북 울진)

치레걸이(경남 통영)

칠지도

금동 대향로(백제)

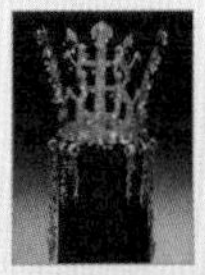
신라 금관

가야 금동관

울주 반구대 바위그림 탁본(울산 울주 대곡리)

고령 장기리 바위그림(구 양전동)

우리 문화 속에 나타난 서역 문화

황남 대총 고분에서 출토된 유리그릇(신라)

계림로 14호분의 황금 보검(신라)

경주 괘릉(원성왕)의 무인상(통일 신라)

송림사 5층 석탑에서 출토된 송림사 금동제 사리 장치와 유리그릇(통일 신라)

사상사①(불교)

cf 부처의 여러 모습

	내용	전각
석가모니	진리를 깨달은 자, 고타마 싯다르타	대웅전
미륵불	석가모니불에 이어 중생을 구제하러 올 미래의 부처	미륵전, 용화전
아미타불	세상 정토(극락)에서 법(法)을 설하는 부처	극락전, 무량수전

cf 삼보사찰: 불(佛)·법(法)·승(僧)의 세 가지 보물을 가진 사찰

통도사(불보사찰)	자장율사가 부처의 진신사리 봉안
해인사(법보사찰)	팔만대장경 보관
송광사(승보사찰)	고려 16국사 배출

특징

- **삼국**: 1. 왕실·귀족 불교 2. 호국 불교 3. 현세 구복적 성격 4. 민간 신앙과 연결
- **통일 신라 중대**
  - 불교의 이해 기준 마련
  - 불교의 대중화
- **고려 전기~후기**
  - 유교와 불교의 조화 cf 최승로: '유교는 치국의 본, 불교는 수신의 본'
  - 교종과 선종의 통합(천태종, 조계종)
- **조선**: 숭유억불

전개 과정

삼국

구분		수용 시기	전교자
고구려		소수림왕 2년(372)	전진의 순도
백제		침류왕 원년(384)	동진의 마라난타
신라	전교	눌지왕 41년(457)	고구려의 묵호자
	공인	법흥왕 14년(527)	이차돈의 순교

cf 신라 진흥왕: 불교 교단 조직(국통·주통 – 고구려 혜량 초빙)

▼ 이차돈의 순교 사실을 새긴 돌기둥(경주 박물관 소장, 이차돈 공양탑 또는 백률사 석당)

통일 신라 중대

- 통일 전후기: 교종·선종의 도입
- 중대: 교종 유행(5교)

5교	창설자	중심 사찰	소재(위치)
열반종	보덕	경복사	전주
계율종	자장	통도사	양산
법성종	원효	분황사	경주
화엄종	의상	부석사	영주
법상종	진표	금산사	김제

- 불교의 대중화: 원효의 정토종(아미타 신앙), 의상의 관음 신앙

cf 교종과 선종 비교

구분	융성 시기	내용	지지 세력	영향
교종(5교)	중대	교리 중심(형식적)	귀족, 왕실	조형 미술 절정
선종(9산)	하대	참선 중심(비형식적, 개인적)	6두품, 호족	• 조형 미술 쇠퇴 ⇨ 승탑(부도)의 등장 • 고려 왕조의 사상적 기반 • 중국 문화의 이해 폭 확대

통일 신라 하대

하대: 선종 유행(9산)

고려 전기

- 건국 초: 5교 9산의 사상적 대립
- 중국 천태종 연구(의통, 제관)
- 광종의 불교 정비
  - 교종 통합: 균여(화엄종 중심), 귀법사 창건
  - 선종 통합: 혜거(법안종 중심)
  - 제관과 의통: 오월 파견
  - 승과 제도 마련(교종선, 선종선)

고려 중기

- 왕실: 화엄종 지지
- 귀족: 법상종 지지
- 의천의 해동 천태종

고려 후기

- 조계종 발달(최씨 정권 후원으로 발달)
- 신앙 결사 운동(의천 사후 타락한 개경 불교에 대한 반성 운동)

cf 신앙 결사 운동 비교

구분	수선사 결사	백련사 결사
종파	조계종	천태종
인물	지눌	요세
내용	독경, 선 수행, 노동	참회의 강조(법화 신앙), 정토왕생, 천태지관(天台止觀)
중심 사찰	송광사(순천)	만덕사(강진)
특징	성리학 수용 및 대몽 항쟁에 일익	하층민의 교화에 노력: 『묘종』 강의, 보현도량 설치
지지 세력	개혁적 승려, 지방민, 최씨 정권	지방민, 개혁적 승려

고려 말기

불교의 권력화 및 세속화

조선

억불 정책
- 도첩제(실시 및 폐지), 사원전·사원 노비 몰수, 선·교 양종으로 통합
- but 궁중과 민간에서 신봉 ⇨ 세조의 원각사지 10층 석탑, 간경도감 설치

명승

삼국

- 고구려
  - 삼론종 유행
  - 혜량(6C): 신라에 귀화해 불법 전도, 진흥왕 때 최초 국통(승통)이 되어 백좌강회와 팔관회 개최
  - 혜자(6C 말~7C): 일본 쇼토쿠(성덕) 태자의 스승
  - 담징(7C): 일본에 종이·먹 제조법과 5경 전래, 호류사 금당 벽화 그림.
  - 보덕(7C): 백제 망명 ⇨ 열반종 개창
  - 도현(7C): 일본에 가서 『일본세기』 저술
- 백제
  - 율종 유행
  - 노리사치계(6C, 성왕): 일본에 불교 최초 전래
  - 겸익(6C, 성왕): 인도 유학, 불경의 율부 72권을 번역, 율종 확립
  - 관륵(7C, 무왕): 일본에 천문, 역법 등 전파
- 신라
  - 계율종 유행
  - 원광(6~7C): 수에서 성실종 전래, 세속 오계·걸사표(수나라에 군사 원정을 요청하는 글) 작성
  - 자장(7C): 당에 유학, 계율종 창시, 황룡사 9층 목탑(선덕 여왕 때) 건립

통일 신라 중대

- 원효
  - 화쟁 사상(일심 사상) ⇨ 종파 융합
  - 정토종(아미타 신앙) ⇨ 불교 대중화
- 의상: 화엄 사상(일즉다 다즉일)
  ⇨ 전제 왕권 강화
- 혜초: 『왕오천축국전』(인도 기행문, 프랑스 소장)
- 원측: 당의 서명사에서 유식 불교(불교 철학) 강연
- 김교각: 당에서 열반(지장보살)

통일 신라 하대

- 이엄: 고려 건국의 사상적 바탕 제공
- 도선: 풍수지리설 도입

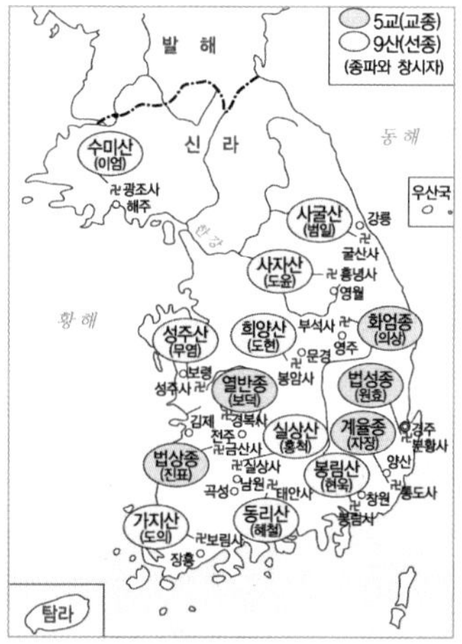

▼ 5교와 9산

고려 전기

- 균여('북악의 법손')
  - 교종 통합 시도(화엄종 중심), 귀법사 창건
  - 성상융회(性相融會)·성속무애(聖俗無碍) 주장
  - 『보현십원가』(향가) 작성 ⇨ 불교의 대중화
- 제관: 『천태사교의』 저술
- 의통: 중국 천태종 16대 교조

고려 중기

의천
- 원효의 화쟁 사상 계승
- 교종 통합 시도: 화엄종을 중심으로 통합(흥왕사)
- 선종 통합 시도: 교종의 입장에서 선종 통합 ⇨ (해동) 천태종 창시(국청사), 교관겸수(教觀兼修)·성상(性相)겸학 주장
- 저서: 『원종문류』(화엄종 연구서), 『석원사림』(석가 일대기), 『천태사교의주』(천태종 연구), 『대각국사문집』, '신편제종교장총록' ⇨ 교장(일명 속장경, 흥왕사)
- 숙종 때 주전론·주전도감 설치 주장

고려 후기

- 지눌(조계종 창시): 선종 중심으로 교종을 포용하여 선·교 일치 사상을 완성 ⇨ 정혜쌍수, 돈오점수
- 혜심(조계종 발전): 유·불 일치설 – 심성의 도야 강조 ⇨ 성리학 수용의 사상적 토대

고려 말기

보우의 임제종 도입 ⇨ 9산 선문 통합 시도 및 불교 개혁 시도 ⇨ 실패

조선

- 16C 명종 때: 보우에 의해 일시 승과 제도 부활
- 임진왜란 때 의병: 유정(사명대사), 휴정(서산대사) 등

원효

『금강삼매경론』, 『대승기신론소』	불교 이해 기준 확립. 특히 『대승기신론소』는 당시 인도에서 대립하고 있던 중관 사상과 유식 사상을 비판·종파 화합 주장
화쟁(和諍) 사상	『십문화쟁론』에서 여러 종파의 모순 상쟁(相爭)을 보다 높은 차원에서 융화시키려는 사상인 화쟁 사상을 주장
일심(一心) 사상	모든 만물의 시초가 일심에서 발생하여 일심으로 돌아온다고 보고 마음의 순수성을 강조
무애(無碍) 사상	"일체에 걸림이 없는 사람은 단번에 생사를 벗어난다[一切無碍人一道出生死]."라고 주장하며 무애의 자유정신을 강조, '무애가' 지음.
정토종(아미타 신앙) 보급	현세를 고해로 여기고, 아미타불이 살고 있다는 서방 정토(西方淨土), 곧 극락으로 왕생하기를 기원하는 신앙(내세구복적), '나무아미타불' 염불 ⇨ 불교의 대중화에 공헌
법성종(해동종) 개창	교종 5교의 하나

의상

화엄종 창설	부석사에서 화엄종 개창 cf 낙산사 창건
화엄 사상 정립	『화엄일승법계도』를 저술하여 모든 존재는 상호 의존적인 관계에 있으면서 서로 조화를 이루고 있다는 화엄 사상을 정립[一卽多, 多卽一] ⇨ 전제 왕권 뒷받침 cf 통일 신라 사회 통합에 기여
관음 신앙 주도	아미타 신앙과 함께 현세에서 고난을 구제받고자 하는 관음 신앙을 주도 ⇨ 불교의 대중화에 공헌
민심 강조	문무왕이 경주에 도성을 쌓으려고 하지 민심(民心)의 성(城)을 강조하면서 이를 만류
제자 양성	진정(빈민 출신), 지통(노비 출신) 등 신분을 불문하고 3,000여 명의 제자 양성

사상사②(유학)

cf 중국 유학의 변천 과정

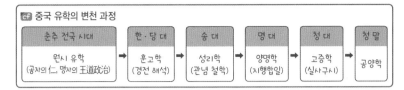

춘추 전국 시대		한·당 대		송 대		명 대		청 대		청 말
원시 유학 (공자의 仁, 맹자의 王道政治)	➡	훈고학 (경전 해석)	➡	성리학 (관념 철학)	➡	양명학 (지행합일)	➡	고증학 (실사구시)	➡	공양학

선사 · 고대의 유학

철기			한자의 보급: 철기 시대에 보급(진과, 경남 창원 다호리 유적의 붓), 한문의 토착화(이두와 향찰 사용)
삼국	고구려		• 태학(소수림왕): 최고 국립 교육 기관(유교 경전, 역사서 교육), 귀족 자제 교육 • 경당(장수왕): 지방 사립 교육 기관(한학, 무술 교육), 평민 자제 교육
	백제		박사 제도: 5경박사, 의박사, 역박사 ⇨ 유교 경전, 역사서 교육
	신라		화랑도 제도, 유교 경전, 역사서 교육
남북국	통일 신라	국학 (신문왕, 682)	• 목적: 유교 이념 보급을 통해 왕권 강화 • 체제: 박사와 조교 두고 9년간 3분과로 교육, 문묘 설치 1과(철학): 『예기』, 『주역』, 『논어』, 『효경』 2과(역사): 『좌전』, 『모시』, 『논어』, 『효경』 3과(문학): 『상서』, 『문선』, 『논어』, 『효경』 • 특징: 『논어』·『효경』 강조 ⇨ 전제 왕권 강화 • 입학 자격: 15~30세의 대사(12관등) 이하 조위(17관등)까지의 귀족 자제 • 변천: 성덕왕 때 국학 안에 공자와 제자들 화상 안치 ⇨ 경덕왕 때 태학감으로 명칭 변경 ⇨ 혜공왕 때 국학으로 환원
		독서 삼품과 (원성왕, 788)	• 성격: 국학 안에 설치, 관리 채용을 위한 일종의 국가 시험 제도 상품: 『좌전』, 『문선』, 『예기』, 『논어』, 『효경』 중품: 『곡례』, 『논어』, 『효경』 하품: 『곡례』, 『효경』 특품: 5경, 삼사(『사기』, 『한서』, 『후한서』), 『제자백가서』에 능통 ⇨ 서열에 관계없이 등용 • 목적: 능력 중심의 관리 채용을 통해 왕권 강화 • 결과: 골품제를 지지하는 진골 귀족의 반발로 중단 but 학문 보급에 기여
	발해		• 주자감: 최고 국립 교육 기관 • 여사(女師) 제도: 왕족 여성의 교육을 담당 • 기타: 고유 문자 사용(압자기와) but 공식 기록 한자 사용 예 외교 문서, 정혜 공주·정효 공주 비문 – 4·6 변려체

고려의 유학

특징			유교와 불교가 서로 보완·발전 ('유교는 치국의 도, 불교는 수신의 도'–최승로의 시무 28조)
전기	성격		자주적·주체적
	과정	태조	최언위 등 신라 6두품 계통의 유학자 활약
		광종	과거 제도 실시(후주 쌍기의 건의) ⇨ 유학에 능숙한 관료 등용
		성종	유교를 정치이념으로 채택, 국자감 설치, 비서성(개경)·수서원(서경) 설치(서적 출판·수집)
		현종	신라의 설총과 최치원을 문묘에서 제사 지냄. ⇨ 신라의 유교 전통 계승 의지 표명
		숙종	• 관학 진흥책 실시 ⇨ 국자감에 서적포 설치(서적 간행) • 평양에 기자 사당 건립
		예종	• 관학 진흥책 실시 ⇨ 국학 안에 7재 전문 강좌 설치, 양현고(장학 재단) 설치 • 청연각(도서 수집 및 강론 장소), 보문각(경연) 설치
	대표 유학자	최승로	성종 때 시무 28조 제시 ⇨ 유교 사상을 정치 이념으로 제시
		김심언	시무 2조 제시
중기	성격		보수적·현실적
	대표 유학자	최충	훈고학적 유학에 철학적 경향 가미('해동공자'라는 칭송을 받음), 9재 학당(문헌공도) 건립
		김부식	보수적·현실적 성격의 유학, 『삼국사기』 저술
무신 정변기			위축
원 간섭기 –성리학	내용		• 남송의 주희[주자(호, 회암)]가 완성, 우주의 근원과 인간의 심성 문제를 철학적으로 규명하려는 학문 • 불교(선종)의 철학적 사변에 유학을 접목하여 5경보다 4서를 중시
	전래		충렬왕 때 안향(호, 회헌)이 소개 ⇨ 백이정, 이제현(만권당에서 활약), 박충좌 등에게 전수 ⇨ 이색, 정몽주, 권근, 정도전 등 신진 사대부에게 계승
	성격		• 도입 초기: 형이상학적인 면보다 일상생활에 관계되는 실천적 기능 강조 • 『소학』, 『주자가례』 중시, 가묘 건립
	영향		권문세족과 불교의 폐단 비판(정도전의 『불씨잡변』, 1394)

◤ 안향 영정(경북 영주 소수 서원)

조선 16세기 성리 철학(이기이원론)의 발달

주리론	학풍		원리적·도덕적·관념적 세계 중시 ⇨ 조선 후기: 이일원론에 영향
	학자	이언적	• 주리론의 선구적 역할 • 기(氣)보다는 이(理)를 중심으로 이론 전개 • 성학군주론(聖學君主論) 제시: 군주의 수신제가법으로 성학을 당면한 실천 과제로 제시 ⇨ 이황(『성학십도』)과 이이(『성학집요』)에 영향
		이황	• 주리론 집대성 cf 기대승과 4단 7정 논쟁 • 주자의 이기이원론(理氣二元論) 계승 ⇨ 이(理)는 존귀하고 기(氣)는 비천하다는 '이존기비론(理尊氣卑論)'으로 발전 • 이기호발설(理氣互發說): 이(理)는 기(氣)를 움직이게 하는 근본적인 법칙이고, 기(氣)는 형질을 갖춘 형이하학적 존재로 이(理)의 법칙에 따라 구체화됨. • 도덕적 행위의 근거로서 인간의 심성을 중시 ⇨ 『심경(心經)』 중시, 경(敬) 강조 • 임진왜란 이후 일본 성리학에 영향(⇨ '동방의 주자') • 저서: 『주자서절요』, 『성학십도』(군주 스스로 성학을 따를 것을 제시), 『이학통록』 등 • 김성일, 유성룡 등으로 이어져서 영남학파 형성, 예안 향약, 안동 도산 서원(이황 사당)
	계승		향촌에서 중소 지주적 경제 기반을 가진 비교적 안정된 사림들에 의해 발전
주기론	학풍		경험적·현실적·물질적 세계 중시 ⇨ 조선 후기: 실학사상에 영향
	학자	서경덕	• 주기론의 선구적 역할 • 이(理)보다는 기(氣)를 중심으로 세계 이해[태허설(太虛說)] • 불교와 노장사상에 대하여 개방적 태도
		조식	• 노장사상에 포용적, 학문의 실천성 강조 • 서리 망국론 주장, 경(敬)과 의(義)를 근본으로 함. cf 임진왜란 당시 의병장(곽재우, 조헌 등) 영향
		이이 ('구도 장원공')	• 주기론 집대성 • 주기론적 입장에서 관념적 도덕 세계와 경험적 현실 세계 중시 • 이통기국설(理通氣局說): 이(理)는 만물의 보편성의 척도이며, 기(氣)는 만물의 차별성의 척도라는 논리 제시 • 기발이승설(氣發理乘說): 우주 만물의 존재 근원은 기(氣)에 있으며, 모든 현상은 기(氣)가 움직이는 데 따라 나타남. • 일원론적 이기이원론(一元論的 理氣二元論): 이(理)와 기(氣)는 둘이지만 분리될 수 없으므로 현상적 기(氣)가 작용하면 원리인 이(理)는 항상 내재된다고 주장 • 다양한 개혁 방안 제시 – 『동호문답』: 대공수미법 주장 – 『만언봉사』: 10만 양병설 주장 – 『성학집요』: 현명한 신하가 성학을 군주에게 가르쳐 그 기질을 변화시켜야 함을 주장 – 『격몽요결』: 도학(道學) 입문서 • 조헌, 김장생 등으로 이어져서 기호학파 형성, 해주·서원(청주) 향약, 파주 자운 서원(이이 사당)
	계승		정치적으로 불우한 산림처사에게 계승

M/E/M/O

조선 후기 성리학과 붕당 관계, 18세기 호락논쟁

1. 성리학과 붕당 관계

(서경덕, 조 식, 이 황) ⇨ 영남학파 ⇨ 동인
- 남인(이황)
  - 경상 남인(이일원론)
  - 경기 남인(중농 실학)
- 북인(서경덕 · 조식)
  - (소북) (대북)

(이 이, 성 혼) ⇨ 기호학파 ⇨ 서인
- 노론(이이 – 송시열)
  - 충청 노론 – 인물성이론(호론, 북벌론) [기(氣)의 특수성 고수]
  - 서울 노론 [이(理)의 보편성 포괄]
    - 인물성동론(낙론, 북학파)
    - 이일원론(이항로, 기정진)
- 소론(성혼 – 윤증) — 경기 소론(양명학)

2. 18세기 호락논쟁(노론 송시열 제자 간의 사상 논쟁)

구분	호론(湖論)	낙론(洛論)
주장	인물성이론(人物性異論): 인간과 사물의 본성이 다르다는 주장	인물성동론(人物性同論): 인간과 사물의 본성이 같다는 주장
특징	기존의 신분 질서 유지 기능	조선 후기의 사회 변화 수용
지역	충청도	서울·경기도
인물	한원진·윤봉구 등	이간·김창협·김원행 등
성리학 분파	기(氣)의 차별성 강조 ⇨ 사람과 사물을 구별하면서 이를 화이론과 연결시켜 청을 오랑캐로, 조선을 중화로 보려는 명분론 고수	이(理)의 보편성 강조 ⇨ 인간과 모든 우주 만물의 보편적 가치를 추구하려는 자연 과학 정신 추구
계승	북벌론 ⇨ 19세기 위정척사 사상	북학 사상 ⇨ 19세기 개화사상

M/E/M/O

조선 후기 정통 성리학 비판(양명학 · 실학)

1. 양명학

구분		내용
배경		조선 후기 성리학의 교조화와 형식화 비판 ⇨ 실천성 강조
사상 체계	심즉리(心卽理)	인간의 마음이 곧 이(理)라는 이론
	치양지(致良知)	인간이 상하존비의 차별이 없이 본래 타고난 천리(天理)로서의 양지를 실현하여 사물을 바로잡을 수 있다는 이론
	지행합일(知行合一)	앎과 행함은 분리되거나 선후가 있는 것이 아니라, 앎은 행함을 통해서 성립한다는 이론
수용 과정		• 16세기 중종 때 전래(명의 유학) ⇨ 이황이 『전습록변』에서 양명학을 이단으로 규정 • 18세기 초반 경기도 소론과 왕의 불우한 종친, 서얼들에게 확산
강화학파의 성립(18C)		• 정제두에 의해 학문적 체계 형성 – 『존언』, 『만물일체설』 저술 • 일반민을 도덕 실체의 주체로 상정하고 양반 신분제의 폐지 주장
한계		성리학 중시 사회 ⇨ 대부분 속으로만 숭상
영향		한말 이건창, 박은식, 정인보 등 국학자에게 계승 cf 박은식의 「유교구신론」(1909), 대동교·대동사상 주창 - 유교 개혁 강조, 보편적이고 평등한 인(仁) 기반, 세계 평화주의와 애국의 지행합일 강조

2. 실학

구분	중농학파(경세치용 학파)	중상학파(이용후생 학파, 북학파)
공통점 (실학의 성격)	• 재야의 지식인 주도 ⇨ 현실 미반영 • 성격: 실증적·민족적·근대 지향적, 피지배층 입장 반영 • 목표: 민생 안정, 부국강병	
차이점	• 농업 중심 ⇨ 토지 제도 자체의 개혁 중시 • 지주제 반대 ⇨ 자영농 육성 • 화폐 부정(이익의 폐전론) • 남인 계열(농촌 거주, 근경 남인)	• 상공업 중심 ⇨ 토지 제도보다는 농업 기술상의 개혁 중시 • 지주제 긍정 ⇨ 농업의 상업적 경영(광작) 옹호 • 화폐 긍정(박지원의 용전론) • 노론 계열(도시 거주, 북학파, 낙론)

학파	인물	구분	내용
중농 학파	유형원(중농학파 선구자)	저서	『반계수록』 등
		개혁 사상	• 균전론: 관리·선비·농민 등에게 신분에 따라 차등 있게 토지 재분배 ⇨ 자영농 육성 • 농병 일치의 군사 조직(부병제), 사농 일치의 교육 제도 확립 • 한계: 양반 문벌제도, 과거 제도, 노비 세습제의 모순을 비판했으나 가정 내에서의 적서 차별, 군대 편성상 양반과 천민의 차별, 노비 제도 자체는 인정
	이익(성호학파 형성)	저서	『성호사설』, 『곽우록』 등
		개혁 사상	• 한전론: 한 가정의 생활을 유지하는 데 필요한 일정한 토지를 영업전으로 하고, 영업전은 법으로 매매 금지, 나머지 토지는 자유 매매 허용(⇨ 『곽우록』) • 나라의 6좀 제시: 양반 문벌제도, 노비 제도, 과거 제도, 기교(사치와 미신 숭배 등), 승려, 게으름 • 고리대와 화폐의 폐단 비판 ⇨ 폐전론 주장 • 사창제 실시 주장 • 붕당론: 밥그릇 싸움
	정약용(실학의 집대성)	저서	• 신유박해(1801) 때 전라도 강진으로 유배 ⇨ 500여 권의 『여유당전서』 저술 • 대표 저서 – 『목민심서』: 지방관이 지켜야 할 도리(지방 행정) – 『경세유표』: 중앙 정치 제도의 개혁 방안 – 『흠흠신서』: 형옥(刑獄)의 개혁 방안 • 대표 논설 – 탕론: 백성이 국가의 근본임을 강조(존 로크의 사회 계약설과 일치) – 원목: 통치자의 이상적인 상 제시 – 전론: 주나라 정전법·균전론·한전제를 비판, 여전제 주장 – 기예론: 기술 진흥과 기술 교육의 중요성 강조('인간이 동물과 다른 것은 기술') • 기타: '애절양', 『아방강역고』, 『마과회통』 등
		개혁 사상	• 여전제: 한 마을을 단위로 하여 토지를 공동 소유, 공동 경작, 노동량에 따라 수확량 분배 ⇨ 일종의 공동 농장 제도 • 정전제: 국가가 장기적으로 토지를 사들여 가난한 농민에게 분배, 지주의 토지는 병작 농민에게 골고루 소작 ⇨ 장기적 방안 제시, 즉 정전 1정(井)을 9구(區)로 구성, 중앙의 1구는 공전(公田), 주위의 8구는 사전(私田), 사전을 받은 농민들이 공전을 공동 경작, 산출된 수확량을 토지세로 충당 • 상품 작물의 재배 주장 • 국방·정치 제도의 개선: 향촌 단위의 방위 체제, 부병제, 백성의 이익과 의사가 적극 반영되는 정치 제도의 개선 방안 제시 • 기타: 수원 화성 설계(거중기 사용), 한강 주교(배다리) 설계
중상 학파	유수원(중상학파 선구자)	저서	『우서』: 우리나라와 중국의 문물 비교, 정치·경제·사회·문화 전반에 걸친 개혁안 제시
		개혁 사상	• 농업 이론: 농업의 전문화·상업화, 기술의 혁신 ⇨ 생산성 향상 • 상공업 이론: 국가 조정하에 상공업 진흥 ⇨ 사·농·공·상의 직업적 평등화, 전문화 주장, 상인 간의 합자를 통한 경영 규모의 확대, 상인이 생산자를 고용하여 생산과 판매를 주관할 것, 대상인이 지역 사회 개발에 참여할 것
	홍대용	저서	『임하경륜』, 『의산문답』, 『담헌연기』 등
		개혁 사상	• 균전제: 성인 남자에게 토지 2결 지급 • 부병제 주장 • 부국강병책: 기술 문화의 혁신, 신분 제도의 철폐, 성리학 극복 • 지전설 주장: 『의산문답』에서 지구의 1일 1회전설 주장 ⇨ 성리학적 세계관 비판
	박지원	저서	『열하일기』, 『한민명전의』, 『과농소초』 등
		개혁 사상	• 한전제: 지주의 토지 소유 제한 • 농업 생산력 향상에 관심 • 상공업 진흥책: 청과의 통상 강조, 수레와 선박의 이용, 화폐 유통의 필요성 주장 • 양반 문벌제도의 비생산성 비판[『열하일기』에 「허생전」, 「호질」, 「양반전」 등 9편의 전(傳) 수록]
	박제가(서얼 ⇨ 규장각 검서관)	저서	『북학의』
		개혁 사상	상공업 진흥책: 청과의 통상 강화, 수레와 선박의 이용, 절약보다 소비 권장

사상사④(천주교·동학·도교·풍수지리설)

조선 후기 천주교와 동학의 등장

1. 천주교

특징	17세기 초 서양 학문으로 수용(청, 북인) ⇨ 18세기 후반 신앙으로 수용(일부 남인)
박해 요인	전례 문제, 인간 평등 ⇨ 양반 중심의 신분 질서 및 국왕의 권위에 대한 도전으로 인식
19세기	불우한 계층으로 확산 ⇨ 위기의식 초래 ⇔ ┌ 양반 : 위정척사 사상 대두 └ 농민 : 동학사상 대두

천주교 박해

시기		박해	내용
정조		신해박해 (진산 사건, 1791)	• 윤지충의 신주 소각 사건 ⇨ 윤지충 처형, 이승훈(최초 세례교인) 유배 (윤지충 → 2014년 프란치스코 교황 한국 방문 때 윤지충 바오로 등을 복자(福者)로 선포, 신유박해 때 인물이 가장 많이 복자가 됨.) • but 정조 때는 남인 시파를 우대하였기 때문에 천주교에 대하여 비교적 관대
세도 정치기	순조	신유박해(1801)	• 벽파가 득세 ⇨ 시파를 축출하기 위해서 천주교 크게 탄압 • 이승훈·이가환·정약종·주문모 신부(청) 등 사형, 정약용·정약전 등 유배 (정약전 → 전라도 흑산도, 정약용 → 전라도 강진) • 결과 ┌ 시파 세력 위축, 실학 퇴조 └ 황사영 백서 사건 ⇨ 처형
		▶ 신유박해 이후 안동 김씨 세도 정치하 천주교 박해 완화–조선 교구 설치(1831), 프랑스 신부들의 입국	
	헌종	기해박해(1839) 병오박해(1846)	• 풍양 조씨 등장 ⇨ 벽파와 결속, 천주교 대탄압 • 척사윤음[천주교 배척, 귀정(歸正)의 길을 밝힘] 반포 ┐ 탄압 • 오가작통법 이용 ┘ • 김대건(최초 조선인 신부) 신부 처형
고종		병인박해(1866)	최대 박해(프랑스 신부 외 많은 신자 처형) ⇨ 프랑스의 침입(병인양요) cf 프랑스, 『조선왕조의궤』 약탈

2. 동학

창시	1860년 경주 출신의 잔반 최제우	
성격	성리학·불교 배척, 서학 배격 ⇔ 동학	
사상	교리	전통적인 민족 신앙 바탕, 유교·불교·도교·천주교 교리 흡수 ⇨ 종합적 성격
	철학	유교의 주기론
	종교	샤머니즘, 도교 ⇨ 부적·주술 중시
	사회·사상	• 모든 사람이 평등하다는 시천주(侍天主), '사람이 곧 하늘이다.'라는 인내천(人乃天) 사상 ⇨ 양반과 상민의 차별 배격, 노비 제도의 배격, 여성과 어린이의 인격 존중 • 후천개벽 표방 ⇨ 운수가 끝난 조선 왕조 부정
	외교	보국안민 표방 ⇨ 일본·서양의 침투 배척 (보국안민 → 외세의 침략으로부터 나라를 지켜 백성을 편안하게 함.)
정부 대책	탄압, 최제우 처형	
교세의 확장	• 삼남 지방으로 확산 • 2대 교주 최시형: 『동경대전』(동학의 경전, 포덕문, 논학문, 수덕문, 불연기연 등), 『용담유사』(동학 포교용 가사집) 보급 • 3대 교주 손병희: 천도교로 개칭(1905), 기관지 『만세보』 창간	
일제 강점기	천도교: 제2의 3·1 운동 계획(1922), 어린이날 제정(1922. 5. 1.), 『어린이』·『학생』·『부인』 등 잡지 간행	

도교 · 풍수지리설

구분	삼국			남북국		고려	조선
	고구려	백제	신라	통일 신라	발해		
도교	강서대묘의 사신도(청룡·백호·주작·현무) cf 연개소문의 도교 장려 ⇨ 보덕의 열반종(백제 망명) 제창 ⇨ 도현은 일본으로 감(『일본세기』).	산수문전, 사택지적비, 무령왕릉의 지석(매지권), 금동 대향로 등	현존 구체적 유물 없음. ⇨ 화랑도 – 풍월, 풍류도, 국선 지칭	• 김유신 묘의 12지 신상, 최치원의 난랑비문(화랑도에 유·불·선 3교가 있음을 강조) • 신라 말 귀족의 향락적 생활에 반발 ⇨ 은둔적 경향의 도교, 노장사상 유행	정효 공주 비문 ⇨ 불로장생	• 예종의 복원궁(도교 사원 = 도관) 설치 • 민간 신앙으로 발전 but 비조직 • 초제 거행, 팔관회	• 15세기 국가적 차원으로 발전, 소격서 설치(마니산 초제 중시) • 16세기 사림파 배격 ⇨ 소격서 폐지(조광조 주장)
풍수지리설				신라 말 승려 도선 도입 ⇨ 지방 중심으로 국토 재편성 주장 ⇨ 신라 정부 권위 약화		가장 유행(『도선비기』, 『해동비록』 등 유포) • 전기: 서경 길지설(⇨ 태조 왕건의 북진 정책, 묘청의 난의 이념) • 중기 이후: 남경 길지설(⇨ 북진 정책 쇠퇴)	• 15세기: 한양 천도 합리화(남경 길지설 이용) • 16세기: 산송 문제(묏자리 쟁탈전) 야기

도교: 고유의 토착 신앙, 산천 숭배 및 신선 사상을 바탕으로, 도가(道家)·음양오행의 이론 등을 첨가 ⇨ 무위자연(無爲自然), 불로장생, 현세 이익, 은둔적 성향을 띰.

풍수지리설: 경험에 의한 인문 지리적 학설을 땅에 활용한 이론으로, 점차 예언적인 도참 신앙과 결부됨.

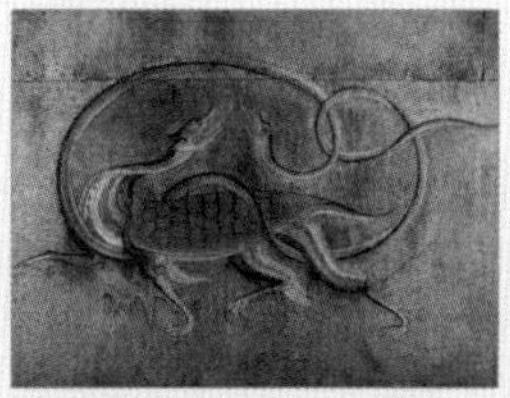
◤ 현무도(고구려, 강서대묘) | 사신도의 하나로, 북쪽 방위신

◤ 산수문전(백제, 부여) | 신선 사상을 바탕으로 만든 백제의 벽돌

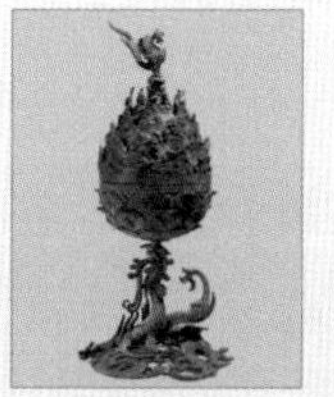
◤ 금동 대향로(백제, 부여)

◤ 김유신 묘 둘레돌 12지 신상(신라, 경주)

◤ 강화 마니산 참성단 | 조선 초기에는 고려 시대에 잦았던 도교 행사를 줄이고 재정의 낭비를 막으면서도 소격서를 두어 제천 행사를 주관

M/E/M/O

단편적 역사 지식
흐름으로 잡아라!!

『한국사 연결고리』 수험생 수강 후기 中

History 이젠 bye At once, soon She s story

선우빈 연결고리 한국사
너와 나의 연결고리 이건 우리 안의 소리
Turn up, bottom up 한국사 point 이젠 No doubt
의심할 바 없지 이젠
합격할 차례지
이젠 Club 말고 남부고시학원으로 Go to sky
밤하늘에 별빛보다 빛나는 그녀의 강의력
맛집 고집 부려 봤자 남는 건 Go home
But
한번뿐인 인생
최고의 강의
최적의 교재
최선의 노력
이 모든 걸 함께 누벼
By, 선우빈 Teacher s wass up! (이**, 책 이용 후기 中)

연결고리로 1회독 하고 시험보시면 한국사는 만점입니다!

평소 혼자 공부할 때 연결고리 강의, 특히 테마사를 2배속으로 계속 돌려봤어요. 문화나 제도 같은 파트는 전 시대에 걸쳐서 보는 게 좋더라고요.
시험 한 달 전에는 간추린 강의를 2배속으로 보면서 1회독을 하는 동시에 연결고리 시대사·테마사 강의를 2배속으로 보면서 1회독 했습니다.
시험 전날에 연결고리를 1회독 하고 시험보시면 한국사는 만점이라고 생각하시면 됩니다!! (계*진)

마무리에 딱인 교재!

개인적으로 교수님의 연결고리는 굉장히 많은 내용이 보기 쉽게 잘 정리되어 있는 책이라고 생각합니다.
그래서 어느 정도 공부가 되신 분이라면 시험 전에 연결고리를 보며 마무리를 하시는 것도 굉장히 좋은 방법이라고 말씀드리고 싶습니다. (송*훈)

지도로 흐름 잡기

선사·고대 지도

◤ 꼭 알아야 할 주요 지역·강

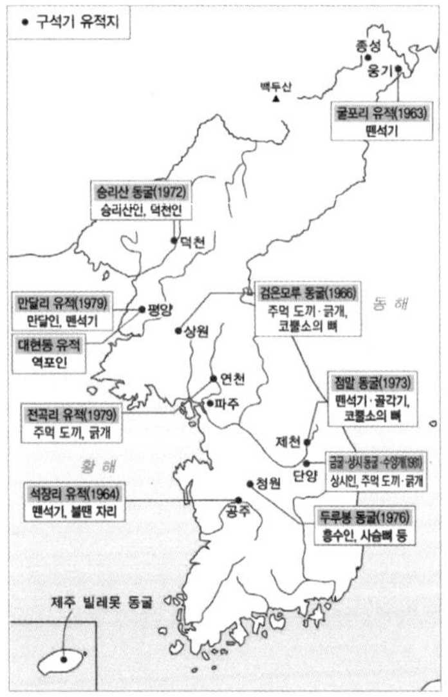

◤ 구석기 유적지 | 초기: 동굴·바위그늘 ⇨ 후기: 막집

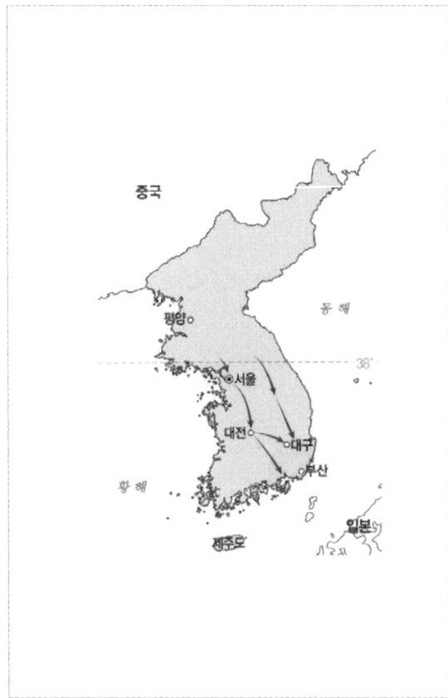

◤ 신석기 유적지 | 해안·강가의 움집

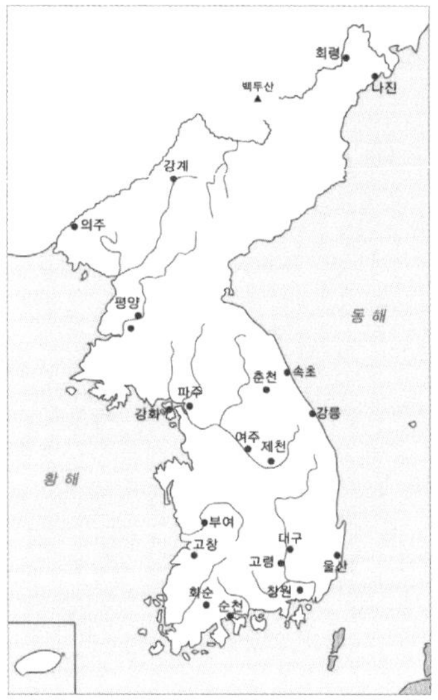

◤ 청동기 유적지 | 내륙(산간·구릉)의 움집

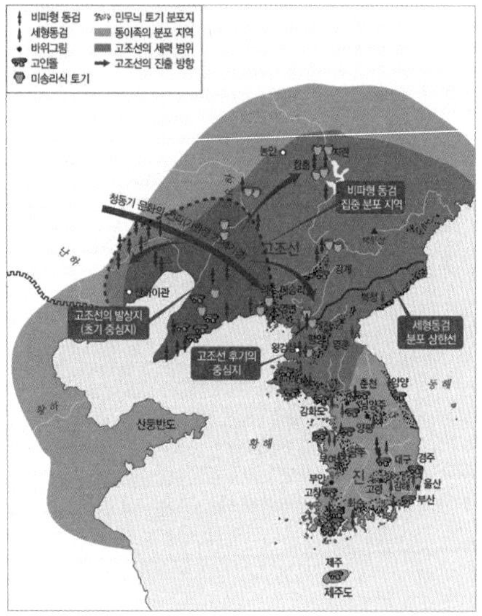

◤ 고조선의 세력 범위 | 비파형 동검과 고인돌(탁자식)은 만주와 북한 지역에서 집중적으로 발굴되어 고조선의 세력 범위를 짐작하게 해 줌.

◤ 철기-여러 나라의 성장 | 연맹 왕국 단계 도입

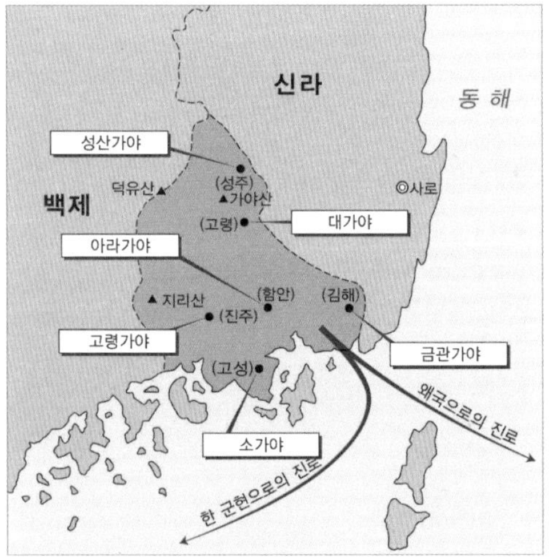

◤ 가야 연맹 | 3C 금관가야 중심 ⇨ 5C 대가야 중심 이동

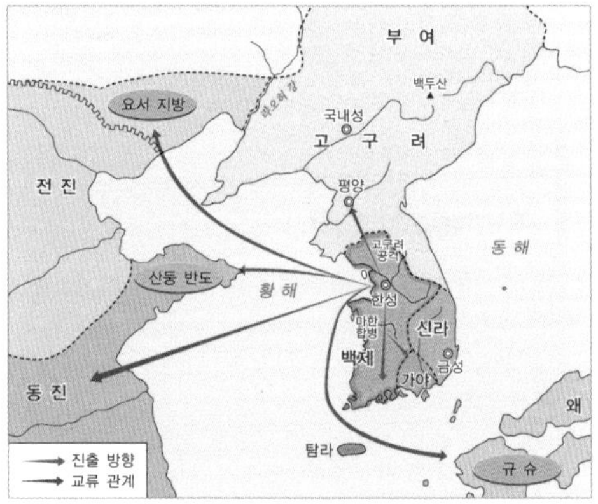

◤ 4세기 백제의 발전 | 근초고왕의 고대 무역권 형성

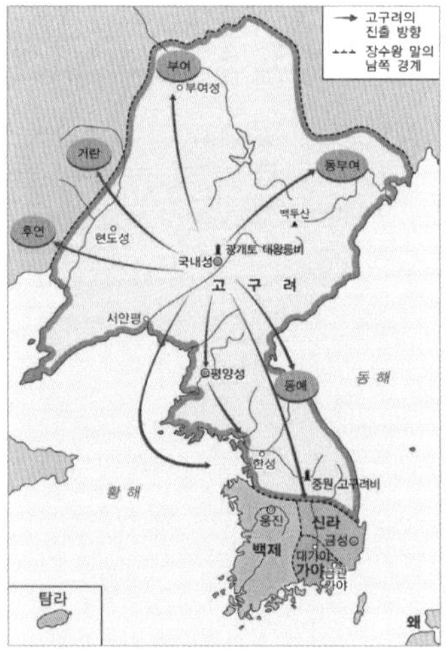

◤ 5세기 고구려의 발전 | 국내성 – 광개토대왕, 평양성 – 장수왕

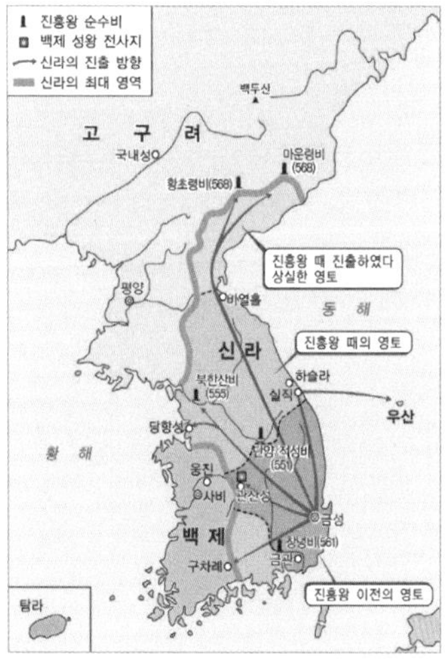

◤ 6세기 신라의 발전 | 진흥왕의 영토 확장

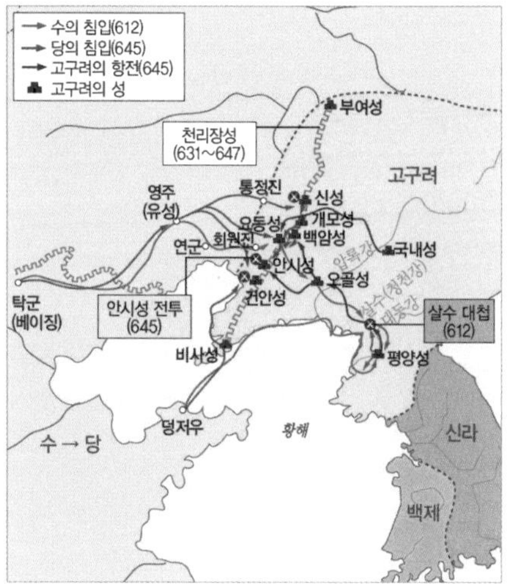

◤ 7세기 고구려와 수·당의 전쟁

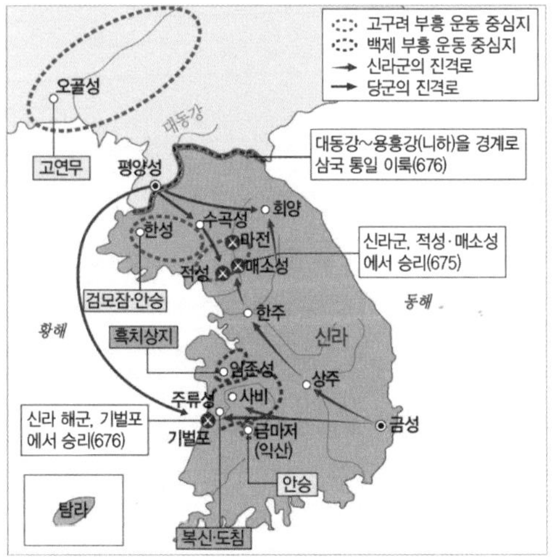

◤ 7세기 신라의 삼국 통일 과정 | 백제·고구려의 부흥 운동 및 나·당 전쟁 싸움터 확인할 것!

◤ 7~10세기 초 남북국 시대

◤ 신라 하대 정치적 혼란 | 96각간의 난 ⇨ 김헌창의 난 ⇨ 김범문의 난 ⇨ 장보고의 난 ⇨ 원종·애노의 난

고려·조선 전기 지도

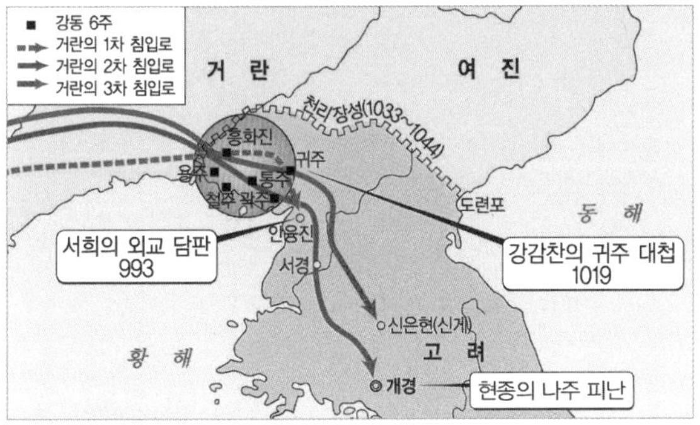

고려 10세기 강동 6주와 천리장성 | 강동 6주는 흥화진(의주), 용주(용천), 통주(선주), 철주(철산), 귀주(귀성), 곽주(곽산) ⇨ 서희의 외교 담판 사료 확인할 것!

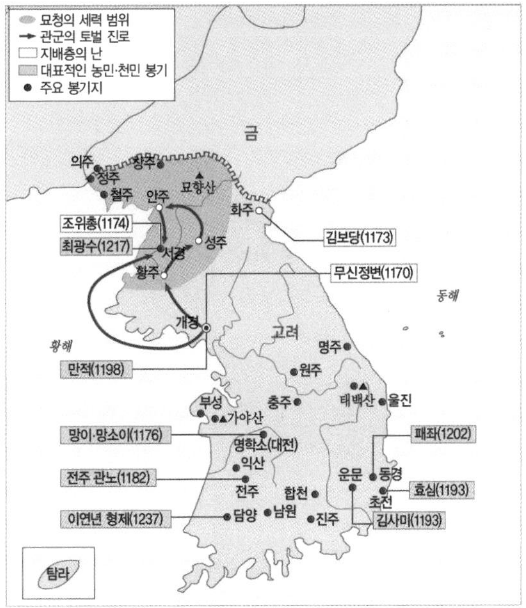

고려 후기 무신 정권기 사회적 동요 | 지배층의 동요(김보당, 조위총, 교종계 승려)와 민란(노비 만적, 공주 명학소의 망이·망소이의 난), 삼국 부흥 주장 민란(김사미·효심 ⇨ 신라 부흥, 최광수 ⇨ 고구려 부흥, 이연년 ⇨ 후백제 부흥) 확인할 것!

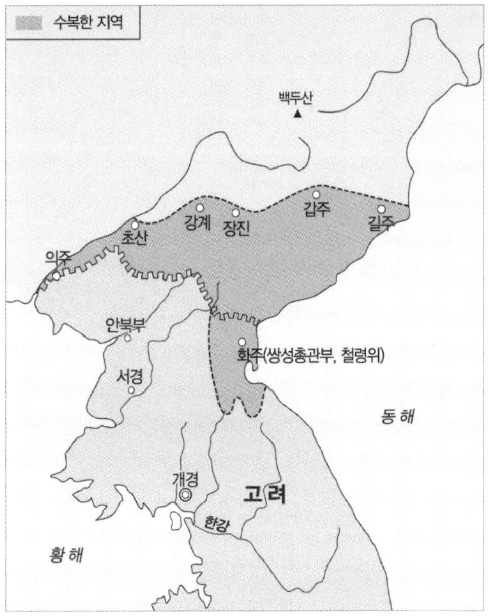

공민왕(1351~1374)의 영토 수복 | 쌍성총관부 탈환(1356)

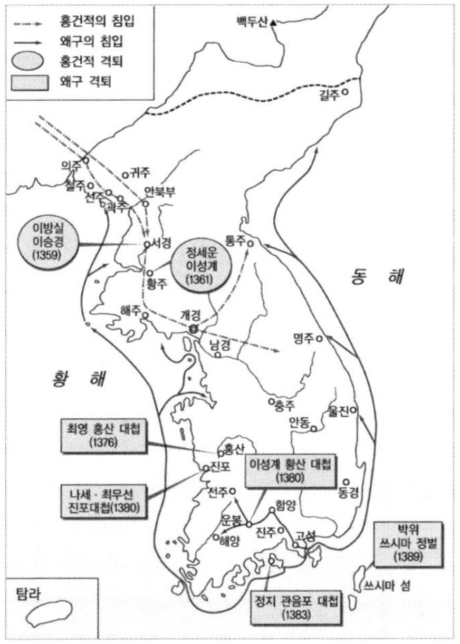

고려 말 홍건적과 왜구의 격퇴 | 최무선의 진포 대첩에서 화약(포) 처음 사용

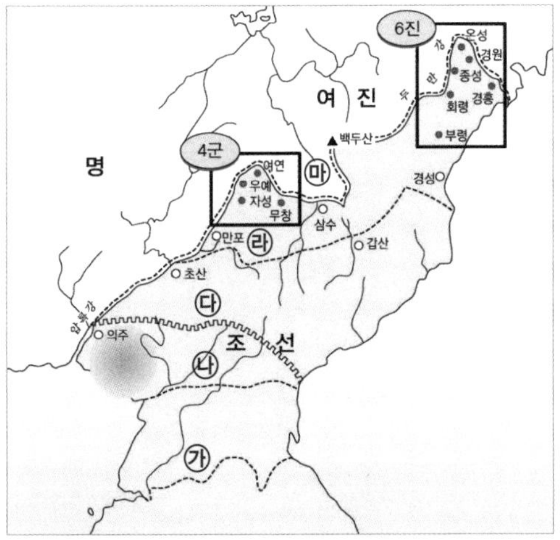

역대 국경선 변경

㉮ 통일 신라~고려 건국 초: 대동강~원산만

㉯ 고려 태조 말: 청천강~영흥만

㉰ • 고려 성종: 서희의 강동 6주(압록강 어귀)

• 고려 덕종~정종: 천리장성 축조(1033~1044)

㉱ 고려 공민왕: 쌍성총관부 탈환(1356)

㉲ 조선 세종: 4군(압록강, 최윤덕)~6진(두만강, 김종서) 개척 ⇨ 현재의 국경선

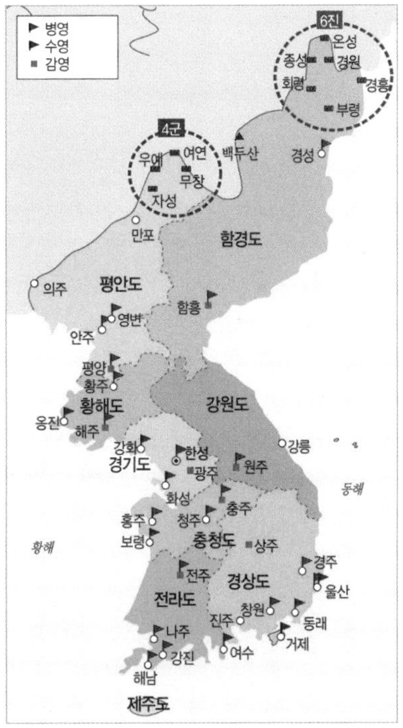

조선 15세기 4군 6진 개척과 8도 지방 행정

조선 시대의 조운로 및 9조창 | 잉류 지역(평안도, 함경도, 제주도)에는 조창이 없음.

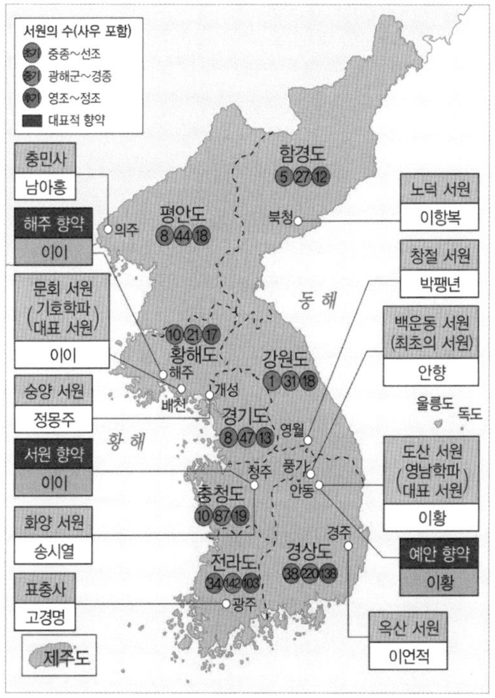

사림의 세력 기반(서원과 향약)

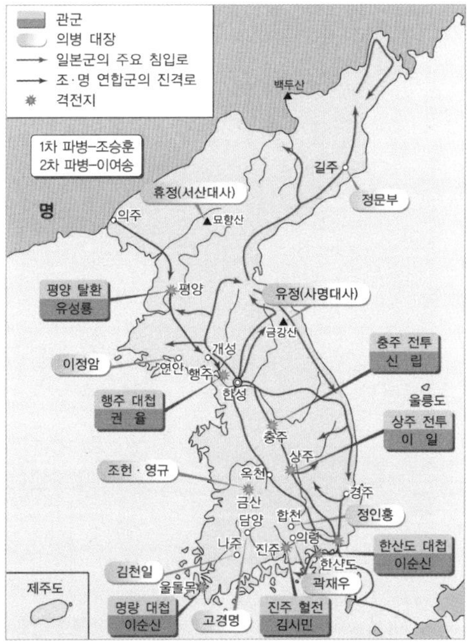

조선 16세기 임진왜란 당시 관군과 의병의 활동 | 임진왜란 3대첩–한산도 대첩(이순신)·진주 대첩(김시민)·행주 대첩(권율)

cf 역대 4대첩

살수 대첩(을지문덕, 고구려 7C), 귀주 대첩(강감찬, 고려 11C), 한산도 대첩(이순신, 조선 16C), 행주 대첩(권율, 조선 16C)

조선 후기·개화기 지도

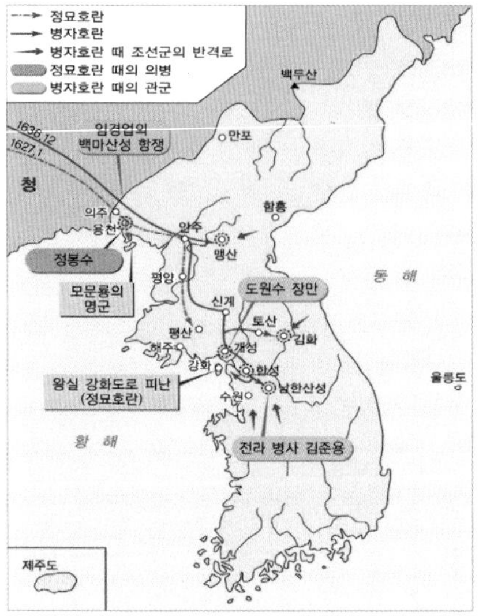

▼ 17세기 정묘호란과 병자호란 | 인조의 피난기-이괄의 난(1624) 때 공주 피신 ⇨ 1차 정묘호란(1627) 때 강화도 피난 ⇨ 2차 병자호란(1636) 때 남한산성 피난 ⇨ 삼전도(서울 송파)의 굴욕

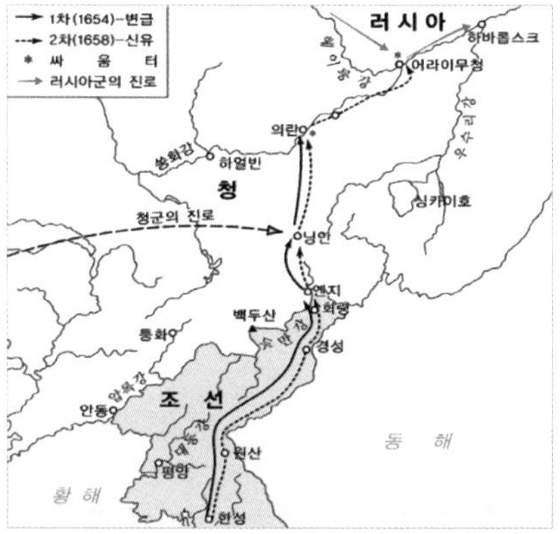

▼ 17세기 나선 정벌 | 효종 때 청의 요구로 러시아 정벌군 파병(1차 변급, 2차 신유)

▼ 18세기 백두산정계비 위치도 | 조선 숙종 때 청의 요구로 백두산정계비 건립(1712)-'西爲鴨綠 東爲土門'

▼ 조선 후기 통신사의 행로 | 일본의 막부가 교체될 때 축하 사절단으로 파견, 외교 및 문화 전파사 역할, 1607년부터 1811년까지 총 12회 파견

cf 조선 통신사 기록물(2017, 유네스코 기록 문화유산 등재)

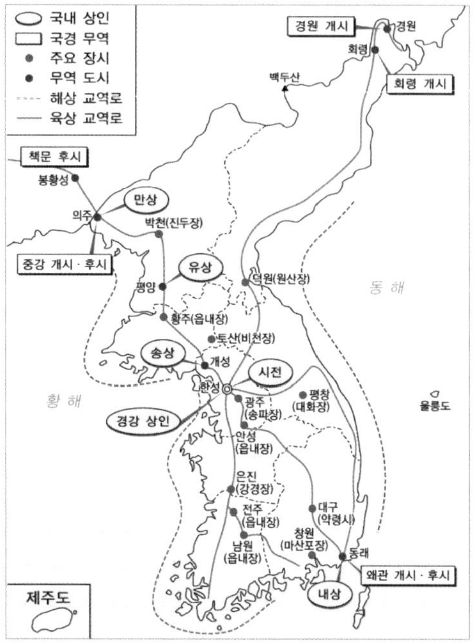

▼ 조선 후기의 상업과 무역 활동 | 사상 중 송상과 경강상인의 위치 및 활동, 개시·후시 위치 확인할 것!

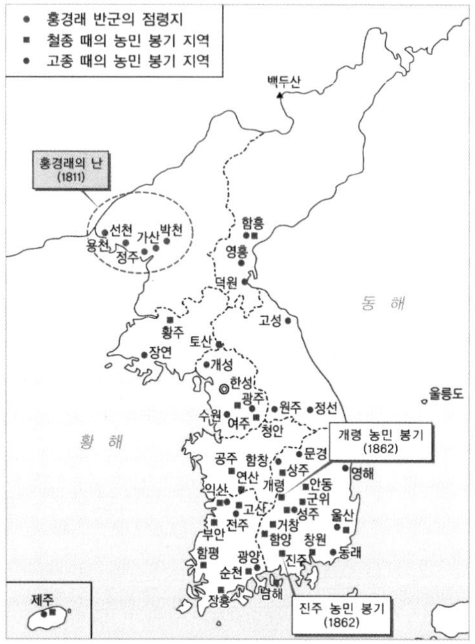

▼ 19세기 농민 봉기 | 홍경래의 난(1811, 순조)과 임술민란(1862, 철종) 때의 농민의 구호 및 사료 확인할 것!

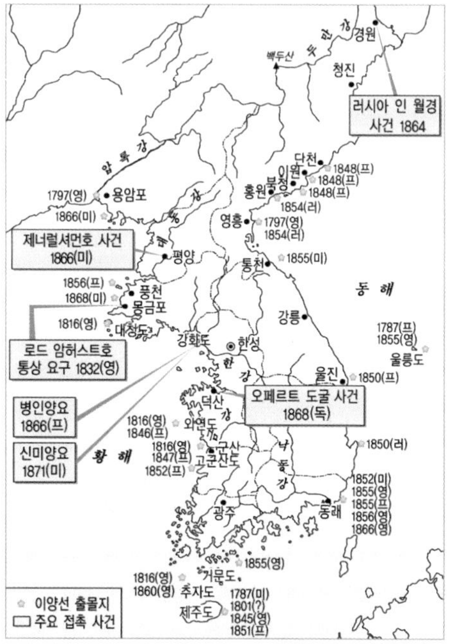

▼ 문호 개방 이전의 열강의 조선 침투 | 서양 세력은 19세기 이후로는 조선에 직접 통상을 요구하였다. 19세기 중엽, 서양 선박의 빈번한 출몰과 통상 요구, 영국과 프랑스의 베이징 점령 사건과 러시아의 연해주 획득 등으로 조선 사회는 위기의식을 느끼게 되었다.

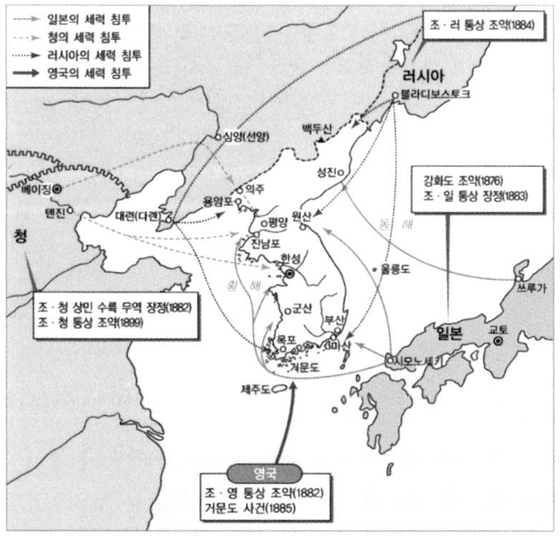

▼ 한반도를 둘러싼 외세의 각축

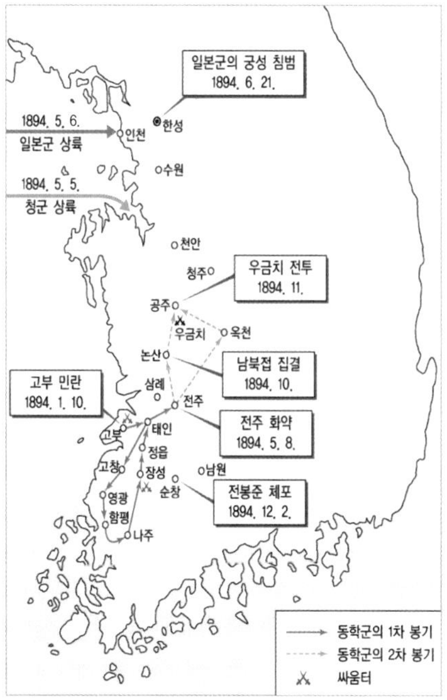

▼ 동학 농민 운동(1894)의 전개

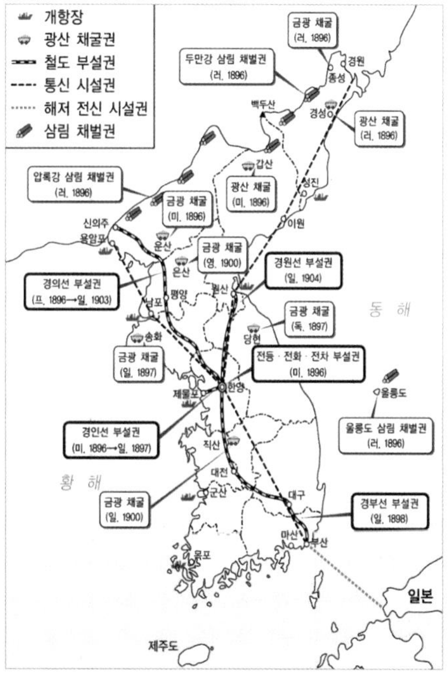

▼ 아관 파천(1896)을 계기로 한 열강의 이권 침탈

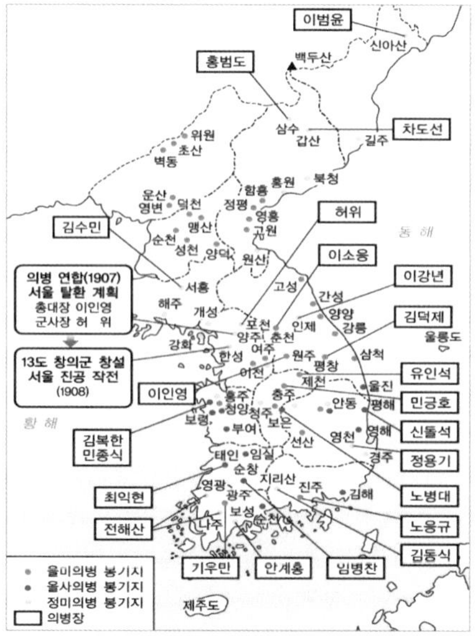

▼ 의병의 궐기 | 을미의병(1895)-유인석(제천), 이소응(춘천) 등, 을사의병(1905)-민종식(홍성), 최익현(태인, 순창), 신돌석(평민), 정미의병(1907)-해산 군대 개입, 서울 진공 작전(1908)-이인영, 허위

▼ 개화기의 경제적 자주권 수호 운동 | 방곡령 사건(1889), 황국 중앙 총상회의 상권 수호 운동(1898), 보안회의 황무지 개간권 반대(1904), 국채 보상 운동(1907) 내용 확인할 것!

일제 강점기·현대 지도

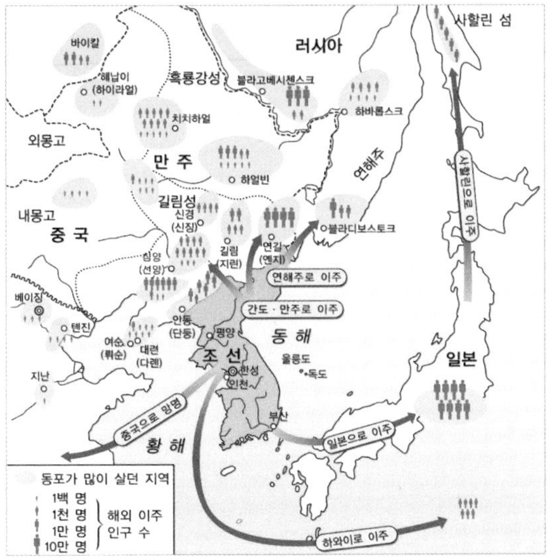

▼ 한민족의 해외 이주(1890~1930년대)

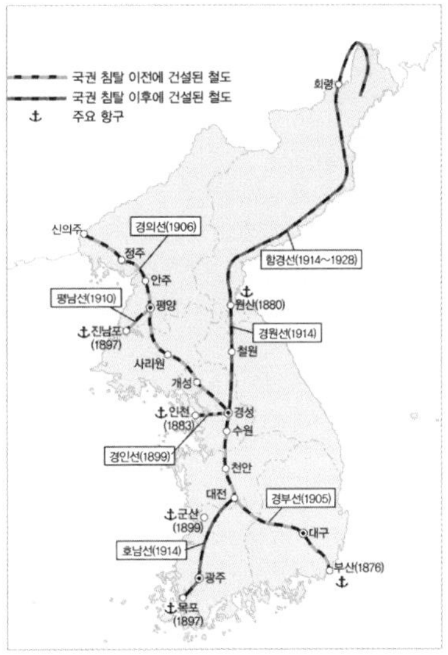

▼ 일제의 간선 철도망과 주요 항만 설치 | 서울을 중심으로 한 ×자 형태의 간선 철도망은 남으로는 한국을 일본 경제권에 편입시켰고, 북으로는 대륙 침략의 발판 역할을 담당함.

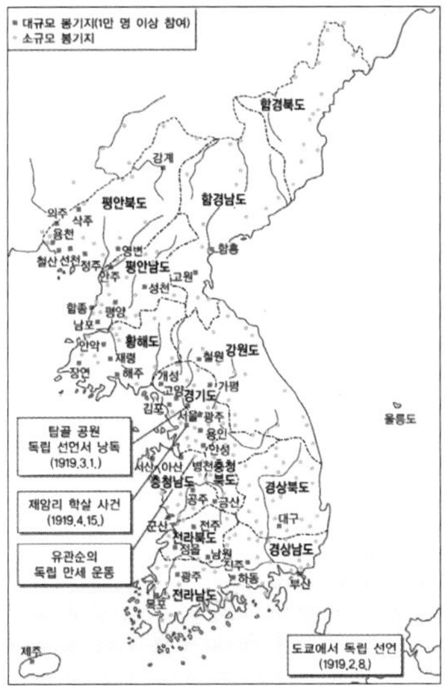

▼ 3·1 운동(1919)의 봉기 지역

▼ 국내의 사회적 민족 운동

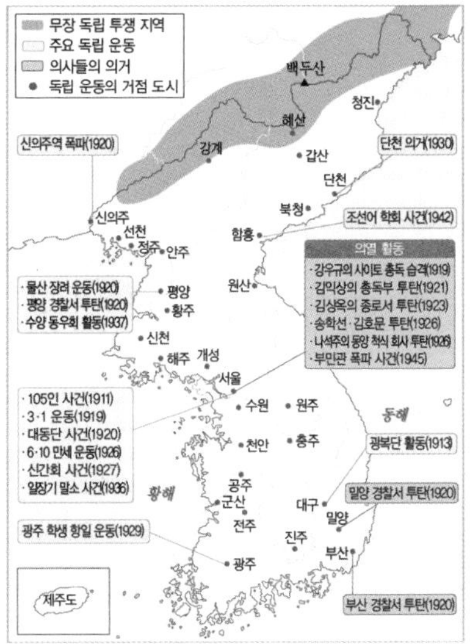

▼ 국내의 독립운동

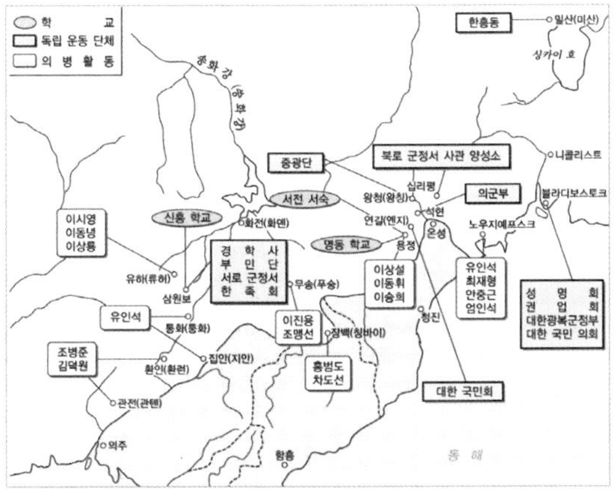

▼ 1910년대 만주와 연해주의 독립운동 기지

▼ 1920년대 초 독립군의 이동 | 봉오동 전투(1920) ⇨ 청산리 대첩(1920) ⇨ 간도 참변(1920) ⇨ 자유시 참변(1921)

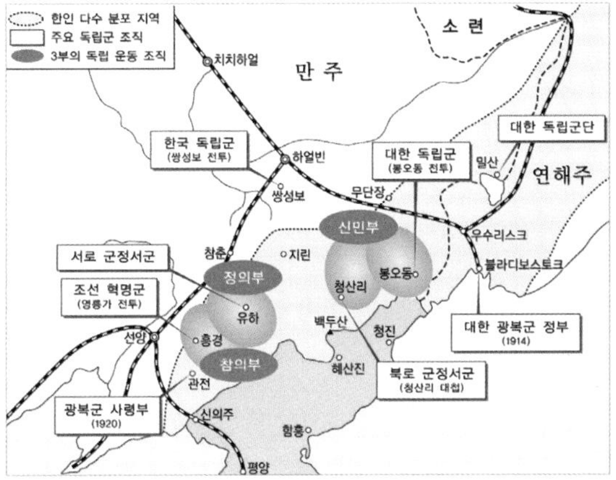

▼ 국외의 독립운동

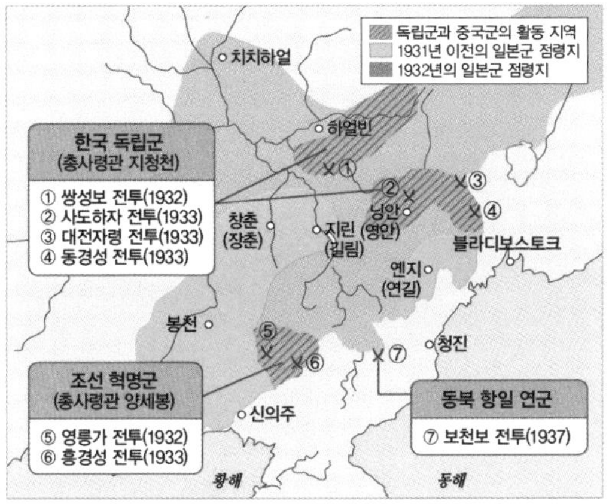

▼ 1930년대 무장 독립 전쟁 | 한국 독립군과 중국 호로군, 조선 혁명군과 중국 의용군의 한·중 연합 작전

▼ 임시 정부의 이동 경로

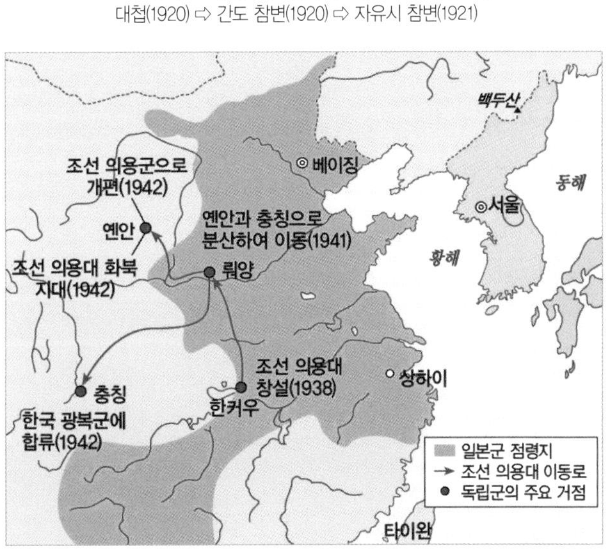

▼ 조선 의용대(1938)의 변화 | 조선 의용대(김원봉)의 한국 광복군 합류(1942)와 조선 의용군(김두봉, 1942)

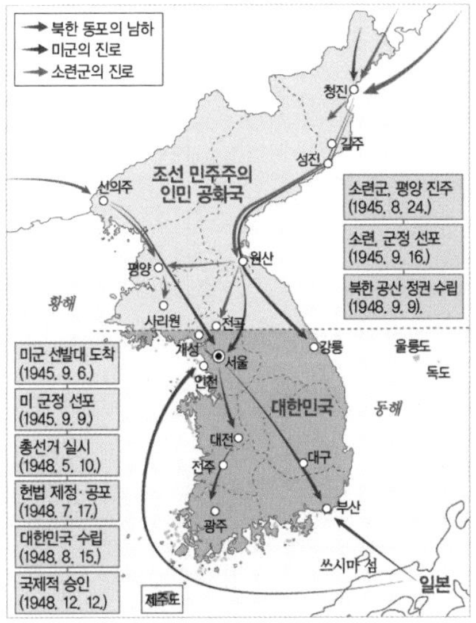

▼ 해방 공간의 상황 | 1948년 대한민국 정부 수립 과정 확인할 것!

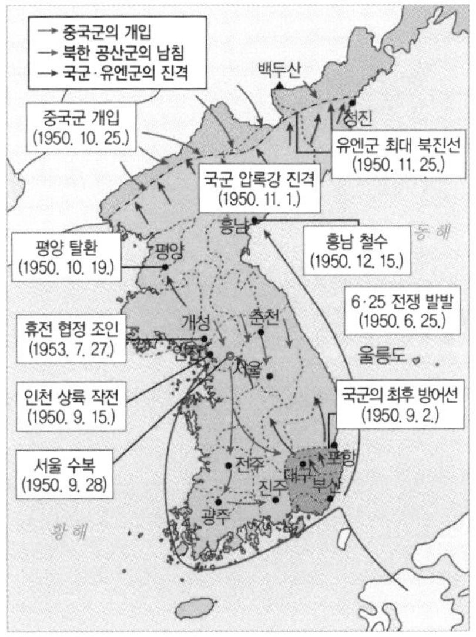

▼ 6·25 전쟁 과정

휴전 과정의 쟁점

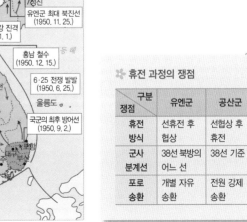

구분 / 쟁점	유엔군	공산군
휴전 방식	선휴전 후 협상	선협상 후 휴전
군사 분계선	38선 북방의 어느 선	38선 기준
포로 송환	개별 자유 송환	전원 강제 송환

만주(요동 · 요서 · 간도), 산둥, 연해주 지역 역사

요동❶	• 고조선의 영역 cf 고조선: 초기 중심지 • 고구려: 광개토 대왕 요동 정벌, 여·당 전쟁[안시성 싸움(645) 지역], 천리장성 축조(당나라 대비, 7세기) • 발해: 9세기 선왕 때 차지 • 고려~조선 초: 요동 수복 운동(태조 왕건, 공민왕, 우왕, 태조 이성계+정도전의 『진도』) • 청·일 전쟁(1894~1895) 결과 일본의 요동 차지(시모노세키 조약, 1895) ⇨ 삼국 간섭(요동 반환, 1895) ⇨ 러·일 전쟁(1904~1905) 결과 일본의 요동 차지(포츠머스 조약, 1905) • 제2차 세계 대전 후 중국 영토
요서❷	• 고조선의 영역 • 백제: 근초고왕 일시 정벌
만주❸ (요서 + 요동 + 간도)	• 고조선 ⇨ 부여 ⇨ 고구려 ⇨ 발해 ⇨ 요 ⇨ 금 ⇨ 청 ⇨ 중화민국 ⇨ 만주국 ⇨ 중화 인민 공화국의 영토 • 항일 무장 독립운동 격전지 1910년대 — 독립운동 기지 마련(서간도 삼원보, 밀산부 한흥동, 용정 등) 1920년대 — 의열단 조직, 봉오동 전투 ⇨ 청산리 전투 ⇨ 삼군부의 통합(참의부·정의부·신민부) 1930년대 — 한국 독립군(지청천, 쌍성보·대전자령·동경성·사도하자 전투) cf 중국 호로군 — 조선 혁명군(양세봉, 영릉가·흥경성 전투) cf 중국 의용군 — 동북 항일 연군(1936)−조국 광복회(1936) 조직 • 민족의 시련: 간도 참변(1920)
산둥❹	• 통일 신라: 신라방(집단 거주지)·신라소(관청)·신라원(절)·신라관(유숙소), 신라 말 장보고의 법화원 설치 • 발해: 8세기 초 무왕 때 산둥반도 덩저우 공격, 8세기 후반 문왕 때 당과 교류 ⇨ 발해관 설치 • 19세기 말 독일 차지 ⇨ 1915년 일본 차지 ⇨ 5·4 운동 발생(1919) ⇨ 워싱턴 회의(1921) 때 중국에 반환
연해주❺	• 발해 선왕 때 차지 ⇨ 숙신·말갈·여진 차지 ⇨ 중국 차지 • 1860년 베이징 조약(러시아 차지) • 민족 독립운동: 1905년 을사늑약 이후 의병 운동의 중심지 ⇨ 13도 의군(1910), 성명회(1910), 권업회(1911), 대한 광복군 정부(1914), 대한 국민 의회(1919) • 민족의 시련: 자유시 참변(1921, 대한 독립 군단), 1937년 한인 강제 이주(중앙아시아)

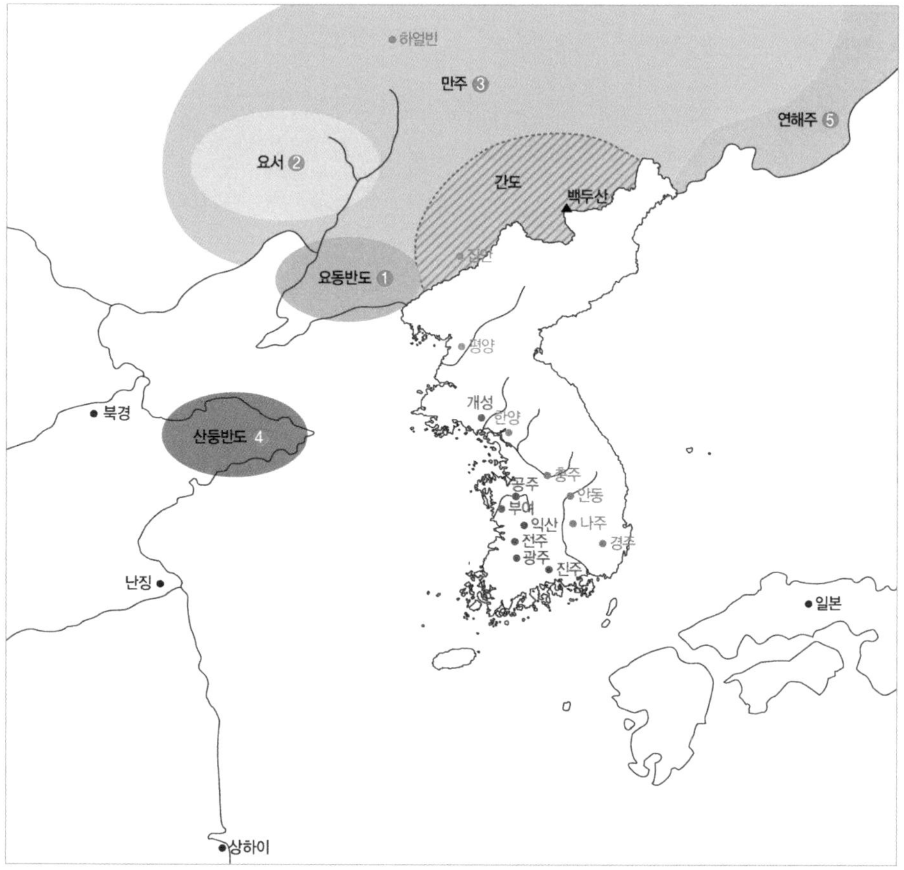

주요 수도의 역사

: 유네스코 세계 문화유산 등재

고구려	국내성 (집안)	고구려 고분군(오녀산성(→졸본성 방어), 현도산성(→국내성 방어), 장군총, 무용총, 태왕릉, 광개토 대왕비 등)	
고구려	평양	• 고조선과 고구려의 도읍지로 역사적인 고도(古都) • 고구려: 고대 고구려 왕국의 수도와 무덤군(강서고분, 쌍영총 등) • 고려: 분사 제도 설치, 사회적 동요[묘청의 난(1135), 조위총의 난(1174), 최광수의 난(1217)], 원(元)의 동녕부 설치(1270) • 기타 유적: 상원 검은모루 동굴(구석기), 평양 남경 유적(신석기·청동기 농경 관련), 낙랑 유적지, 고구려 유적[대동문, 보통문(⇨ 현재 조선 전기 건물), 평양성(→북성, 내성, 외성, 중성으로 구성), 안학궁, 대성산성, 동명왕릉, 을밀대 등], 고려 유적[고려 숙종의 기자 사당 건립(⇨ 조선 광해군 때 숭인전 명칭)] • 일제강점기: 물산 장려 운동(1922) 시작 지역. 강주룡의 평양 을밀대 고공투쟁(1931) • 북한: 단군 무덤 성역화(⇨ '조선 제일주의'와 관련 강조) • 남북 정상 회담 개최(2000, 2007, 2018)	
백제	위례성	• 백제 1차 수도 • 몽촌토성, 풍납토성, 석촌동 돌무지무덤 • 아차산성: 개로왕, 고구려 온달장군	
백제	공주 (웅진)	• 공주 석장리 유적(구석기) • 백제 2차 수도(문주왕) • 공주 송산리 고분군[무령왕릉, 6호분(사신도)] • 신라 (하대): 김헌창(무열계 진골)의 난 • 고려: 공주 명학소 망이·망소이의 난(1176) • 조선: 동학 농민 운동의 공주 우금치 전투(1894)	백제 역사 유적 지구(2015)
백제	부여 (사비)	• 백제 3차 수도(성왕) • 정림사지 5층 석탑, 능산리 고분군, 나성, 부소산성 • 기타: 백제 금동 대향로, 창왕명 석조 사리감, 사택지적비 등	
백제	익산	• 무왕의 천도 시도 • 미륵사지, 미륵사지 석탑(현존 최고), 왕궁리 유적 • 기타: 안승의 보덕국 설치(문무왕 때), 보덕국 사람의 반란(신문왕 때)	
신라	경주 (금성)	• 신라: 경주 역사 유적 지구, 석굴암·불국사 • 조선: 안동 하회·경주 양동 역사마을	
발해	동모산	육정산 고분군: 정혜 공주 무덤(고구려 양식의 굴식 돌방무덤, 모줄임 천장 구조, 돌사자상)	
발해	중경	용두산 고분군: 정효 공주 무덤(당의 벽돌 양식, 벽화, 벽돌탑), 3대 문왕 부인 효의황후 묘지·9대 간왕 부인 순목황후 묘지 발견('발해국 순목황후는 간왕의 황후 태씨' 기록), 고구려 조우관 전통의 금제 관식 발견	
발해	상경	발해 유적지 다수 발굴: 왕궁터, 주작대로, 흥륭사 석등 등	
발해	동경	이불병좌상, 발해 산성 등	
고려	개성	고려 개경 역사 유적[관음사, 만월대(고려 왕궁터), 고려 박물관(옛 고려 성균관), 고려 충신 정몽주가 숨진 선죽교, 고려 시조 왕건의 왕릉, 공민왕릉, 천문대, 영통사(대각국사 의천 창건) 등] cf 송도 3절: 황진이, 서경덕, 박연폭포	
조선	서울 (한성)	• 백제와 조선의 도읍지, 대한민국의 수도 • 암사동 신석기 유적 • 삼국 시대: 석촌동 고분·풍납동 토성(백제), 북한산비(신라) • 조선: 한양 천도 ⇨ 풍수지리설과 『주례』 입각, 도성 정비	

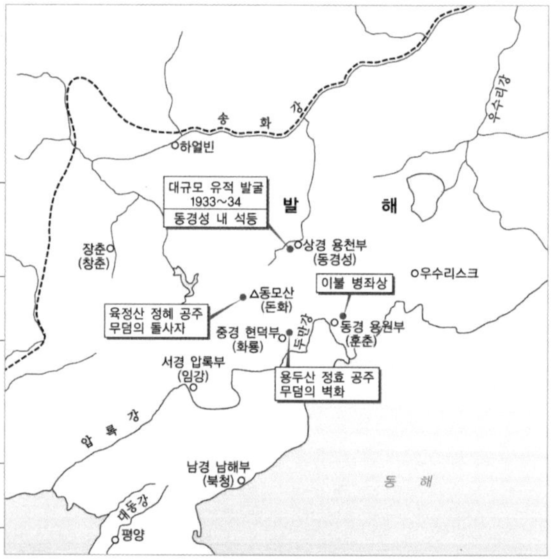

발해의 유적지

M/E/M/O

주요 지역의 역사

: 유네스코 세계 문화유산 등재

함경도	웅기	웅기 굴포리 – 구석기, 신석기(조개더미 – 인골 발견)
	백두산	백두산정계비(1712, 숙종) 건립
	원산	북관대첩비(18세기), 강화도 조약 때(1876) 원산 개방(1880), 원산 학사(1883), 원산 노동자 총파업(1929)
	기타	고려 윤관의 동북 9성 설치, 흥남 학생 반공 의거(1946), 6·25 전쟁[흥남 철수(1950. 12. 후퇴)]
평안도	의주	청동기 미송리식 토기, 고려 각장 설치, 조선 후기 의주의 만상, 중강 개시·후시 설치
	기타	고려 서희의 강동 6주 차지(993), 홍경래의 난(청천강 이북, 1811)
충청도	보은	법주사 팔상전(17세기), 동학의 제3차 교조 신원 운동(1893)
	단양	구석기 유적지(금굴 동굴, 상시 바위그늘, 수양개), 신라 단양 적성비
	충주	충주(중원) 고구려비(고구려), 충주(중원) 탑평리 7층 석탑(일명 중앙탑, 통일 신라), 중원경(통일 신라의 5소경 중 하나), 충주 다인철소(고려 몽골 항쟁지), 충주 사고(조선 4대 사고 중 하나), 가흥창(조선 9개 조창 중 하나)
전라도	화순	고인돌(청동기), 운주사
	강진	고려청자 도요지(유네스코 세계 문화유산 잠정 목록 등재), 만덕사(고려 후기 요세의 백련결사), 무위사(15세기, 다포 양식), 다산초당(신유박해 때 정약용 유배지)
	진도	삼별초의 난(용장산성, 고려 후기)
	완도	장보고의 청해진 설치(신라 하대)
경상도	영주	부석사 무량수전(고려 우왕, 1376), 부석사 소조 아미타여래 좌상(고려) cf 부석사: 신라 중대 의상 건립
	안동	신세동 7층 전탑(塼塔, 통일 신라), 봉정사 극락전(고려 공민왕, 1363, 현존하는 최고의 목조 건축), 도산서원(조선, 이황의 사당), 안동 하회마을[양진당, 병산서원, 『징비록』: 유성룡(1542~1607)이 임진왜란 때의 상황을 기록, '하회별신굿탈놀이' 등]
	울진	신라 봉평비(6세기 법흥왕), 울진·삼척 지역 간첩 침투 사건(1968)
	울주	청동기 반구대 바위그림(거북, 사슴, 호랑이, 새 등의 동물 등, 유네스코 세계 문화유산 잠정목록 등재), 천전리 바위그림[기하학적 무늬, 갈문왕 한자 등, 일명 서석(書石) 암각화]
	부산	동삼동 신석기 조개더미와 돌무지무덤 출토, 김해의 조개더미, 가야의 유적지, 조선 왜관 설치, 임진왜란 때 정발의 부산진성 싸움, 임시 정부의 백산상회(cf 안희제), 박재혁(의열단)의 부산 경찰서 폭탄 의거(1920), 6·25 전쟁 중 임시 수도 cf 발췌개헌(1952)
	합천	해인사 장경판전(15세기)
강원도	평창	오대산 상원사 동종(통일 신라, 최고), 월정사 8각 9층 석탑(고려 전기), 오대산 사고(조선 후기), 2018년 동계 올림픽 개최
	양양	진전사지 3층 석탑(신라 하대, 선종 영향)
경기도	강화	• 고인돌(청동기) • 고려: 1232년 강화 천도, 삼별초의 저항(1270~1273, 강화도 ⇨ 진도 ⇨ 제주도), 고려 왕릉 총 4기 • 조선: 15세기 강화도 마니산 초제(참성단), 17세기 광해군 때 5대 사고 중 하나(정족산 사고), 정묘호란 당시 인조 가족 및 왕실 피신, 병자호란 때 왕실 피신 및 김상용 순절, 18세기 강화학파(양명학, 정제두), 강화 도령(철종) • 병인양요(1866)·신미양요(1871), 강화도 조약(1876) 체결 장소
	기타	여주 고달사지 승탑(고려), 화성(조선 정조), 광주 남한산성(병자호란 당시 인조와 소현 세자 피난), 조선 왕릉(구리, 여주, 남양주)
제주도		• 제주 빌레못 동굴(구석기), 삼별초의 난(고려 후기), 탐라총관부(원) • 조선의 잉류 지역, 이재수의 난(19세기), 광해군과 추사 김정희 유배지, 조선 후기 의녀 김만덕 • 제주 4·3 사건(1948)

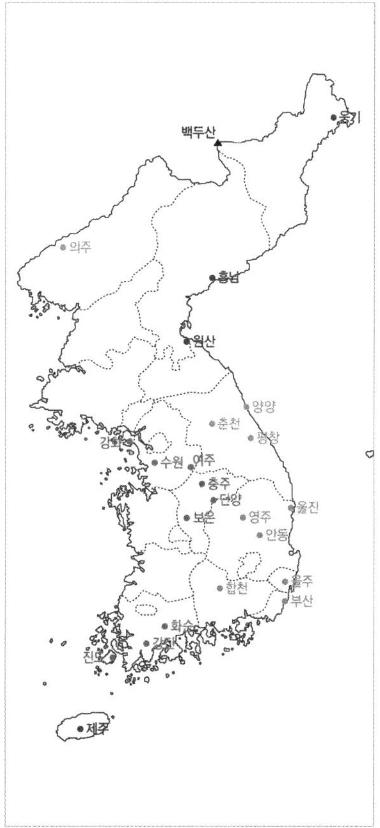

문화유산 분포도 · 유네스코 세계 문화유산

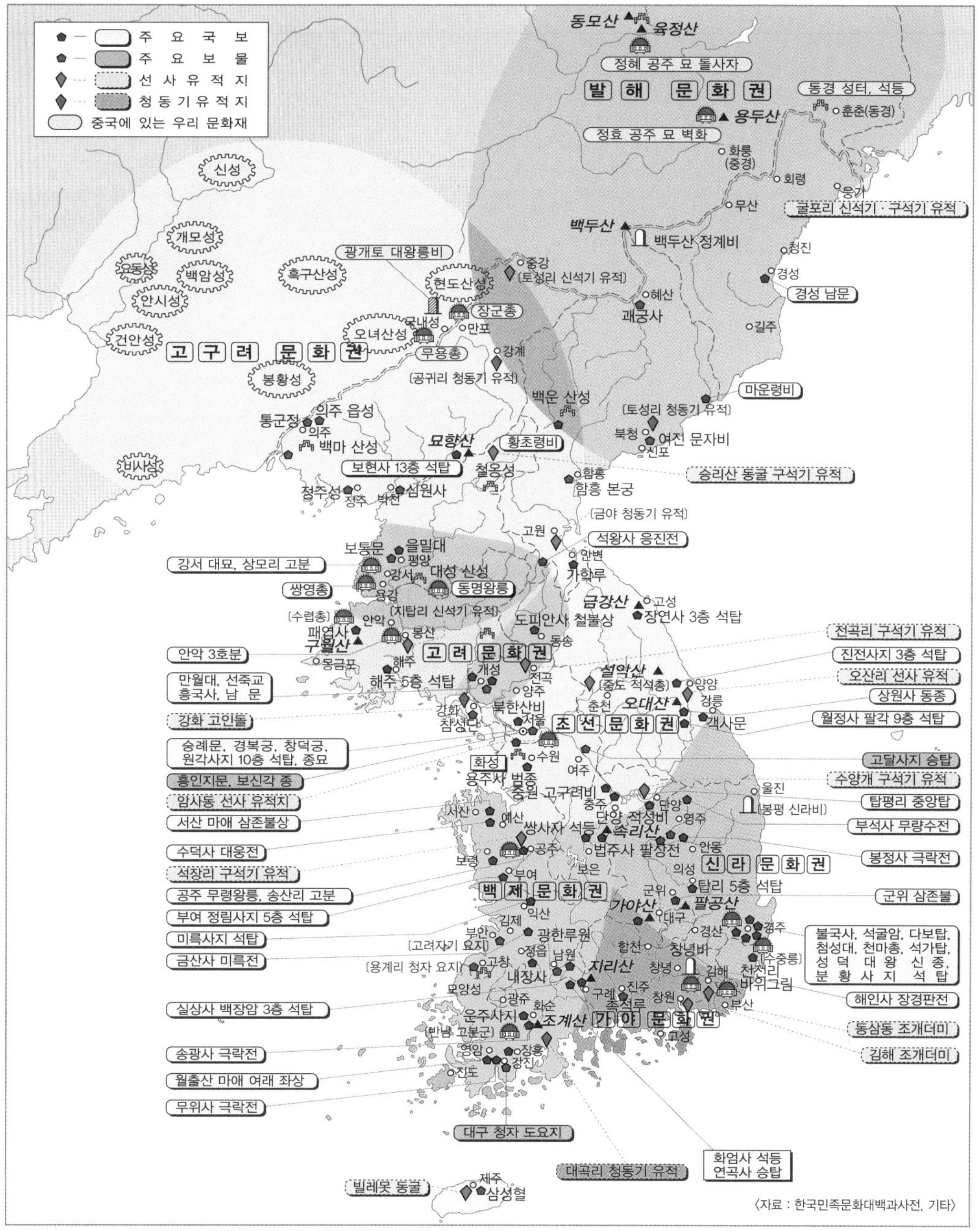

〈자료 : 한국민족문화대백과사전, 기타〉

유네스코 세계 문화유산 (15개)	석굴암·불국사(1995), 해인사 장경판전(1995), 종묘(1995), 창덕궁(1997), 수원 화성(1997), 경주 역사 유적 지구(2000), 고창·화순·강화 고인돌 유적(2000), 제주 화산섬과 용암 동굴(2007), 조선 왕릉(2009), 한국의 역사 마을: 하회와 양동(2010), 남한산성(2014), 백제 역사 유적 지구(2015), 산사·한국의 산지 승원(2018), 서원(2019), 갯벌(2021) cf 북한: 고구려 고분군(2004), 개성 역사 유적 지구(2013)
유네스코 세계 기록유산 (18개)	훈민정음(1997), 조선왕조실록(1997), 직지심체요절(2001), 승정원일기(2001), 조선왕조의궤(2007), 해인사 대장경판 및 제 경판(2007), 동의보감(2009), 일성록(2011), 5·18 민주화 운동 기록물(2011), 난중일기(2013), 새마을 운동 기록물(2013), 한국의 유교책판(2015), 'KBS 특별생방송 이산가족을 찾습니다' 1983년 방영 기록물(2015), 조선 왕실 어보와 어책(2017), 조선 통신사 기록물(2017), 국채 보상 운동 기록물(2017), 4·19혁명·동학 농민 운동 기록물(2023)
유네스코 세계 무형유산 (21개)	종묘 제례 및 종묘 제례악(2001), 판소리(2003), 강릉 단오제(2005), 강강술래(2009), 남사당놀이(2009), 영산재(2009), 제주칠머리당 영등굿(2009), 처용무(2009), 가곡(2010), 대목장(2010), 매사냥(2010), 줄타기(2011), 택견(2011), 한산 모시짜기(2011), 아리랑(2012), 김장 문화(2013), 농악(2014), 줄다리기(2015), 제주 해녀 문화(2016), 씨름(2018), 연등회(2020), 탈춤(2022) cf 북한: 아리랑(2014)

유네스코 문화유산

참고1 경주 역사 유적 지구: 유적의 성격에 따라 모두 5개 지구로 구분
- 불교 미술의 보고인 남산 지구: 배동 석조 여래삼존 입상, 미륵곡 석불 좌상, 나정, 포석정 등
- 천년 왕조의 궁궐터인 월성 지구: 월성, 계림, 첨성대 등
- 신라 왕을 비롯한 고분군 분포 지역인 대능원 지구
- 신라 불교의 정수인 황룡사 지구: 황룡사지, 분황사
- 왕경 방어 시설의 핵심인 산성 지구: 명활산성

참고2 백제 역사 유적 지구
- 공주: 송산리 고분군, 공산성
- 부여: 관북리 유적, 부소산성, 능산리 고분군, 정림사지, 나성
- 익산: 왕궁리 유적, 미륵사지

참고3 산사·한국의 산지 승원
- 양산 통도사(불보 사찰)
- 영주 부석사
- 안동 봉정사
- 보은 법주사
- 공주 마곡사
- 순천 선암사
- 해남 대흥사

참고4 서원
- 소수 서원(경북 영주): 안향 배향
- 도산 서원(경북 안동): 이황 배향
- 병산 서원(경북 안동): 류성룡 배향
- 옥산 서원(경북 경주): 이언적 배향
- 도동 서원(대구 달성): 김굉필 배향
- 남계 서원(경남 함양): 정여창 배향
- 필암 서원(전남 장성): 김인후 배향
- 무성 서원(전북 정읍): 최치원 배향
- 돈암 서원(충남 논산): 김장생 배향

한국사 연결고리

단편적 역사 지식
흐름으로 잡아라!!

『한국사 연결고리』 수험생 수강 후기 中

정리용으로 아주 좋습니다!

연결고리 강의는 이론단과 후에 복습할 겸 듣기도 좋고 동형 모의고사 전이나 후에 마지막 정리용으로 듣기도 아주 좋습니다.
책이 시대사와 테마사로 나뉘어져 있는데 그 많은 내용이 시대사 같은 경우에는 한 시대가 1~2 페이지로 한눈에 보기 좋게 정리가 되어있어서 큰 흐름을 잡는데 좋고, 테마사도 시대별 테마가 따로 정리되어 있어서 공부하다가 경제파트를 모르겠다 하시면 경제편만 강의를 찾아 들을 수도 있어 내용 정리하는데 이만한 강의와 교재가 없다고 생각합니다.
기본서와 함께 보시면 더욱 큰 효과를 볼 수 있을 거라 장담합니다. (김*은)

연결고리로 마무리를 했습니다!

마지막은 교수님의 백미인 연결고리로 마무리를 했습니다. 특히나 연결고리는 시험장까지 가져가서 봤을 정도로 연결고리를 달달 봤습니다.
흐름이 중요한 정치사를 관통하는 시대사도 좋았지만, 저는 문화사가 약했기 때문에 각 테마별로 정리해 주신 테마사 부분이 더 좋았습니다!
안 외워지는 부분은 따로 필기를 하고 작게라도 말을 하며 이미지화가 될 때까지 외우거나 저만의 약어로 외웠습니다. (이*윤)

'연결고리'를 통해 한국사를 잊지 않으려고 했습니다!

저는 기본심화강의가 끝나고, '연결고리'를 통해 한국사를 잊지 않으려고 했습니다! 한국사는 흐름 중심입니다. 흐름을 파악해야지 다른 세부적인 것들이 이해가 되고, 무조건적인 암기보다는 인과관계를 파악하면서 공부해야 잊어버리지 않습니다. 연결고리는 일목요연하게 정리된 사건들을 통해 공부할 수 있어 좋았습니다. (김*나)

역사의 흐름이 아주 잘 정리된 책!

처음 공부를 시작했을 때는 한국사가 가장 하기 싫고, 점수도 제일 안 나오는 과목이었습니다. 그런데 기본심화강의를 3번 정도 반복해서 들으니 머릿속에 흐름이 정리되었고, 특히나 선우빈쌤의 연결고리와 간추린 도표가 정말 많은 도움이 되었습니다. 그 도표가 너덜너덜해질 때까지 계속해서 들여다보니 어느샌가 역사의 흐름이 아주 잘 정리가 되었습니다. (이*진)

인물로 흐름 잡기

01 고대

고구려

명림답부 (67~179)
- 고구려 최초 국상
- 165년 고구려 7대 차대왕을 시해, 신대왕 옹립, 신대왕은 명림답부를 국상으로 임명, 172년 후한이 공격했을 때 청야(淸野, 적이 이용하지 못하도록 농작물과 건물 등 지상에 있는 것들을 없앰.) 작전으로 승리

을파소 (?~203)
- 고구려 재상
- 고국천왕 때 춘대추납의 빈민 구제 제도인 진대법 실시

우씨 왕후 (생몰년 미상)
- 고구려 연나부 귀족의 딸, 고국천왕의 왕후
- 고국천왕이 죽은 후 왕의 동생 중 연우(산상왕)를 선택(형사취수제), 산상왕의 왕후가 됨.

온달 (?~590)
- 고구려 평원왕 때 인물
- 평강공주와 결혼 후 무장이 되어 북주의 무제 침략 때 승리, 7세기 영양왕이 신라를 공격할 때 함께 나가 아차산 아래에서 전사

을지문덕 (생몰년 미상)
- 고구려 영양왕 때 장수
- 영양왕 23년(612)에 수나라 우중문과 우문술의 군대를 살수(청천강)에서 격퇴(살수 대첩)
- 을지문덕의 명시 '여수장우중문(與隋將于仲文)'

神策究天文	신기한 책략은 하늘의 이치를 꿰뚫었고,
妙算窮地理	오묘한 전략은 땅의 이치를 통달하였구나.
戰勝功旣高	전쟁에 이긴 공이 이미 높으니,
知足願云止	만족함을 알았으면 그만두기를 바라노라.

담징 (579~631)
- 고구려 승려, 화가
- 영양왕 때 백제를 거쳐 일본에 가서 그림, 맷돌, 종이, 먹 제조법 등을 전하고, 호류사 금당 벽화를 그림.

연개소문 (?~665?)
- 고구려 말 재상, 장군
- 642년 영류왕 시해, 그의 조카 보장왕 옹립, 대막리지 자리에 오름, 당에 대비하여 천리장성 구축

cf 후대 역사가의 상반된 평가: 김부식은 『삼국사기』에서 임금을 죽인 역적으로 기록, 신채호는 『조선상고사』에서 위대한 혁명가로, 박은식은 『천개소문전』에서 독립 자주의 정신과 대외 경쟁의 담략을 지닌 우리 역사상 일인자로 평가

보덕 (생몰년 미상)
- 고구려 승려
- 고구려 말 보장왕 때 연개소문이 도교를 장려하자 백제로 가 경복사에서 열반종 개창, 그의 제자들의 활동으로 신라 열반종의 개조(開祖)가 됨.

백제

왕인 (생몰년 미상)
- 백제 근구수왕 때 학자, 오경박사
- 아신왕 때 일본의 초청으로 많은 기술자와 함께 일본에 가서 아스카 문화에 기여(오경 전파)

계백 (?~660)
- 백제 말 장군
- 660년 나·당 연합군의 진격으로 황산벌(논산)에서 패하고 전사
- 부여의 의열사와 연산의 충곡서원에 제향됨.

cf 후대 역사가의 상반된 평가: 전장에 나가기 전 처자를 몰살한 사건에 대해 권근은 "군사의 사기를 떨어뜨려 결국 패배하였고 잔인무도한 행동"이라고 한 반면, 안정복은 "내 집과 몸을 잊어야 죽을 결심을 할 수 있으며, 치욕을 당하고 사는 것은 이미 죽은 것"이라며 계백을 높이 평가

흑치상지 (630?~689)
- 백제 말 장군
- 660년 나·당 연합군에 의해 백제가 멸망한 후, 3만여 부흥군과 함께 임존성 중심으로 당에 대항, 그러나 주류성 함락 이후 당나라에 항복하고 당의 장수로 이름을 떨침.

신라

박제상 (363~419)
- 신라 눌지왕 때 충신
- 실성왕 때 고구려와 왜국에 볼모로 잡혀간 아우들을 데려오라는 눌지왕의 명령으로 418년 이들을 탈출시키고 순국함.

이사부 (생몰년 미상)
- 신라 지증왕 때 우산국 복속(512)
- 진흥왕 때 고구려 도살성과 백제 금현성 함락(550)

이차돈 (?~527)
- 눌지왕 때 고구려 승려 묵호자가 신라에 불교 포교, 귀족들의 반대로 인정받지 못하다가 법흥왕 때 이차돈의 순교로 불교가 공인(527)됨.
- 경주에 이차돈의 순교 사실을 새긴 돌기둥(이차돈 공양탑 또는 백률사 석당)이 있음.

우륵 (생몰년 미상)
- 대가야 가실왕 때 악사
- 가야금을 만들고 12곡 제작, 가실왕 사후 신라로 망명, 진흥왕의 신임을 받고 국원(지금의 충주)에서 대가야 음악을 신라 예술로 승화시킴.

자장 (590~658)
- 신라 선덕 여왕 때 계율종 승려(대국통)
- 호국 불교의 상징인 황룡사 9층 목탑 건립 제의·완성, 양산 통도사 창건

원광 (생몰년 미상)
- 신라 진평왕 때 승려
- 화랑도의 이념인 '세속 5계'를 지어 화랑도 정신과 신라의 국가 정신 확립
- 수나라의 군사를 요청하는 '걸사표' 바침.

원효 (617~686)
- 신라 승려, 6두품, 설총의 아버지
- 불교 이해의 기준 마련, 일심(一心) 사상(마음의 순수성)·화쟁 사상(종파 통합) 주장
- 정토종(아미타 신앙) 보급 ⇨ 불교 대중화 기여
- 법성종(경주 분황사) 개창
- 저서: 『금강삼매경론』, 『대승기신론소』, 『십문화쟁론』 등

의상 (625~702)
- 신라 승려, 진골 귀족, 문무왕의 자문 역할
- 당에서 화엄종 연구, 귀국 후 부석사 건립하고 화엄종 창설, 화엄 사상 정립[하나 속에 일체가 있고 일체 속에 하나가 있으며, 하나가 곧 일체요 일체가 곧 하나(一中一切多中一 一卽一切多卽一)] ⇨ 전제 왕권 강화에 기여
- 아미타 신앙과 함께 현세에서 구제받고자 하는 관음 신앙 주도
- 저서: 『화엄일승법계도』 등

김유신 (595~673)
- 신라 장군, 금관가야의 시조 김수로왕의 12대손
- 15세 되던 해 화랑이 되어 용화향도(龍華香徒)라는 낭도를 이끌며 이름을 알리기 시작, 611년 국선(國仙, 화랑의 지도자)이 됨.
- 647년 비담과 염종의 난을 진압, 654년 진덕 여왕이 후사 없이 죽자 김춘추를 왕으로 추대함.
- 당나라군과 연합하여 백제와 고구려를 정벌, 이후 당나라군을 한반도에서 몰아내는데 기여함.

김인문 (629~694)
- 무열왕의 둘째 아들, 문무왕의 친동생
- 진덕 여왕 때 당의 숙위학생으로 국학 입학, 당과 신라 간 외교관 역할
- 김춘추·김유신과 함께 백제·고구려 정벌에 기여, 죽은 뒤 태대각간에 추증

김흠돌 (?~681)
- 신라 중대 진골 귀족, 신문왕의 장인
- 문무왕 때 고구려 원정에 나가 큰 공을 세움.
- 신문왕 때 김흠돌의 모반 사건은 왕권 강화의 계기가 됨.

cf 신문왕은 김흠돌 모반 사건 이후 김흠운의 딸을 왕비로 맞고 성대한 결혼을 치름으로써 왕실의 위엄을 보이려 함.

설총 (655~?)
- 원효와 요석공주의 아들, 6두품 출신 유학자
- 이두를 집대성, 신문왕 때 「화왕계」를 써서 국왕의 도덕 정치 강조

김대문 (생몰년 미상)
- 신라 중대 진골 출신 학자, 문장가, 정치가
- 성덕왕 때 한산주 도독 역임
- 저서: 『계림잡전』, 『화랑세기』, 『한산기』, 『고승전』, 『악본』 등

김대성 (700~774)
- 신라 중대 재상, 진골 귀족
- 전세와 현세의 부모를 위해 석굴암과 불국사를 창건

장보고 (?~846)
- 신라 무장
- 당나라 군대의 중간 관리자가 되었다가 흥덕왕 때 귀국, 청해진(완도)을 건설하고 해적 소탕, 9세기 당과 일본과의 해상 무역 주도, 일본 승려 엔닌의 일본 귀국을 도와줌.
- 문성왕이 장보고의 딸을 왕비로 받아들이지 않자 846년 난을 일으켰으나 실패, 결국 문성왕의 자객 염장에게 살해됨.

최치원 (857~?)
- 신라 하대 6두품, 유·불·선의 통합을 주장한 사상가
- 868년 12세에 당나라에 유학, 874년 당의 빈공과(외국인 전용 과거 시험) 합격, 879년 황소의 난 때 '토황소격문' 작성, 28세 때 귀국하여 '시독 겸 한림학사' 즉위, 진성 여왕 때 시무책 10여 조 건의, 실패 후 은둔 생활
- 저서: 『계원필경』, 『제왕연대력』, 4산 비명[숭복사비(경북 경주, 왕실 관련 신라 하대 역사 기록), 쌍계사 진감선사비(경남 하동), 봉암사 지증대사비(경북 문경), 성주사 낭혜화상비(충남 보령)], 난랑비문(화랑도에 유교·불교·도교 3교가 있음을 서술) 등

궁예 (?~918)
- 신라 왕족 출신, 승려(승명 선종)
- 901년 후고구려 건국, 국호를 마진(이후 태봉)이라 고치고 송악에서 철원으로 천도(905), 광평성 중심으로 국가 체제 정비
- 말년에 미륵보살을 자처하며 전제 정치 ⇨ 왕건·신숭겸 등에 의해 축출, 왕건에 의해 고려가 성립됨(918).

견훤 (867~936)
- 신라 농민 출신
- 900년 완산주에서 후백제 건국
- 927년 신라 금성(경주)을 공격, 경애왕 살해 ⇨ 경순왕 즉위시킴.
- 고려와 공산(대구 팔공산) 전투 승리 이후 장남 신검이 정변을 일으키고 견훤을 금산사(김제)에 유배시키자 고려 왕건에게 투항

02 중세

고려

유금필 (?~941)
- 고려 초기 무신
- 왕건을 도와 고창·운주·나주 전투 등에서 큰 공을 세웠고, 936년 왕건과 함께 일리천 전투에 참전 ⇨ 왕건의 후삼국 통일에 기여

최승로 (927~989)
- 신라 6두품 계열, 고려 전기 재상
- 성종 원년 고려 유교 사회 건설의 지침서인 '시무 28조'를 올림.

서희 (942~998)
- 고려 광종~성종 때 문신
- 광종 때 송과 외교 관계 수립
- 성종 때(993) 거란 1차 침입 시 적장 소손녕과 외교적 담판을 지어 강동 6주 획득 ⇨ 압록강 어귀 차지

강조 (?~1010)
- 고려 중기 무인
- 목종을 폐위하고 현종을 옹립한 정변을 일으킴.
- 목종 폐위 사건을 빌미로 1010년 거란의 성종이 40만 대군을 이끌고 침입하자, 강조는 통주(지금의 평북 선천)에서 맞서 싸웠으나 패배, 거란군의 포로가 된 강조에게 거란 성종이 자기의 신하가 되어 달라고 권유했으나 강조는 단호히 거절하고 장렬한 최후를 맞이함.

강감찬 (948~1031)
- 고려 정종·현종 때 재상
- 1018년 현종 때 거란의 소배압 군대가 쳐들어오자 흥화진(의주)에서 물리치고 다음 해 후퇴하는 적을 귀주에서 격파함(귀주 대첩, 1019).
- 전란 이후 개경에 나성 축조 건의

cf 고구려의 을지문덕, 조선의 이순신과 더불어 나라를 구한 3대 영웅으로 칭송

최충 (984~1068)
- 고려 전기 문신, 재상
- 목종 때 과거 합격, 관직 진출 ⇨ 문종 때 관직에서 은퇴, 사학의 시작인 9재 학당(문헌공도) 설립, 9경(經)과 3사(史)를 가르침.
- 문장과 글씨에 능해 '해동공자'라 불림.
- 조선 중종 때 주세붕이 최충의 고향인 해주에 수양 서원 건립

윤관 (?~1111)
- 고려 중기 문신
- 고려 숙종의 총애를 받아 재추의 지위까지 올랐고 특수군 별무반을 조직하여 1차 여진 정벌, 예종 때 2차 여진 정벌하고 동북 9성 축조 ⇨ 결국 다시 반환됨.

의천 (1055~1101)
- 고려 문종의 넷째 아들(속명은 왕후, 호는 우세), 문종~숙종 때 승려
- 흥왕사를 근거지로 삼아 화엄종 중심으로 교종 통합 ⇨ 선종을 통합하고자 국청사를 창건하여 해동 천태종 창시
- 교장도감 설치, '신편제종교장총록' 작성 ⇨ 교장(속장경) 간행
- 숙종 때 주전론 주장, 주전도감 설치
- 저서: 『원종문류』, 『석원사림』, 『천태사교의주』, 『대각국사문집』 등

이자겸 (?~1126)
- 고려 중기 인주 이씨(경원 이씨) 외척 가문 출신
- 왕실과의 혼인으로 정권을 장악한 인주 이씨 가문은 예종과 인종 때 연이어 외척이 됨. 이에 이자겸 세력이 왕권을 능가, 자신의 생일을 '인수절'이라고 함. 결국 왕위 찬탈까지 시도, 1126년 이자겸의 난 발발, 인종은 척준경을 회유하여 이자겸을 제거

묘청 (?~1135)
- 고려 인종 때 승려
- 인종 때 정지상 등과 함께 서경 천도와 칭제건원, 금국 정벌론 주장 ⇨ 김부식 등 개경 문벌 귀족의 반대 ⇨ 1135년 국호를 '대위', 연호를 '천개'라 하고 난을 일으켰으나 김부식 등 관군에 진압됨.

cf 신채호의 평가: 「조선사연구초」에서 '조선역사상 일천년래 제일대사건'이라고 높이 평가

김부식 (1075~1151)
- 고려 중기 문신, 유학자, 정치가
- 1126년 이자겸의 난, 1135년 묘청의 서경 천도 운동 평정
- 관직에서 물러난 후 인종의 명으로 1145년 『삼국사기』 편찬

정중부 (1106~1179)
- 고려 의종 때 무신
- 의종과 귀족들의 사치, 무신에 대한 차별 등에 불만을 품고 1170년 보현원에서 정중부·이의방·이고가 난을 일으켜 무신 정권을 수립. 이때 100명 정도의 문신이 학살되었고 왕은 거제도, 태자는 진도로 보내졌으며, 왕의 동생을 왕(명종)으로 세움.
- 1174년 정중부는 이의방을 제거하고 중방을 최고 권력 기관으로 독재 정치 실시, 1179년 경대승에게 제거됨.

경대승 (1154~1183)
- 고려 후기 무신
- 정중부 일파를 제거하고 무신 최고 권력 기구인 중방을 무력화시켰으며 자신의 사적 집단인 도방 설치

이의민 (?~1196)
- 고려 후기 무신, 어머니가 노비임.
- 1183년 경대승이 30세에 갑자기 죽자 측근을 제거하고 이의민 집권, 이후 최충헌 형제의 정변으로 13년간 권력을 남용했던 이의민 정권은 종식됨.

김사미 (?~1194)
- 고려 무신 정권기 민란 주도자
- 명종 때인 1193년 경북 운문에서 신라 부흥을 표방하며 봉기, 초전에서 봉기한 효심과 연합, 이의민과 내통했다는 설이 있으며, 정부군에게 진압당한 후 참수됨.

최충헌 (1149~1219)
- 고려 후기 무신
- 1196년 권신 이의민을 죽이고 권력 독점, 정치 개혁안 봉사 10조를 올렸으나 왕이 거부하자, 1198년 왕을 폐위시키고 신종을 세움(17년간 4명의 왕을 교체).
- 희종으로부터 진강후로 책봉, 권력 기구 흥녕부(진강부) 설치(1206)
- 1198년 만적의 난 진압, 사병 집단인 6번 도방 설치, 최고 기구 교정도감(1209) 설치
- 문인 이규보 발탁, 조계종 후원

최우 (최이, ?~1249)
- 고려 후기 무신, 최충헌의 아들
- 정방 설치(인사권 장악), 서방 설치(문인 등용), 삼별초 조직
- 몽골 1차 침입 이후 강화도로 천도(1232) ⇨ 몽골 2차 침입 때 재조대장경(팔만대장경) 완성

만적 (?~1198)
- 최충헌의 사노비
- 무신 정권기 최고 권력자였던 최충헌의 노비 만적은 1198년 노비 신분의 해방을 꿈꾸며 반란을 도모, 동료 순정의 밀고로 실패하고 수장됨.

지눌 (1158~1210)
- 고려 후기 승려, 조계종의 개조(開祖)
- 명종 때 수선사 결사 운동을 위해 송광사에서 조계종 창시 ⇨ 정혜쌍수(定慧雙修)와 돈오점수(頓悟漸修) 주장, 선·교 일치 추구
- 저서: 『진심직설』, 『권수정혜결사문』 등

박서 (생몰년 미상)
- 고려 후기 무신, 서북면 병마사
- 1231년 몽골의 1차 침입 때 귀주성에서 몽골군에게 끝까지 항쟁

김윤후 (생몰년 미상)
- 고려 고종 때 승려, 무신
- 1232년(고종 19) 몽골 2차 침입 때 처인성에서 살리타 사살, 이후 충주산성 방호별감이 되어 몽골군 격퇴

일연 (1206~1289)
- 고려 후기 고승
- 최씨 무인 정권과 몽골의 침략기를 겪음. ⇨ 노년에 경상도 군위의 인각사로 은퇴, 이 시기에 불교사 중심으로 고대 설화와 야사 등을 수록한 『삼국유사』(1281?, 충렬왕) 완성

안향 (1243~1306)
- 고려 후기 유학자, 호-회헌
- 충렬왕 때 성리학을 최초로 도입
- 조선 중종 때 주세붕이 안향을 봉사하기 위해 최초의 서원인 백운동 서원 건립 ⇨ 명종 때 이황의 건의로 소수 서원(최초의 사액 서원)으로 사액(賜額)됨.

신돈 (?~1371)
- 고려 후기 승려, 공민왕의 신임을 받아 정계 진출
- 전민변정도감(1366)을 설치, 토지와 노비에 대한 개혁 추진
- 권문세족의 배척과 공민왕의 의심을 받아 결국 역모 혐의로 참살됨.

cf 후대 역사가의 상반된 평가: 신돈을 요승으로(『고려사』), 일각에서는 혁명가로 평가

인물사

기황후 (생몰년 미상)
- 고려 원 간섭기 공녀 중 한 명으로 원 왕실의 궁녀가 되었다가 원나라 마지막 황제인 순제의 황후가 됨.
- 황제의 총애를 받고 실권을 장악, 고려에서는 기황후의 오빠 기철 등 기씨 집안이 득세, 원에서는 고려의 풍속 유행
- 1368년 주원장의 명나라 군대가 원의 수도를 점령하자 피신, 이후 행적은 전해지지 않음.

문익점 (1329~1398)
- 고려 후기 학자, 문신
- 1364년 서장관으로 원나라에 다녀 오면서 목화씨를 도입하여 장인 정천익과 함께 시험 재배에 성공, 목화 보급에 기여

최무선 (1325~1395)
- 고려 후기 무신, 무기 발명가
- 중국 상인에게 염초 제조법을 배워 와 화통도감을 설치하고 화약과 무기 개발
- 우왕 때인 1380년 진포 싸움에서 화약 무기로 왜구 격퇴

최영 (1316~1388)
- 고려 후기 무신, 재상
- 1361년 홍건적 격퇴, 1363년 공민왕을 시해하려 한 흥왕사의 변 진압, 1376년 홍산 대첩에서 왜구 격퇴
- 1388년 명이 철령위를 설치하려 할 때 최영은 요동 정벌론 주장, 이에 맞선 이성계의 위화도 회군(1388)으로 제거됨.
- 최영의 호기가(豪氣歌)

> 좋은 말 살지게 먹여 시냇물에 씻겨 타고
> 서릿발 같은 칼 잘 갈아 어깨에 둘러메고
> 대장부의 위국충절을 세워 볼까 하노라.

정몽주 (1337~1392)
- 고려 후기 문신, 이색의 문하에서 정도전과 수학
- 친명파로 이성계와 뜻을 같이 하였으나 고려 왕조를 지키기 위해 이성계 일파를 제거하려다 오히려 이방원에게 선죽교에서 죽임을 당함.
- 정몽주 등 온건파 신진 사대부의 정신은 이후 길재, 김종직 등 사림파로 이어짐.

03 근세

조선 전기

정도전 (1342~1398)
- 고려 후기~조선 전기 문신
- 1383년 이성계를 찾아가 역성혁명 결의, 1391년 과전법 실시, 1392년 이성계를 국왕으로 추대, 개국 일등 공신에 추대됨. 태조와 함께 요동 수복 계획(『진도』 편찬)
- 재상 중심의 정치 추구 ⇨ 1398년 1차 왕자의 난 때 이방원에 의해 제거됨.
- 저서: 『조선경국전』, 『경제문감』, 『불씨잡변』, 『진도』, 『심기리편』 등

황희 (1363~1452)
- 조선 전기 문신, 청백리 명재상
- 태종과 세종 때 24년 동안 재상 역임, 소신과 원칙·관용으로 정치를 펼침.

김종서 (1383~1453)
- 조선 전기 문·무를 겸비한 문신
- 16세에 문과 급제, 세종 때 여진족을 토벌하고 6진을 설치하여 두만강 유역 확보
- 문종 때 『고려사절요』 편찬 주도
- 문종 사후 12세의 단종을 보필하다가 1453년 수양 대군의 계유정난으로 누명을 쓰고 희생됨.

장영실 (생몰년 미상)
- 조선 전기 과학자, 아버지는 원나라 출신 귀화인, 어머니 신분에 따라 관노비
- 세종 때 발탁, 간의대(천문 관측기구인 간의를 설치했던 관측대)를 비롯하여 앙부일구(해시계), 현주일구(휴대용 해시계), 일성정시의(낮과 밤의 시간을 재는 기구), 천평일구(휴대용 해시계), 자격루(물시계), 혼천의(천문 관측기) 등을 발명
- 장영실이 제작한 임금의 가마가 부서져 불경죄로 파면

박연 (1378~1458)
- 조선 전기 문신
- 세종 때 관습도감 제조에 임명, 궁중 음악을 개혁

cf 고구려의 왕산악, 신라의 우륵과 함께 우리나라 3대 악성으로 평가됨.

신숙주 (1417~1475)
- 조선 전기 문신
- 세종 때 서장관으로 일본 사행에 참여, 그 경험을 바탕으로 성종 때 『해동제국기』 저술
- 세조의 계유정난 때는 외직에 있었으며, 세조 즉위 후 주요 관직 역임
- 『동국통감』, 『국조오례의』 등의 편찬에 참여

cf 사육신이나 생육신에 대비되는 변절자라는 평가도 있음.

이순지 (1406~1465)
- 조선 세종 때 문신, 천문 역법 학자
- 세종의 명으로 정인지, 김담 등과 함께 자주적 역법서인 『칠정산』 내·외편 저술
- 세종 때 이루어진 모든 천문 기구와 교재의 제작·간행에 참여, 총괄함.

김담 (1416~1464)
- 조선 세종 때 천문학자
- 이순지 등과 자주적 역법서인 『칠정산』 내·외편, 『태양통궤』, 『태음통궤』 등의 편찬에 기여함.

서거정 (1420~1488)
- 조선 전기 세종~성종 때 문신, 학자
- 세조의 신임을 받았고 『경국대전』, 『삼국사절요』, 『동국여지승람』, 『동문선』, 『동국통감』 등의 편찬에 참여
- 저서: 『동인시화』, 『필원잡기』 등

안견 (생몰년 미상)
- 조선 전기 세종~세조 때 화가
- 안평 대군의 꿈 이야기를 듣고 3일 만에 그린 '몽유도원도'(일본 덴리 대학 소장)는 조선 회화에 큰 영향을 미쳤고 일본 화단에도 영향을 줌.

남이 (1441~1468)
- 세조 때 무신, 태종의 외증손, 권람의 사위
- 16세에 무과 급제, 이시애의 난(1467) 평정, 건주위 여진 토벌 등
- 세조 말년 훈구 대신들과 대립, 세조가 죽고 예종이 즉위하면서 실각, 역모 혐의를 받고 처형됨.

조광조 (1482~1519)
- 조선 중기 문신
- 중종 때 사림파의 거두로 발탁, 도학 정치의 실현을 위해 적극적 개혁을 시도(위훈 삭제, 현량과 실시, 경연 강화, 향약 실시, 유교 윤리 보급, 불교·도교 행사 폐지 등)
- 1519년 기묘사화로 귀양, 사사됨.

이언적 (1491~1553)
- 조선 중기 중종 때 문신, 주리론의 선구자
- 기(氣)보다 이(理)를 중시하는 이기이원론 주장, 그의 사상은 이황에게 계승, 『일강십목소』라는 상소를 올림.
- 을사사화 여파로 연루되어 유배됨.

서경덕 (1489~1546)
- 조선 중기 유학자, 주기론의 선구자
- 불교와 노장사상에 대해 개방적 태도 지님. 1519년(중종 14) 조광조의 주도로 시행된 현량과에 천거되지만 사양, 관직보다는 처사(處士)로서의 삶을 살아가며 자신만의 독창적이고 자율적인 학문의 체계를 정립함.
- 주기설(태허설) 주장
- 저서: 『화담집』 등

cf 황진이, 박연 폭포와 함께 '송도 3절'이라 불림.

임꺽정 (?~1562)
- 조선 중기(명종) 백정 출신의 의적
- 명종 때 황해도와 경기도 등지에서 관청을 털어 백성들에게 곡식을 나누어주는 의적 활동을 함. 1559년에는 개성까지 습격함. 1562년 관군에 체포되어 사형당함.

cf 이익의 평가: 『성호사설』에서 임꺽정을 홍길동, 장길산과 함께 조선 3대 도적으로 평가

이황 (1501~1570)
- 조선 중기 문신·학자로 주리론 집대성, '동방의 주자'라 불림.
- 관직보다는 학문 연구와 인재 양성에 전념, 일본 성리학 발전에 영향, 김성일·유성룡 등에게 이어져 영남학파 형성, 예안향약·도산서당 설립, 기대승과 8년 동안 사단 칠정 논쟁
- 명종 때 이황의 건의로 백운동 서원(중종 때 주세붕 건립)이 조선 최초 사액 서원인 '소수 서원'이 됨.
- 저서: 『주자서절요』, 『이학통록』, 『전습록변』, 『성학십도』 등

조식 (1501~1572)
- 조선 중기 학자
- 경(敬)과 의(義)를 실천한 처사, 노장사상에 포용적, 학문의 실천성 강조, 절의와 기개 강조
- 임진왜란 때 조식 학파인 정인홍, 곽재우 등 의병 배출, 광해군 때 북인 정권의 핵심 역할
- 저서: 『남명집』 등

유성룡 (1542~1607)
- 조선 중기 문신, 이황의 제자
- 1592년 임진왜란 때 병조 판서, 도체찰사(都體察使)로 군무 총괄, 이순신·권율 등 명장을 등용하여 국난 극복에 기여
- 수미법·훈련도감·속오군 설치 건의
- 저서: 『서애집』, 『징비록』 등

신사임당 (1504~1551)
- 율곡 이이의 어머니, 서화에 능하였고 현모양처의 대명사

cf 어숙권은 『패관잡기』에서 사임당의 그림이 안견 다음 간다고 높이 평가함.

이이 (1536~1584)
- 조선 중기 학자, 문신, 신사임당의 아들, 주기론 집대성
- 9번 과거에 장원 급제하여 '구도장원공(九度壯元公)'이라 불림.
- 대공수미법·10만 양병설 등 시대적 변화에 맞는 개혁 방안 제시
- 조헌·김장생으로 이어져 기호학파 형성, 해주·서원향약 설립
- 저서: 『동호문답』, 『만언봉사』, 『성학집요』, 『격몽요결』 등

이순신 (1545~1598)
- 조선 중기 명장
- 선조 때 무과에 급제, 함경도 관직에 근무, 여진의 습격에 대한 패전 책임으로 장형을 당하고 백의종군, 이후 전라도 수군절도사에 임명됨.
- 1592년 임진왜란 때 수군을 이끌고 왜군 격퇴, 옥포 해전(첫 승리), 사천 해전(거북선 최초 이용), 당포·당항포 해전 승리로 정2품 자헌대부까지 오름, 한산도 대첩으로 남해 제해권 장악, 1593년에는 삼도 수군통제사에 임명됨. 이후 원균과의 갈등으로 파직되어 백의종군
- 왜군에 대패한 원균이 전사하면서 삼도 수군통제사에 재임명되어 명량 대첩(1597. 9.)에서 승리, 노량 대첩(1598. 11.)에서 전사
- 저서: 『난중일기』(유네스코 세계 기록 문화유산)

cf 숙종 때 '현충' 호를 받음.

권율 (1537~1599)
- 조선 중기 명장
- 임진왜란 때 금산 이치 전투(1592), 수원 독왕산성 전투에서 전승, 이후 1593년 행주 대첩 등에서 승리, 행주 대첩의 공로로 이후 도원수에 오름.

김시민 (1554~1592)
- 조선 중기 무신
- 임진왜란 때 진주성 전투(1592. 10.)에서 3,000명의 군사로 2만 명의 왜군을 격퇴하고 전사

사명당 (1544~1610)
- 조선 중기 승려
- 임진왜란(1592) 때 승병을 모아 스승 휴정 아래에서 승병 활동, 권율과 함께 의령에서 왜군 격파, 1604년 선조의 명으로 일본에 가서 강화를 맺고 전쟁으로 끌려간 3,000명의 백성을 이끌고 돌아옴.

정여립 (1546~1589)
- 조선 중기 문신
- 처음에는 서인 이이와 성혼 문하에 있었으나 이이 사망 후 동인에 가담하면서 왕에게도 미움을 사 낙향하게 됨.
- 진안 죽도에서 대동계 조직, 세력 확장, 1589년 기축옥사(정여립 모반 사건)로 정여립은 자결, 동인 세력 약화, 전라도는 반역의 땅으로 불리게 됨.

이원익 (1547~1634)
- 조선 중기 문신
- 임진왜란 때 평안도 관찰사로 평양 탈환에 공을 세움.
- 광해군 때는 영의정으로서 대공수미법을 경기도에 시행, 광해군이 형 임해군을 처형하려 하자 반대하며 사직·낙향
- 인조반정 후 다시 영의정이 되어 이괄의 난 때 국왕을 보호, 정묘호란 때 도체찰사로 국왕 호위

이지함 (1517~1578)
- 이색의 후손, 이산해의 숙부
- 서경덕 문하에서 공부하였고, 이이·성혼과도 교유, 역학이나 천문, 지리, 수학 등에 조예가 깊음. 늘 피폐한 민초의 구휼에 노력, 『토정비결』의 저자로 알려짐.

이산해 (1539~1609)
- 이색의 후손, 이지함의 조카, 북인의 영수
- 선조 때 주요 관직을 역임·겸임하다가 정철의 건저의 문제가 발생했을 때 서인 영수인 정철을 탄핵·유배시킴.
- 1608년 선조 사망 시 원상(院相)으로 국정 주도, 대북파의 영수로 영향력을 행사

허준 (1539~1615)
- 조선 중기 의관, 서자 출신
- 광해군의 병을 고치며 의술을 인정받아 정3품 당상관까지 오름.
- 선조는 임진왜란 후 허준을 공신으로 책봉하고 종1품 벼슬을 내림.
- 선조 사후 책임 어의로 유배되어 이 기간에 『동의보감』(유네스코 세계 기록 유산) 편찬

허균 (1569~1618)
- 조선 중기 문장가, 정치가, 허난설헌과 남매, 명문가의 후손
- 불교에 호의적, 자유분방한 성격, 천민 신분과도 깊은 교류, 최초 한글 소설인 「홍길동전」과 「유재론」, 「호민론」 저술
- 광해군 때 역적죄의 혐의를 받고 처형됨.

임경업 (1594~1646)
- 조선 중기 명장
- 1624년(인조 2) 이괄의 난 진압, 이후 전라도 낙안군수 부임
- 1627년 정묘호란 이후 평안도 백마산성(의주)에 배속, 자신이 관할하는 지역에 둔전(屯田: 변경이나 군사 요지에 설치해 군량에 충당한 토지) 개설, 경제적·군사적 상황을 개선시킴.
- 1636년 병자호란 때 청이 조선의 주요 방어 거점을 그대로 통과해 수도를 직격(直擊)하여 임경업의 백마산성을 그대로 지나침으로써, 임경업과 그의 정예병은 조선의 항복을 무력하게 지켜보게 됨. 이후 청의 원병 요청에 임경업이 파견되었으나 명과 내통하여 청에 협조하지 않음. 이후 청에 압송되었다가 탈출, 명에 망명
- 1646년(인조 24) 역모에 가담하였다는 혐의로 서울로 압송, 옥사

최명길 (1586~1647)
- 조선 중기 문신
- 인조반정(1624) 때 공신으로 주요 관직 역임, 병자호란 때 주화론(강화론)으로 인조의 신임을 얻었고, 이후 영의정까지 올라 외교 문제에 대처
- 양명학에 조예가 깊었고, 후대에 손자 최석정에게 사상이 이어짐.

cf 척화파 김상헌과 대비되어 부정적으로 평가받기도 함.

윤휴 (1617~1680)
- 조선 중기 문신, 남인
- 기존의 주자 해석 방법을 비판하고 독자적으로 해석하여 송시열 중심의 학계에서 '사문난적'이라 비판받음.
- 북벌론자인 윤휴는 현종 때와 숙종 때 북벌에 대한 상소를 올렸으나 배척됨.
- 1680년 경신환국으로 남인이 몰락할 때 함께 유배·사사됨.

04 근대 태동기

조선 후기

김육 (1580~1658)
- 조선 후기 경세가
- 광해군 때 10년간의 은거 생활과 인조·효종 연간의 중국 사행 체험
- 병자호란 중에 귀국, 1638년 충청도 관찰사가 되자 대동법 확대 시행과 균역법 시행을 건의하는 상소를 올리나 실현되지 못함.
- 효종 때 우의정에 제수되면서 효종에게 충청도와 전라도에도 대동법을 실시할 것을 건의
- 상평통보의 주조, 마차 및 수차의 제조와 보급, 시헌력의 사용 등 혁신적인 제도 개혁을 주장

cf 대동법의 전국적인 시행을 필생의 사업으로 심혈을 기울였고 마지막 운명의 순간에도 전라도 대동법안을 유언으로 상소할 만큼 강한 의지와 집념을 보임.

유형원 (1622~1673)
- 조선 후기 중농 실학자
- 어렸을 때 역적으로 몰려 죽은 부친의 영향으로 관직에 나가지 않고 연구에 몰두, 정치·경제·지리·역사·군사·문학 등 다양한 분야를 섭렵
- 1670년 19년에 걸쳐 국가의 전반적인 개혁 방안을 제시한 『반계수록』 완성, 토지 개혁 방안으로 사농공상의 차등 분배를 골자로 한 균전론 제시

안용복 (생몰년 미상)
- 조선 숙종 때 동래부 출신 어부
- 1693년 울릉도에서 고기를 잡다가 일본에 끌려감, 울릉도가 조선 영토임을 주장하여 대마도 막부로부터 이를 확인하는 서계를 받아냄. 1696년에는 또 울릉도에서 일본 어민을 발견하고 문책한 후 일본까지 가서 사과를 받고 돌아옴. 당시 관리를 사칭하고 외교 문제를 야기했다며 사형까지 논의되었으나 공로를 인정받아 유배됨.

정제두 (1649~1736)
- 조선 후기 양명학자
- 처음에는 주자학을 연구하였으나 양명학 연구에 전념하며 최초로 양명학의 사상적 체계를 세움. 스승 박세채, 최석정 등과 양명학에 대해 편지로 토론을 벌임. 이후 소론의 가학으로 강화학파 형성
- 저서: 『존언』, 『만물일체설』 등

이익 (1681~1763)
- 조선 후기 중농 실학자
- 근기 남인 가문으로 재야에 은둔하며 연구에 몰두, 다양한 개혁 방안[한전론, 사창제, 공거제(貢擧制, 기존 과거 제도 비판), 병농 일치 등] 제시, 이후 안정복·권철신·이가환·이중환 등에 이르는 성호학파 형성
- 저서: 『성호사설』, 『곽우록』

유수원 (1694~1755)
- 조선 후기 문신, 중상 실학자
- 1723년 소론이면서 소론 영의정을 배척하는 상소를 올렸다가 파직됨. 복직되어 수령으로 있으면서 1737년에 이용후생 사상이 담긴 『우서』(상업적 경영과 기술 혁신, 대상인의 참여, 사농공상의 평등화와 전문화 등) 저술
- 1744년 관직을 떠나 재야에서 지내다가 나주 괘서 사건 등으로 소론이 화를 입을 때 연루되어 사망

주요 인물

정선 (1676~1759)
- 조선 후기 문신, 화가
- 우리 고유의 자연을 있는 그대로 그린 진경산수화법을 독창적으로 창안하여 '인왕제색도', '금강전도' 등을 그림.

홍대용 (1731~1783)
- 조선 후기 문신, 중상학파
- 1765년 숙부가 청에 갈 때 수행, 청 학자들과 사귀고 청 학문 수용
- 토지 개혁안으로 균전제(성인 남자 토지 2결 지급), 부병제, 공거제(貢擧制, 관리 선발 제도) 등 주장
- 『의산문답』을 통해 지구 자전설과 무한 우주론을 제시, 중국 중심의 세계관 비판
- 저서: 『담헌서』, 『담헌연기』, 『의산문답』, 『임하경륜』, 『주해수용』 등

안정복 (1712~1791)
- 조선 후기 실학자, 역사학자, 이익의 제자
- 1759년 단군부터 고려 말까지의 역사서인 『동사강목』 저술 ⇨ 독자적 역사관 제시(삼한 정통론)
- 천주교 비판서인 『천학고』, 『천학문답』 저술

이종휘 (1731~1797)
- 조선 후기 문신, 역사학자
- 양명학에 긍정적, 『동사(東史)』에서 단군 조선-기자 조선-삼한 이후 조선으로 연결되는 민족의 기원을 밝힘. 부여와 발해를 중시하였고 고구려를 역사 계승의 중심으로 강조

이긍익 (1736~1806)
- 조선 후기 실학자, 이광사의 아들
- 부친이 나주 괘서 사건에 연루되어 희생된 후 초야에서 연구와 저술에 몰두, 부친이 양명학파인 정제두의 영향을 받아 이긍익도 양명학에 조예가 깊음.
- 조선 시대 정치를 기사본말체로 정리한 『연려실기술』 저술

박지원 (1737~1805)
- 조선 후기 중상 실학자
- 1780년 청나라에 다녀와 『열하일기』 저술, 이 『열하일기』의 자유로운 문체는 정조의 문체반정의 대상이 되기도 함.
- 홍대용·박제가 등과 함께 북학파의 선두 주자, 1799년 정조의 명으로 『과농소초』 저술
- 저서: 『열하일기』, 『연암집』, 『과농소초』, 『한민명전의』, 「양반전」, 「호질」, 「허생전」 등

이덕무 (1741~1793)
- 조선 후기 실학자, 서얼 출신 규장각 검서관
- 박지원·홍대용·박제가 등 북학파 실학자들과 교유, 1778년 서장관으로 청에 가서 청의 석학들과 교류, 1779년 정조가 규장각 검서관을 뽑을 때 박제가·유득공·서이수와 함께 등용
- 정조의 명에 따라 『무예도보통지』 편찬
- 저서: 『청장관전서』(백과전서)

유득공 (1748~1807)
- 조선 후기 북학파 실학자, 서얼 출신 규장각 검서관
- 1779년 정조 때 박제가·이덕무·서이수 등과 규장각 검서관에 등용됨. 북학파와 교류
- 1784년 『발해고』를 완성하여 발해가 고구려를 계승한 나라임을 강조('남북국 시대론' 최초 제시)

박제가 (1750~1805)
- 조선 후기 중상 실학자, 양반 가문의 서자 출신
- 박지원의 문하에서 배웠고 이덕무·유득공·이서구 등과 친교, 1778년 청에 다녀와 『북학의』 저술
- 1779년 정조 때 규장각 검서관으로 등용되어 청의 선진 기술과 기구의 도입, 국내 상업과 무역을 장려할 것을 강조('소비론' 강조)

정약전 (1758~1816)
- 조선 후기 문신, 정약용의 둘째 형
- 이익의 영향을 받고 권철신 문하에서 배움. 사돈이었던 이벽을 통해 천주교에 입문, 신유박해(1801) 때 정약용과 함께 체포된 후 황사영(조카사위)의 백서 사건으로 정약전은 흑산도로, 정약용은 강진으로 유배됨. 여기서 해양 생물을 직접 관찰하여 정리한 『자산어보』 저술

정약용 (1762~1836)
- 조선 후기 중농 실학자, 근기 남인 가문, 이익의 학통 계승
- 1789년 정조 때 한강에 배다리 준공, 1793년 수원성 설계
- 이벽·이승훈의 영향으로 천주교에 입교, 신유박해(1801) 때 전라도 강진에 유배되면서 이 기간 동안 연구와 저술에 전념, 1818년 57세로 유배에서 풀려남.
- 저서: 『목민심서』, 『경세유표』, 『흠흠신서』, 『마과회통』, 『아언각비』, 『여유당전서』 등

05 근대 발전기

흥선 대원군 (1820~1898)

- 조선 후기의 왕족, 정치가
- 1863년 12살인 고종의 즉위로 대원군에 봉해지고 섭정이 됨.
- 개혁 정치: 비변사의 기능 약화·폐지, 법전 정비(『대전회통』, 『육전조례』), 경복궁 중건(원납전, 당백전), 호포법 실시, 환곡을 사창제로 개혁, 서원 및 만동묘 철폐, 통상 수교 거부 정책 등
- 1873년 고종의 친정으로 실각, 1882년 임오군란으로 일시적 재집권 ⇨ 청으로 끌려가 4년 억류
- 1894년 1차 갑오개혁에 가담 ⇨ 일본 강요로 은퇴, 1895년 삼국 간섭으로 친러파가 등장하여 민씨 일파가 득세하자, 1895년 일본의 책략으로 재집권 ⇨ 1896년 아관 파천 이후 정계 은퇴

오경석 (1831~1879)

- 조선 후기 역관, 1860년대 통상 개화론자
- 중인 출신으로 역관이 되어 청나라를 왕래한 후 『해국도지』, 『영환지략』 등을 들여와 친구 유홍기에게 소개
- 1870년대 초 박규수 집에서 김옥균·박영효·홍영식·유길준·서광범 등을 지도하여 개화파를 형성
- 1876년 좌의정 박규수와 함께 문호 개방을 주장하여 강화도 조약을 체결함.

최익현 (1833~1906)

- 조선 후기 위정척사파 유학자
- 1868년 흥선 대원군의 실정(失政)을 상소했다가 관직 박탈, 1876년 조·일 수호 조규(강화도 조약)를 반대하며 '개항 반대 5불가소'를 올려 흑산도로 유배, 1895년 단발령에 반대하다가 투옥
- 1905년 을사조약 체결 후 조약의 무효를 주장하며 '창의토적소(倡義討賊疏)'를 올림.
- 74세 고령으로 전북 태인에서 의병을 모집, 순창에서 400여 명을 이끌고 을사의병 운동 전개, 체포되어 쓰시마섬에 유배된 후 순국

홍재학 (1848~1881)
- 조선 후기 유생
- 1880년 김홍집이 2차 수신사로 일본을 다녀와 『조선책략』을 왕에게 올리고 유포시키려 하자, 이에 반발하면서 '만언척사소(萬言斥邪疏)'를 올림. 정부의 개화 정책을 전면 부정, 왕까지 공격하게 되면서 능지처참 당함.

유인석 (1842~1915)

- 조선 후기 유학자, 의병장
- 이항로의 문하에서 수학, 1876년 조·일 수호 조규(강화도 조약) 체결 시 반대 상소를 올림.
- 을미사변 후 단양에서 거병하여 관군과 전투, 영월에서 의병장으로 추대됨(을미의병). 이후 패전하고 만주로 망명
- 1910년 블라디보스토크에서 13도 의군 도총재에 추대됨. 국권 피탈 이후에도 권업회 총재로 추대되는 등 독립운동에 전념

유길준 (1856~1914)

- 조선 후기 개화사상가
- 박규수 문하에서 김옥균·박영효·홍영식 등과 친분을 가지게 됨.
- 1881년 조사 시찰단 단장이던 어윤중 수행원으로 일본 파견 ⇨ 귀국하지 않고 후쿠자와 유키치가 설립한 게이오 의숙에 입학 ⇨ 1882년 임오군란 후 3차 수신사 박영효 일행과 함께 귀국
- 1883년 보빙사 일행에 합류하여 미국에 파견, 국비 유학생으로 잔류 ⇨ 1885년 유럽 각국을 시찰하고 귀국 ⇨ 갑신정변 개화당으로 몰려 구금되어 '조선 중립화론' 주장, 이 기간에 『서유견문』 집필(1895)
- 1894년 갑오개혁 때 외무참의 겸 군국기무처 회의원 등을 역임하며 개혁의 이론적 기초 제공
- 1895년 을미사변 이후 내각에서 내부대신이 되었고, 아관 파천 이후 일본 망명 ⇨ 1907년 순종 황제 특사로 귀국, 흥사단 참여 등 교육과 계몽 사업에 헌신
- 주요 저서: 『서유견문』(1895), 『조선문전』(1897~1902), 『대한문전』(1909)

박정양 (1841~1904)

- 조선 후기 대신
- 1881년 조사 시찰단(신사 유람단)으로 일본에 다녀옴. 1877년 초대 미국공사로 임명됨. 갑오개혁 때 군국기무처 회의원으로 임명됨, 내각 총리대신으로 을미개혁 추진, 을미사변으로 파면되었다가 3차 김홍집 내각의 내부대신이 됨.
- 1898년 독립 협회의 관민 공동회에서 시정 개혁을 약속했으나 수구파의 반대로 실패, 온건 중립파로서 이상재 등 개화파를 지원

주요 인물

김옥균 (1851~1894)

- 조선 후기 정치가
- 박규수·유대치·오경석 등의 영향으로 개화사상을 가지게 됨.
- 1881년 조사 시찰단으로 일본 시찰, 1882년 3차 수신사 박영효 일행 고문으로 일본 시찰, 고종의 명으로 일본에 차관 교섭 ⇨ 실패
- 1884년 박영효·홍영식·서광범 등 급진 개화파와 갑신정변 주도 ⇨ 실패 후 일본 망명 ⇨ 1894년 상하이로 건너갔다가 자객 홍종우에게 살해됨.

박영효 (1861~1939)

- 한말 급진 개화파, 철종의 사위
- 박규수 영향으로 개화사상을 접하고, 김옥균·홍영식 등 개화파와 교류, 1882년 임오군란 후 3차 수신사 대표로 일본 시찰
- 1884년 급진 개화파와 갑신정변을 일으키고 정권 장악, 갑신정변 실패 후 일본으로 망명, 1885년 도미, 다시 일본으로 돌아와 개명, 1894년 귀국 후 김홍집·박영효 연립 내각 수립에 참여, 명성 황후 암살 음모 혐의로 1895년 다시 일본으로 망명
- 1907년 귀국 후 이완용 내각의 궁내부 대신에 임명, 1918년 조선 식산 은행 이사 취임, 1920년 「동아일보」 초대 사장, 1926년 중추원 의장 등 친일파로 변절

김홍집 (1842~1896)

- 조선 후기 문신, 정치가(온건 개화파)
- 1880년 2차 수신사로 임명되어 일본에 다녀옴. 이때 황쭌셴의 「조선책략」을 가져와 신문화 수입과 외교 정책 건의
- 1882년 임오군란 후 제물포 조약, 1884년 갑신정변 후 한성 조약 체결에 개입
- 1894년 일본이 군대를 동원하여 1차 김홍집 친일 내각을 성립시키고 갑오개혁 단행, 이때 김홍집은 조선의 마지막 영의정에서 최초로 군국기무처의 총리대신이 됨. ⇨ 일본이 군국기무처 해산, 김홍집·박영효 연립 내각(제2차 김홍집 내각) 출범 ⇨ 박영효 등과의 갈등으로 사임 ⇨ 1895년 삼국 간섭 이후 친러파가 기용된 3차 김홍집 내각 수립 ⇨ 일본의 을미사변 이후 4차 김홍집 내각 수립, 을미개혁 추진
- 1896년 아관 파천 이후 김홍집 내각은 붕괴되고 친러파 내각 수립 ⇨ 광화문에서 군중들에 의해 살해됨.

전봉준 (1855~1895)

- 전북 태인 출생, 서당 훈장으로 생활하다가, 부친이 민란 주모자로 처형된 후 사회 개혁에 뜻을 품음.
- 1890년 동학에 입교, 고부 접주로 임명됨.
- 1893년 고부 군수 조병갑의 탐학에 반발하여 동지들과 사발통문 작성, 1894년 고부 민란을 주도, 안핵사 이용태가 책임을 동학교도에게 돌리자 동도대장으로 추대되어 백산 봉기, 1894년 4월 말 전주성 점령, 5월 8일 전주 화약 체결 후 집강소 설치, 청·일 전쟁 발발 후 농민군 재봉기, 공주 우금치 전투에서 패한 후 순창에서 체포되어 사형당함.

서재필 (1864~1951)

- 조선 후기 개화파
- 1884년 21살에 급진 개화파들과 갑신정변을 일으킴. 실패 후 일본을 거쳐 1885년 미국으로 망명, 1895년 귀국하여 1896년 중추원 고문에 임명, 「독립신문」 창간, 독립 협회에 주도적 참여, 1898년 수구파 정부와 열강들의 책동으로 미국으로 추방됨.
- 1919년 이후 상하이 임시 정부와 연결되어 독립을 위한 외교 활동[한인 친우회 결성, 구미 위원회 위원장, 영자 독립신문 「인디펜던트(The Independent)」 간행, 워싱턴 군축 회의에 370여 단체 서명의 연판장 제출, 범태평양 회의에 한국 대표로 참석]에 전념
- 1947년 미군정 초청으로 83세에 귀국, 미군정청 고문으로 활동, 1948년 미국으로 돌아감.

주시경 (1876~1914)

- 1896년 「독립신문」 발간에 관여, 독립신문사 안에 '국문 동식회'(최초 국문법 연구 단체) 조직, 서재필 추방 이후에 「제국신문」 기자 역임
- 1897년 논문 국문론 발표
- 1905년 정부에 국어 연구와 사전 편찬 건의, 1907년 학부(學部)의 국어 연구소 위원, 국문 연구소(1907) 연구 위원 역임
- 저서: 「국문문법」(1905), 「대한국어문법」(1906), 「국어문전음학」(1908), 「말」(1908?), 「국문연구」(1909), 「말의 소리」(1914) 등

이범윤 (1856~1940)

- 한말 독립운동가
- 1902년 간도 시찰사로 파견 ⇨ 1903년 간도 관리사로 임명됨.
- 1910년 성명회 조직, 유인석 등과 을사조약 반대 운동 전개, 1911년 블라디보스토크에서 권민회 조직, 총재로 추대됨. 서일 등의 북로 군정서군과 연합하여 항일 무장 투쟁 전개, 1924년 지청천·이동휘 등과 군사 연합회의 준비회 조직, 1925년 신민부가 조직되자 참의원 원장으로 추대됨.

신돌석 (1878~1908)

- 한말 평민 출신 의병장
- 1896년 19세의 나이로 고향 영해에서 의병 활동, 1905년 을사조약 체결 후 을사의병장으로 활약, 이인영과 허위 등이 경기도 양주에서 전국 의병 연합 부대인 13도 창의군 결성 때 교남 창의대장으로 선임됨. 평민 의병장들이 출현하는 기폭제 역할을 함.

이인영 (1868~1909)

- 한말 의병장, 13도 창의군 총대장
- 1895년 을미사변 이후 원주에서 거병, 1907년 고종이 강제 퇴위되고 군대도 강제 해산당한 후 관동 창의대장에 임명됨. 1907년 11월 전국 의병 부대에 양주로 집결할 것을 촉구하고 13도 창의군 편성, 총대장에 임명됨. 서울 진공 작전을 계획하였으나 1908년 1월 부친상 등을 이유로 사임

황현 (1855~1910)

- 한말 순국 지사, 시인
- 1905년 을사조약 체결 이후 자결한 민영환, 조병세, 홍만식 등에 대해 시를 지어 추모
- 1910년 경술국치 이후 절명시를 남기고 음독 자결
- 저서: 「매천야록」, 「오하기문」 등

민영환 (1861~1905)

- 조선 말기 문신, 임오군란으로 살해된 호조 판서 민겸호의 아들
- 1896년 독립 협회를 적극 후원하였으며 일제의 내정 간섭에 항거하다가 좌천당하기도 함.
- 1905년 을사조약 체결 후 조병세 등 백관들과 함께 조약 파기와 5적의 처단을 요구
- 국운과 대세가 기운 것을 깨닫고 45세 나이로 2천만 동포와 각국 공사에게 보내는 유서를 남기고 순국 자결로써 항거

윤희순 (1860~1935)

- 최초의 여성 의병장
- 을미의병 당시 '안사람 의병가', '병정의 노래' 등 의병가를 지어 의병의 사기를 진작시키고 춘천 의병 활동

장지연 (1864~1921)

- 한말 유학자, 언론인
- 1897년 독립 협회 가입, 만민 공동회 활동, 1899년 「시사총보」 주필, 1902년 「황성신문」 사장 취임
- 1905년 을사조약 체결 후 「황성신문」에 '시일야방성대곡'을 게재해 전국 배포, 이후 체포되어 투옥되고 황성신문도 1906년까지 정간됨.
- 1906년 윤효정 등과 대한 자강회 조직, 1908년 블라디보스토크 「해조신문」 주필로 초빙
- 1914년 조선 총독부 기관지인 「매일신보」에 친일 경향의 글을 발표, 이완용 등이 조직한 친일 불교 단체인 불교진흥회 간사를 역임하는 등 친일 행적이 드러나 논란이 됨.

조마리아 (1862~1927)

- 안중근의 어머니
- 국채 보상 운동에 참여, 아들 안중근이 이토 히로부미를 사살한 뒤 일제에 의해 사형 판결을 받자 항소하지 말라고 권했다는 일화가 널리 알려져 있음. 안중근이 처형된 뒤 중국 상하이에서 당시 임시 정부 인사들에게 여러 도움을 주어 독립운동의 정신적 지주로 불림.
- 2008년 건국훈장 수여

안중근 (1879~1910)

- 한말 독립운동가
- 1895년 아버지를 따라 가톨릭교에 입교 후 신학문을 접함. 1906년 삼흥학교를 설립, 1907년 대구에서 시작된 국채 보상 운동을 평양에서 주도하다 연해주로 망명하여 의병 활동 전개
- 1909년 3월 동지 11명과 단지회 결성, 1909년 만주 하얼빈 역에서 이토 히로부미 사살 후 현장 체포, 뤼순 감옥에 수감 중 이듬해 3월 26일 사형, 「동양평화론」 집필(미완성)

06 독립운동기~현대

이상설 (1870~1917)

- 한말 독립운동가
- 1896년 27세 나이로 성균관 교수, 한성 사범 학교 교관이 됨. 1904년 보안회 활동, 이후 대한협동회 회장에 임명됨. 1905년 을사조약 체결 후 조병세 등과 조약 무효 상소
- 1906년 이동녕 등과 간도에 서전서숙 설립, 1907년 고종의 밀지로 헤이그 만국 평화 회의에 이준·이위종과 파견되었으나 참석을 거부당하고, 미국을 거쳐 블라디보스토크로 가 한흥동 건설
- 1910년 유인석·이범윤 등과 13도 의군 편성, 성명회 조직, 1911년 권업회 조직, 1914년 이동휘 등과 대한 광복군 정부 수립하여 정통령에 선임됨. 1915년 신규식·박은식 등과 신한 혁명단 조직

이회영 (1867~1932)

- 독립운동가
- 1907년 신민회 조직
- 간도 용정촌에 서전서숙을 설립, 이상설에게 책임을 맡김. cf 1907년 이상설 헤이그 특사 파견
- 1910년 만주로 가 독립군 기지 건설에 매진(경학사, 신흥 강습소 설립)
- 1918년 고종의 국외 망명 시도
- 1919년 상하이 임시 정부 참여
- 1924년 재중국 조선 무정부주의자 연맹 결성
- 1931년 상하이 항일 구국 연맹 조직
- 1932년 주만 일본군 사령관 암살 목표로 다롄에 가는 중 체포, 옥사

한용운 (1879~1944)

- 한말 독립운동가, 승려, 시인
- 1896년 설악산 오세암에 입산, 1913년 불교 유신을 강조하는 『조선불교유신론』 저술
- 1919년 3·1 운동 때 민족 대표 33인 중 1인으로 독립 선언서에 참여하고 체포되어 3년 복역, 1926년 시집 『님의 침묵』을 출판하여 저항 문학에 앞장섬. 1927년 신간회 결성에 참여, 1938년 불교 항일 단체인 만당(卍黨) 사건의 배후자로 검거됨.

이동휘 (1873~1935)

- 독립운동가
- 1899년 육군 무관 학교 졸업, 1907년 안창호 등과 신민회 조직, 1911년 105인 사건에 연루되어 유배, 1912년 탈출하여 북간도로 망명, 1914년 이상설 등과 대한 광복군 정부를 수립하고 부통령에 임명됨.
- 1919년 임시 정부에 참여하여 국무총리를 지냄. 이때 공산당으로 전향하여 1921년 한인 사회당을 고려 공산당으로 개칭. 레닌으로부터 받은 독립 자금 중 40만 루블을 고려 공산당 조직 기금으로 유용한 것이 드러나 사임

홍범도 (1868~1943)

- 독립운동가
- 1907년 산포수·광산 노동자 규합한 의병 구성
- 1919년 3·1 운동 이후 만주 대한 독립군의 총사령관이 되어 전과를 올림. 1920년 봉오동 전투에서 승리, 청산리 전투에도 참가, 이후 서일과 함께 대한 독립 군단을 조직하고 부총재가 됨.
- 1921년 자유시로 이동하여 독립군 실력 양성에 힘썼으나 자유시 사변 이후 이르쿠츠크로 이동, 이후 연해주 집단 농장에서 한인들에게 민족의식 고취, 1937년 스탈린의 강제 이주 정책에 따라 카자흐스탄으로 이주, 극장 야간 수위, 정미소 노동자 등으로 일하다가 사망, 2021년 유해가 반환되어 국립 대전 현충원에 안장됨.

김좌진 (1889~1930)

- 독립운동가
- 1908년 안창호 등과 서북학회 조직, 1911년 군자금 모금 혐의로 복역, 1915년 대한 광복회에 가입, 1918년 만주로 망명하여 대종교 입교, 무오 독립 선언서에 참여
- 1919년 대한정의단 기반 위에 군정부 조직, 북로 군정서로 개편한 뒤 총사령관에 임명, 1920년 이범석 등과 청산리 대첩 승리, 안무·최진동 등과 연합하여 대한 독립 군단 결성하고 부총재가 됨. 1925년 신민부 창설, 1927년 3부 통합에 실패 후 1929년 한족 연합회 결성(주석 취임), 1930년 고려 공산당 회원 박상실의 흉탄을 맞고 순국

안경신 (1888~?)

- 독립운동가
- 3·1 운동에 가담, 국내 대한 애국 부인회 활동, 상하이 임시 정부로 가서 대한 광복군 총영에서 활동
- 1920년 평양 시청과 평양 경찰서에 임신한 몸으로 폭탄 투척

유관순 (1902~1920)

- 독립운동가, 3·1 운동의 상징
- 개신교 집안에서 출생, 이화 학당에서 공부함.
- 1919년 3·1 운동이 일어나자 만세 운동을 벌임. 휴교하자 고향으로 내려와 아우내 장터에서 만세 시위를 주도하다가 체포됨. 옥중 만세 운동 주도, 모진 고문과 영양실조 등으로 1920년 19세 나이로 순국

조만식 (1883~1950)

- 독립운동가, 정치가
- 1915년 오산 학교 교장에 취임, 3·1 운동에 참가했다가 복역, 1922년 조선 물산 장려회 조직하여 물산 장려 운동 전개, 1923년 김성수 등과 민립 대학 기성회 조직, 1927년 신간회 결성에 참여, 1932년 조선일보사 사장 취임
- 광복 후 평양에서 조선 민주당 창당하고 반탁 운동 전개, 소련 군정과 공산주의자의 회유 등에 굴복하지 않다가 6·25 전쟁 발발 후 평양 형무소에서 살해됨.

안창호 (1878~1938)

- 한말 독립운동가, 교육가
- 1897년 독립 협회 가입, 1898년 이상재 등과 만민 공동회 개최, 1899년 점진학교 설립
- 미국으로 건너가 1905년 대한인 공립협회 설립, 귀국 후 1907년 양기탁·신채호 등과 신민회 조직, 1912년 샌프란시스코에서 대한인 국민회 중앙총회 조직, 105인 사건으로 신민회가 해체되자 1913년 흥사단 조직
- 1919년 3·1 운동 이후 상하이로 가 임시 정부 조직에 참여, 1923년 국민 대표 회의가 실패하자 1924년 미국에서 흥사단 조직 강화, 1926년 상하이로 가서 독립운동 단체 통합을 위해 노력, 1932년 윤봉길 의거로 체포, 복역 후 가출옥되어 휴양 중 1937년 수양 동우회 사건으로 재투옥, 병으로 보석된 후 1938년 사망

방정환 (1899~1931)

- 아동문학가
- 1917년 손병희의 딸과 결혼하여 손병희의 영향을 받음. 1921년 천도교 소년회 조직, 1923년 최초 순수 아동 잡지 『어린이』 창간, 5월 1일을 '어린이날'로 지정, 아동 보호와 아동 문학 운동에 전념

나석주 (1892~1926)

- 독립운동가
- 23세에 북간도로 망명하여 신흥 무관 학교에서 훈련받고 귀국, 임시 정부에서 활동, 중국군 장교로 복무하다가 의열단에 입단, 1926년 동양 척식 주식회사와 식산 은행 파괴를 위해 국내 잠입, 12월 식산 은행에 폭탄 투척, 이어 동양 척식 회사에 폭탄을 던졌으나 실패, 다시 조선 철도 회사에서 일본인 저격, 일본 경감 사살 후 자결함.

이봉창 (1900~1932)

- 독립운동가
- 1931년 상하이로 건너가 한인 애국단 가입, 임시 정부 김구의 지시로 일본 국왕 히로히토 암살을 결심하고 일본으로 감. 1932년 관병식을 마치고 돌아가는 히로히토에게 수류탄을 던졌으나 실패, 체포 후 김구에 대해 끝까지 밝히지 않고 사형이 선고됨.

윤봉길 (1908~1932)

- 독립운동가
- 1926년 농민 계몽·독서회 운동 등 전개
- 1932년 상하이 한인 애국단에 입단, 김구 등과 협의하여 1932년 4월 일왕 생일 행사장에 폭탄 투척, 상하이 파견대장 등을 즉사시키는 거사(상하이 홍커우 공원 의거)를 일으키고 현장에서 체포되어 총살됨. 이 사건은 중국 등 세계에 알려져 중국 장제스가 격찬하였으며 중국이 우리의 독립운동을 지원하는 계기가 됨.

주요 인물

박은식
(1859~1925)

- 호: 겸곡, 백암, 필명: 박기정, 태백광노, 무치생 등
- 민족 사학자, 독립운동가
- 「황성신문」·「대한매일신보」·「서북학회보」(신민회)의 주필, 대한 자강회·신민회 가입
- 1909년 「유교구신론」 발표(주자 중심의 유학을 비판, 양명학의 지행합일과 사회진화론의 진보 원리를 조화시킨 대동사상과 대동교 주창)
- 「대동고대사론」(1911)에서 단군과 기자 조선의 강역을 다룸.
- 1912년 상하이에서 신규식 등과 동제사 조직, 박달학원 운영, 1915년 이상설·신규식 등과 신한 혁명당 조직, 신규식과 대동보국단 조직, 1919년 대한 국민 노인 동맹단 결성
- 「한국통사」(1915)에서 근대 이후 일본의 한국 침략 과정 서술, 서문에 '역사는 신(神)이요, 나라는 형(形)이다.' –민족 혼 강조
- 「한국독립운동지혈사」(1920)에서 일제 침략에 대항하여 투쟁한 한민족의 독립운동 서술
- 1925년 임시 정부 2대 대통령에 취임
- 기타 저서: 「천개소문전」, 「안중근전」 등

신채호
(1880~1936)

- 호: 일편단심, 단생, 단재, 필명: 금협산인, 무애생, 열혈생, 한놈 등
- 신숙주의 후예, 독립운동가, 민족 사학자, 언론인
- 독립 협회 활동, 「황성신문」 기자, 「대한매일신보」 주필, 신민회 활동, 국채 보상 운동 참여
- 1910년 연해주 권업회 기관지 「권업신문」 창간, 1913년 중국에서 박달학원 건립
- 1919년 상하이 임시 정부에 참여, 전원위원회 위원장 겸 의정원 의원에 선출 ⇨ 이승만의 노선에 반대 ⇨ 1923년 상하이에서 개최된 국민 대표 회의에서 창조파로 활동, 임시 정부 탈퇴
- 임시 정부 기관지 「독립신문」에 맞서 「신대한」 창간
- 한국 고대사 연구에 주력하여 단군–부여–고구려 중심으로 고대사 체계화
- 의열단의 '조선 혁명 선언'(1923) 작성(민중에 의한 직접 무장 투쟁 강조), 다물단 선언 작성, 북경 대한 독립 청년단(1919) 조직
- 1928년 무정부주의 동방 연맹대회 창설 ⇨ 대만에서 위조지폐 사건에 연루·체포되어 뤼순 감옥에서 복역 중 1936년 뇌일혈로 순국
- 「독사신론」(1908)에서 민족주의 사학으로의 방향 제시, 시간·공간·인간을 역사의 3요소로 지적
- 「조선사연구초」(1925)에서 묘청의 난을 '조선 1천년래 제일대사건'으로 평가(낭가 사상 강조)
- 「조선상고사」(1931)에서 역사를 '아(我)와 비아(非我)의 투쟁의 기록'으로 정의
- 기타 저서: 「을지문덕전」, 「이태리건국삼걸전」, 「최도통(최영)전」 등

김마리아
(1892~1944)

- 독립운동가
- 1918년 동경 유학생 독립단에 가담, 2·8 독립 운동에 가담, 국내로 들어와 3·1 운동에 가담
- 대한민국 애국 부인회 조직, 상하이 망명 후 상하이 애국 부인회와 의정원 의원으로 활약
- 1923년 미국에서 근화회(재미대한민국 애국 부인회) 조직

박차정
(1910~1944)

- 독립운동가
- 1928년 근우회 선전부장을 맡아보던 중 1929년 광주 학생 운동에 가담
- 중국으로 망명하여 의열단의 김원봉과 결혼, 조선 여자 의용군 조직, 부녀복무단장으로 무장 투쟁 전개, 곤륜산 전투에서 사망

남자현
(1872~1933)

- 독립운동가
- 3·1 운동 참가 이후 만주로 망명, 서로 군정서군에 참가, 청산리 전투(1920)에 참여
- 1923년 여자 권학회 조직, 1925년 사이토 총독 암살 기도
- 1932년 일제의 만주국 수립으로 국제 연맹 조사단이 하얼빈에 오자 '한국독립원'이라는 혈서를 써서 독립을 호소함.
- 1933년 주만일본대사 암살 시도 ⇨ 하얼빈 감옥 투옥, 고문 후유증으로 사망

지청천
(1888~1957)

- 독립운동가, 정치가
- 김좌진 등과 대한 독립 군단 조직, 1924년 양기탁 등과 정의부 조직, 한국 독립군을 편성하여 총사령관이 됨. 1940년 충칭으로 옮긴 임시 정부 광복군의 총사령관에 임명되어 항일전 전개
- 1945년 광복 후 귀국하여 대동 청년단 결성, 1947년 제헌 국회 의원, 정부 수립 후 2대 국회 의원, 민주국민당 최고위원 등을 지냄.

양세봉
(1896~1934)

- 독립운동가
- 3·1 운동 직후 천마산대 입대하여 무력 투쟁 전개, 1923년 육군 주만 참의부 소대장 등을 역임하다가 조선 혁명군 총사령관에 취임, 1932년 중국 의용군과 한·중 연합 작전을 전개하여 영릉가 전투 등에서 대승, 이후 재기를 도모하던 중 일본 첩자로 인해 독립군 전원과 함께 순국

문일평
(1888~1939)

- 민족을 민중과 일치시킴.
- 세종과 실학자들의 민족 지향·민중 지향·실용 지향을 높이 평가하여 민족 문화의 근본으로 세종을 대표자로 하는 조선심, 조선 사상 강조
- 저서: 「호암전집」, 「대미 관계 50년사」 등

이동녕
(1869~1940)

- 독립운동가, 정치가
- 1896년 독립 협회에 참여, 1905년 을사조약 체결 후 조약 폐기 운동 전개, 1906년 만주 북간도로 망명하여 이상설 등과 서전서숙 설립, 1907년 귀국 후 안창호 등과 신민회 조직, 1911년 만주 서간도로 망명하여 이회영 등과 경학사 설립, 신흥 학교 설립
- 1911년 블라디보스토크로 가서 권업회 조직, 「대동신문」, 「해조신문」 발행
- 1919년 3·1 운동 후 상하이로 가서 임시 의정원의 초대 의장 맡음. 이후 통합 임시 정부의 국무총리·국무령·주석 등을 역임, 김구 등과 한국 독립당(1930) 조직, 1935년 한국 국민당 조직, 당수로 추대됨. 이후 김구와 협력하여 광복을 위한 항일전 전개

김원봉
(1898~1958)

- 독립운동가, 정치가
- 1919년 의열단 조직, 국내 일본 기관 파괴, 요인 암살 등 무정부주의적 투쟁, 1925년 황포 군관 학교 졸업, 1935년 민족 혁명당 결성, 1938년 조선 의용대 편성, 1942년 광복군 부사령관에 임명됨. 1944년 임시 정부 국무 위원 및 군무부장 등으로 활동
- 1948년 남북 협상 때 월북, 북한 최고 인민회의 대의원에 임명, 1956년 당 중앙위원회 중앙위원, 1957년 최고 인민회의 상임위원회 부위원장 등을 역임, 1958년 옌안파 제거 작업 때 숙청됨.

조소앙
(1887~1958)

- 독립운동가, 정치가, 삼균주의 창시자
- 일본 메이지 대학 법학부 졸업 후 경신학교, 양정의숙 등에서 교편 생활을 함.
- 1919년 만주 길림에서 대한(무오) 독립 선언서 기초, 대한 독립 의군부 조직, 4월 상하이에서 대한민국 임시 정부 수립에 참여, 국무위원 겸 외무부장으로 활약, 만국 사회당 대회에 한국 대표로 참석
- 1930년 이동녕, 김구, 안창호 등과 한국 독립당 창당, 이때 조소앙의 삼균주의가 공식 반영됨, 1941년 대한민국 임시 정부는 조소앙의 삼균주의에 입각한 건국 강령 발표, 임시 정부 외무부장으로 활약
- 1948년 단독 정부 수립에 반대하고 김구 등과 남북 협상에 참여, 1950년 2대 국회 의원 선거에서 최다 득표로 당선되었으나 6·25 전쟁 때 강제 납북됨.

손진태
(1900~?)

- 1923년부터 민속학 연구에 몰두 ⇨ 「조선민속」 간행, 민속학을 독자적인 학문으로 정립
- 1934년 이병도와 진단 학회 창설, 민속학에서 한국 사학으로 전환하여 8·15 광복 이후 민족 내부의 균등과 단결에 기반을 둔 민족 국가의 건설을 목표로 한국사를 서술해야 한다는 '신민족주의 사관' 제창
- 저서: 「조선민족사개론」, 「국사대요」 등

정인보
(1893~1950)

- 신채호의 민족 사관을 계승·발전
- 『5천 년간 조선의 얼』을 「동아일보」에 연재, 이를 『조선사연구』로 간행, 얼 사상 강조
- 광개토 대왕비문을 연구하여 일본의 왜곡된 고대사 연구를 수정

안재홍
(1891~1965)

- 독립운동가, 정치가, 역사가
- 1916년 상하이로 망명하여 이회영·신채호 등이 조직한 동제사에서 활동, 1942년 조선어 학회 사건으로 옥고를 치르기도 함.
- 1945년 건국 준비 위원회 부위원장에 임명, 이후 국민당 결성, 1947년 과도 입법 의원이 되고 미군정청 민정장관에 임명됨. 정부 수립 후 무소속으로 2대 국회 의원에 당선되었으나 1950년 납북됨.
- 고대사 연구에 몰두하여 식민 사관 극복에 노력, 해방 이후 '신민족주의와 신민주주의' 주장
- 저서: 『조선상고사감』 등

백남운
(1895~1979)

- 대표적 사회 경제 사학자
- 일제의 정체성론에 대항하여 한국사의 역사 발전을 경제사적인 역사 발전 법칙과 동일한 범주에서 파악
- 좌익 역사가 중 비교적 온건한 인물, 해방 후 양심적 지주·자본가와 연합하여 새 나라를 건설해야 한다는 '연합성 신민주주의' 주장
- 저서: 『조선사회경제사』, 『조선봉건사회경제사』 등

송진우
(1887~1945)

- 독립운동가, 정치가
- 중앙중학교 교장, 「동아일보」 사장·고문·주필 역임, 1936년 일장기 말소 사건으로 「동아일보」 무기 정간·사임
- 광복 후 여운형 중심의 조선 건국 준비 위원회에 맞서 우익 세력을 모아 한국 민주당 결성, 미군정에 협력하면서 이승만 및 임시 정부 지도자들과 정부 수립을 위해 노력, 이후 반탁을 강력히 주장하는 임시 정부 요인들과 의견을 달리하다가 암살당함.

여운형
(1886~1947)

- 독립운동가, 정치가
- 1918년 신한 청년당 조직
- 1919년 대한민국 임시 정부 의정원 의원, 외무 차장 역임
- 1920년 상하이파 고려 공산당에 참가
- 1923년 임시 정부 국민 대표 회의에서 임시 정부 개조 주장(개조파)
- 중국 국민당과 중국 공산당 모두 가담-중국 국공 합작에 일조
- 1933년 조선중앙일보 사장 역임, 1936년 조선중앙일보의 일장기 말소 사건으로 사장직 퇴임
- 1943년 조선 민족 해방 연맹 조직, 1944년 조선 건국 동맹 조직, 1945년 조선 건국 준비 위원회 위원장
- 1946~1947년 김규식과 좌우 합작 운동 주도
- 1947년 암살됨.

김규식
(1881~1950)

- 독립운동가, 정치가
- 1919년 3·1 운동 전 신한 청년단 대표로 파리 강화 회의 참석 ⇨ 3·1 운동 이후 임시 정부의 외교총장을 맡아 파리 강화 회의에 참석, 1935년 김원봉 등과 민족 혁명당 조직, 1944년 임시 정부 부주석이 되어 김구와 함께 광복군 양성에 노력
- 광복 후 우익 지도자로 신탁 통치 반대 운동, 1946년 중도 우파로 좌우 합작 준비 작업, 입법의원 의장, 민족 자주 연맹 위원장으로 활동, 1948년 남한 단독 총선거에 반대하고 김구 등과 북한에 가서 남북 협상 시도, 실패 후 은퇴하였고 6·25 전쟁 때 납북됨.

이승만
(1875~1965)

- 독립운동가, 정치가
- 1898년 만민 공동회에 참여, 1898년 고종 폐위 음모에 연루되어 투옥 중 탈옥을 시도하다가 사형 선고, 종신형으로 감형, 1904년 민영환 주선으로 특별 사면, 미국으로 가서 미국 정부에 한국의 독립 청원
- 1919년 4월 구성된 상하이 임시 정부에서는 국무총리, 한성 임시 정부에서는 집정관 총재로 임명됨. 상하이 대한민국 임시 정부 대통령으로 추대되었으나 내부 노선 갈등으로 탄핵됨.
- 광복 후 귀국하여 독립 촉성 중앙 협의회 총재로 좌익 세력과 대립, 1946년 6월 남한 단독 정부 수립 계획 발표, 1948년 국회에서 초대 대통령으로 당선됨. 1951년 자유당 창당, 1952년 발췌 개헌안 통과시키고 2대 대통령에 당선, 1954년 사사오입 개헌안 통과시키고 1956년 3대 대통령에 당선, 1960년 3·15 부정선거로 대통령에 4선되었으나 4·19 혁명으로 사임

김구
(1876~1949)

- 독립운동가, 정치가
- 1893년 동학 입교, 을미사변 이후 원수를 갚고자 1896년 일본군 중위를 살해하고 체포되어 사형 확정, 1897년 고종 특사로 감형되었으나 복역 중 1898년 탈옥하여 승려가 되었다가 환속, 1903년 기독교 입교
- 신민회 참여 후 1911년 안악 사건으로 체포되었다가 1915년 출옥, 1919년 상하이로 망명하여 대한민국 임시 정부에 참여, 초대 경무국장 역임, 1930년 이동녕 등과 한국 독립당 창당, 1931년 한인 애국단 조직, 1932년 이봉창 의거와 윤봉길 의거 주도, 1935년 한국 국민당 조직, 1940년 한국 독립당을 조직하고 임시 정부 주석에 선출됨.
- 1948년 2월 '3천만 동포에게 읍고함'이라는 성명 발표, 통일 정부 수립을 위한 남북 협상 제창, 정부 수립에도 참가하지 않고 있다가 1949년 6월 육군 소위 안두희에게 암살당함.

박헌영
(1900~1955)

- 정치가
- 1946년 남조선 신민당과 조선 인민당을 조선 공산당에 흡수시키고 남조선 노동당 창당, 초대 부위원장에 취임, 이후 신탁 통치 지지 등 공산주의 활동을 하다가 미군정에 의해 지명 수배를 받자 북한으로 도피
- 1948년 북한의 내각 부총리 겸 외무장관에 취임, 1950년 조선 노동당 발족 후 부위원장이 되어 김일성 밑으로 지위 하락, 이후 노동당 중앙위원회 부위원장 등을 역임하다가 1953년 남로당계 숙청 작업 때 사형당함.

조봉암
(1898~1959)

- 독립운동가, 정치가
- 1925년 조선 공산당 조직에 참여, 1946년 공산당 탈당하여 우익 진영으로 급선회, 1948년 제헌 의원, 초대 농림부 장관에 취임하여 농지 개혁법 실현, 1950년 2대 국회 의원에 재선, 1952년 2대 대통령 선거에 출마, 1956년 다시 3대 대통령 선거에 출마하여 낙선하였으나 200만여 표의 지지를 얻음.
- 1956년 진보당을 창당하여 정당 활동을 하다가 1958년 국가 보안법 위반(진보당 사건)으로 체포되어 사형 선고받고 처형됨.

장준하
(1918~1975)

- 독립운동가, 정치가, 언론인
- 1945년 충칭에서 광복군에 들어가 장교로 활동, 1953년 종합 교양지 「사상계」 창간
- 1962년 한국인 최초 막사이사이 언론상 수상, 자서전 『돌베개』 저술
- 1967년 옥중 출마하여 7대 신민당 소속 국회 의원에 당선, 1971년 신민당 탈당, 윤보선과 국민당 창당, 1973년 민주 통일당 창당, 최고위원이 됨. 개헌 청원 백만인 서명 운동 주도, 민주화 운동을 주도하면서 여러 차례 투옥됨.
- 1975년 '박정희 대통령에게 보내는 공개서한' 등을 통해 박정희 정권에 맞섬. 1975년 포천 약사봉에서 의문사

권기옥
(1901~1988)

- 독립운동가
- 한국 최초 여성 비행사, 한국 공군의 어머니